综合实践活动课程引论

主　编　陈树杰

副主编　杨培禾

参　编　孙立仁　孔祥旭　邹开煌
　　　　池毓晨　吴旭勤

首都师范大学出版社

CAPITAL NORMAL UNIVERSITY PRESS

图书在版编目（CIP）数据

综合实践活动课程引论/陈树杰主编.—北京：首都师范大学出版社，2010.4
（2021.1 重印）
ISBN 978-7-81119-953-6

Ⅰ.①综…　Ⅱ.①陈…　Ⅲ.①活动课程－教学研究－中小学　Ⅳ.①G632.3

中国版本图书馆 CIP 数据核字（2010）第 059564 号

ZONGHE SHIJIAN HUODONG KECHENG YINLUN

综合实践活动课程引论

陈树杰　主编

责任编辑　孙志强
首都师范大学出版社出版发行
地　址　北京西三环北路 105 号
邮　编　100048
电　话　68418523（总编室）　68982468（发行部）
网　址　www.cnupn.com.cn
北京虎彩文化传播有限公司印刷
全国新华书店发行
版　次　2014 年 10 月第 1 版
印　次　2021 年 1 月第 4 次印刷
开　本　710mm×1000mm　1/16
印　张　16
字　数　287 千
定　价　38.00 元

前　言

自教育部颁布《基础教育课程改革纲要（试行）》，从 2001 年秋天开始，在全国实验和推广基础教育新课程体系，自起始年级算起，从小学三年级开设综合实践课程已经十多个年头。多年来，广大教师本着对教育事业的无限忠诚和对学生成长高度负责的态度，积极投身到综合实践活动课程的实践和研究当中，从最基础的工作做起，一点一滴地积累资源，精心地设计活动，深入细致地开展研究，风雨兼程，茹苦含辛，终使这一前无古人的新型课程展现雏形，开始彰显出诱人的魅力。

无须讳言，综合实践活动课程作为基础教育阶段施于全体学生的必修课，其整体实施并不容乐观，作为新课程改革的重点和亮点也未能获得理想的效果，究其原因，见仁见智，难成共识。然而，成功的经验也好，失败的教训也罢，广大教师多年的心血，需要总结和梳理，以便让我们对这一新型课程有一个更加清醒的认识，努力推动课程更好、更快地健康发展。

几年来，围绕综合实践活动课程的研究和讨论，大体是从这样一些方面展开的：从宏观上讲，综合实践活动在基础教育课程体系中如何定位，课程的基本理念和独特的教育价值是什么，综合实践活动课程的教育理论基础何在？就中观而论，综合实践活动设置四个指定领域是否科学合理，作为一门独立设置的必修课程怎样才能胜任如此众多的教育任务，在实施过程中各领域又应该注意些什么问题，课程要不要配备专职教师，该不该为学生开发必要的教育资源，怎样做才能实现课程的有效实施、常态运行和区域发展。至于课程进入教学的微观环节，活动设计和实施过程怎样才能调动师生两个方面的积极性，实现活动"预设"和"生成"的统一，怎样把握符合学生认知过程和规律的指导策略，以及如何实现适时有效的评价以及评价的具体标准又是什么更是一线教师关心的话题。

我们一向认为：建设前无古人的综合实践课程，主力军不是所谓的专家，而是积极参与课程实践和研究的广大教师。用实践开辟道路、用研究把握方向。为了开发和实施综合实践活动，绝不能拒绝吸收和借鉴，但更应注重来自实践的东西，坚持从客观存在的事实出发，而不是从某种观念或本本出发；

实事求是，既不囿于已有结论，也不人云亦云，踏踏实实地从实践中寻求解决问题的办法，就会一步一步地接近客观真理，实现我们的目标。我们坚信，只要坚持正确的思想路线，不间断地探索和追求，我们的目标就一定会达到。

几年来本书作者及其团队成员，以饱满的热忱积极投入综合实践活动的课程实践，面对诸多困惑与困难，不断探索，锐意研究，深感人们的认知过程只有两种基本的学习方式：实践性学习和继承性学习。它们各具功能，都有存在的理由，在学校里二者分别适用于不同类型的课程，既不能无端摒弃，也不能随意转变。在深入研究了两种学习方式各自特点及其相互关系以后，我们提出了"认知形成和发展的双螺旋结构（简称认知双螺旋）"的构想，用以指导综合实践活动课程的实施和开发，得到许多专家和广大教师的认同；通过对比，发现国外实施的"课程研究"和"主题设计"类课程，与我国在目前中小学设置的以"四个指定领域"为主要内容的综合实践活动课程名称相似，属同类课程，但二者的内涵和外延却有着明显的区别。不作分析机械地搬用国外办法指导中国综合实践活动课程的实施，无异于缘木求鱼，南辕北辙，必然遭遇尴尬。几年来我国综合实践活动课程虽经大力推动，却始终裹足不前，其根本原因皆源于此；我们在深入研究我国综合实践活动课程的内容、目标和实施策略的基础上，联系中国教育的现实和教育环境，曾提出"建设中国特色的综合实践活动课程"的主张，将"有效实施，常态运行和区域推进"作为课程追求的三重愿景，并就课程资源开发、师资队伍建设以及事关课程健康发展的各项制度性问题提出了一些相应的意见和建议。

2010 年 4 月，我们总结了自己对综合实践活动课程的探索和实践所得，并冒昧地冠以《综合实践活动课程引论》发表，一则希望参与前述综合实践活动课程开发和实施中的各项热议话题的讨论，二则也在于引起热心综合实践活动课程的广大教师和各界同仁的关注，诚挚地恳求意见和建议，以便提高认识，共同推进应运而生的综合实践活动课程的发展，充分发挥其完善学生素质的教育功能。

《综合实践活动课程引论》受到许多业内人士和广大一线教师的关心和爱护，同志们以各种形式提出了许多建设性的意见，希望该书如有机会再版时，能对涉及综合实践活动课程的理论，特别是关于两种学习方式和两类不同课程的认识以及"认知双螺旋"的问题能够做进一步的说明，就课程的开发和实施的策略方法等具体问题，也希望能够介绍得更具体、更丰富一些。接受同志们的意见，借本书改版的机会，将上述部分的内容做了必要的修订和补充。参与本书编写的作者，除笔者外，还有北京教育学院孙立仁副教授（第三章的第三节），北京宣武分院特级教师孔祥旭和福建教育学院邹开煌教授

（第六章），福建永安七中池毓晨、永安三中吴旭勤高级教师和首都师范大学副教授杨培禾（第十章），没有他们的支持和帮助，该书将无以问世。全书由笔者定稿，错误之处概由笔者负责。首都师范大学出版社沈小梅编审为本书出版倾注了大量心血，谨此致以由衷的谢忱。

陈树杰

2014 年 5 月

目　　录

第一章 绪 论

——两种基本学习方式和两类不同性质的课程

本章学习要点

有效的学习有两种基本方式：继承性学习和实践性学习。为适应不同的学习方式，学校设置了两类不同的课程：学科课程和活动课程。从对不同学习方式的考察，有利于理解综合实践活动课程设置的重要性和必要性；从对两类课程形成发展的历史研究中吸取营养，对开发和实施综合实践活动课程也具有十分重要的意义。

学校课程是一种社会文化现象。学校正是通过课程的编制和实施，传承社会文化，实现其教育功能的。社会不断发展，适应社会需要，教育也要不断变革，课程常常会作为中心论题，成为教育改革的核心和攻坚目标。

长期以来，我国中小学实施的是单一的学科课程体系，只是近年来在全面实施素质教育的过程中才出现了活动类课程的设置。活动类课程的设置既是对传统教育课程体系结构性的突破，又是变更既往人才培养模式的大胆实践，体现了新的教育思想和课程理念，必将在我国教育史上产生深远的影响。

那么，为什么传统教育多关注学科课程？新课程改革为什么要设置活动课程，并把综合实践活动作为国家规定的必修课程施于全体中小学生？新课程改革为什么要把设置和实施综合实践活动课程作为改革的重点、亮点和难点？学科和活动这两类不同性质的课程，在学习方式上有着什么样的特点和要求？在现实的教育和教学过程中，又怎样才能充分发挥两类课程的整体优势，实现学校教育的理想效果呢？要解决这些问题，无疑需要我们对有关学习方式的相关问题，以及学校里实施两类不同课程的历史经验，有一个必要的了解。

第一节 两种基本学习方式

13年前开始的这一轮课程改革启动伊始即宣布：学习方式的转变是本次

课程改革的显著特征和核心任务。新课改针对以往教育存在的问题，决心"改变课程实施过分强调接受学习、死记硬背、机械训练的现状，倡导学生主动参与、乐于探究、勤于动手，培养学生搜集和处理信息的能力、获取新知识的能力、分析和解决问题的能力以及交流与合作的能力"①，"改变原有的单一、被动的学习方式，建立和形成旨在充分调动、发挥学生主体性的多样化的学习方式，促进学生在教师指导下主动地、富有个性地学习"②的主张，不啻为改革中国教育弊端的一剂对症良药，这些主张和要求理应赢得到广大干部和教师的理解和拥护，成为众望所归，并竭尽全力地落实和推进。然而，课改十几年来，其进程并不如人意，甚至在许多地区，人们关于学习方式的争论始终没有中断，至今在一些基本问题上也没有完全取得共识，这已然成为制约课程改革的重要原因之一。为了统一思想，凝聚共识，推动课程改革健康和深入的发展，广大教育工作者仍然有必要从理论和实践的结合上，对学习方式及其"转变"的问题进行认真的探索和研究。

一、"转变学习方式"带来的困惑

实施基础教育课程改革，全面推进素质教育，实现学习方式的转变既然是课改的关键所在，就更不能掉以轻心，首先就是要把什么是学习方式这个看似简单的问题搞清楚。

新课改提出了转变学习方式的任务，却没有对"学习方式"本身做出科学的界定，而人们对于所谓"学习方式"的理解，又常常是见仁见智，毕竟在现实生活中，"方式""方法"几乎就是同义词，许多时候都是可以混同使用的。正是在这样的背景下，提出任务，强调"新课改的关键是转变学习方式：自主、合作、探究"，人们在对任务的认识和理解上就容易产生困惑或歧见。

作为新课改主张的所谓"自主、合作、探究"，是指三种独立的学习方式（或方法）呢，还是对一种什么新的、先进的学习方式三项不同的要求呢？这几乎是课改之初实施培训时教师们最常提出的问题之一。为引导师生提高认识，自觉积极地投入转变学习方式的行动，课改专家们也曾对学习方式做出诠释，例如，教育部基础教育司组织编写的《走进新课程》强调说："学习方式较之于学习方法是更为上位的东西，二者类似战略与战术的关系：学习方式相对稳定，学习方法相对灵活……"③云云。然而，如果仅就"自主、合作、探究"三者而论，讲"自主"还有些所谓"上位"或"战略"意味，属于学习方式还勉

---

① 基础教育课程改革纲要(试行).
② 教育部基础教育司. 走进新课程[M]. 北京：北京师范大学出版社，2002：186.
③ 教育部基础教育司. 走进新课程[M]. 北京：北京师范大学出版社，2002：186.

强说得过去的话，要说"合作""探究"不是学习方法或策略，恐怕就很难讲得通了。显然，将学习方式与学习方法比之于战略和战术绝非恰切。

为把转变学习方式进行到底，就必须想方设法把学习方式的问题讲明白，说清楚。为此，课改专家们确曾做了不少努力，钟启泉教授等主编的专门用作《基础教育课程改革纲要（试行）》解读的专著中，几位专家曾多处谈及学习方式及其转变的问题。由教育部基础教育司组织编写的《走进新课程》一书，也曾辟专节就"学习方式"问题与课程实施者对话。都强调转变学习方式，实现自主、合作探究学习的重要性。然而，无论是"解读"，抑或是"对话"，都没有对到底什么是学习方式，而且为什么一定要"转变"学习方式等，这些困扰着广大一线干部教师的问题，做出具有说服力的解释，自然也就没有能够解决实际存在于干部和教师中的问题或困惑。

面对如饥似渴的广大一线教师，专家们大多都是从概念出发，用概念诠释概念，故而难以将问题阐释清楚。例如：对于什么是学习方式的问题，《解读》的作者便在介绍了"目前学术界对它（指学习方式——本书作者注）解释并不完全一样，大多数学者认为学习方式是指学生在完成学习任务过程时基本的行为和认知的取向"这一情况后，作者既没有对此做出任何解释，也没有表明自己是否同意大多数学者关于学习方式的解释，却随即向读者断言："学习方式不是指具体的学习策略和方法，而是学生在自主性、探究性和合作性方面的基本特征。自主性（主动性）、探究性和合作性是学习方式的三个基本维度，研究者可以从自主性、探究性与合作性三个方面对教和学的特征做出判断。"[1]这就给了人们一个错觉：似乎文章作者宣传的"学生在自主性、探究性和合作性方面的基本特征"，即是等同于大多数学者所主张的"学生在完成学习任务过程时基本的行为和认知的取向"，从而也就不由自主地认同了学习方式向自主、合作、探究的转变。然而，事情远非如此简单，当人们静下心来，认真仔细地思考的时候就会发现，"学术界大多数学者关于学习方式的解释"与课程专家们所宣传的主张，两者之间实在很难画等号。如此，对专家观点认同的前提便垮掉了。循此前进，人们还会发现：关于学习方式，也即"学生在完成学习任务过程时基本的行为和认知的取向"完全可以从多种角度、多个层面予以分析和研究，为什么偏偏只有自主性、探究性和合作性是它的"三个基本维度"呢？专家们宣讲的观点是否有着太多的随意性？随着思考的深入，不可避免更会导致对"研究者可以从自主性、探究性与合作性三个方面对教和学的特征做出判断"的质疑。毫无疑问仅仅是从一些抽象甚至模糊的概念探讨

---

① 钟启泉等. 为了中华民族的复兴 为了每位学生的发展[M]. 上海：华东师范大学出版社，2001：247.

和认识问题，人们很难把握事物的真谛，即如转变学习方式这样的问题，如果仅仅是从概念的推演获得了某种认识，也难形成坚持到底的决心和力量。

我们注意到，在宣传和推广新课程的过程中，专家们也曾明确地指出过："学生的学习方式一般有接受和发现两种。"而且，"两种学习方式都有其存在的价值，彼此也是相辅相成的关系。"①如果专家们的确坚持这种认识，又怎么会得出必须"转变"学习方式的结论呢？须知，在学校的学习中，学科课程一般都是采用接受学习方式的啊。当然，我们也注意到，专家们强调转变学习方式，更多的是指向传统学科教学中接受式学习存在的诸如死记硬背、机械训练等积弊的，毫无疑问，这些统统是需要加大力气予以克服，而且必须要改变的。然而，即便如此，就非得"转变"学习方式，在中小学的学科教学中一律要"自主、合作、探究"吗？

多年来，存在于广大一线干部教师心中的上述困惑，始终没有能够得到解决，人们不禁会问，问题的症结到底出在哪里呢？是教师们的理解出了问题，还是专家们要求"转变学习方式"的理论本身就不够科学，抑或是提法不够准确呢？

二、认知过程与学习方式

时下的工具书，诸如字典、词典、辞海，乃至大百科全书等都没有把"学习方式"作为专用名词予以阐释，这就为人们理解这一概念留下了广阔的空间，也为人们围绕学习方式的问题形成无休无止的争论埋下了种子。然而，人们认识事物，研究问题，总不能仅仅从概念出发，更需要从客观存在的事实出发，现实生活和科学研究中使用的任何科学、准确的概念，都是从对客观存在的事实中归纳和概括出来的，有关学习方式的概念亦应如是。

学习是人类获取知识、积累经验、实现生存和发展的重要活动方式。对人们的学习活动做一些比较深入的考察，就有可能从中厘清我们所需要的关于学习方式的本质特征，获得学习方式的概念。

我们不妨考察一下婴幼儿的认知过程。看看人的认识最初到底是怎样发生的。人们都知道，当孩子来到我们这个世界的时候，便随即开始了他们自己的学习过程。他们最初获得的知识、经验，明显地受到来自两个方面的共同的作用和影响，一个是对成人世界既有知识的继承，一个则来自于个人身心的感受和体验，而且只有当二者得以完美结合的时候，他们才可能得到一种准确、完整的认识。譬如，无论是最初的吃、喝、拉、撒等生存本能，还

---

① 教育部基础教育司. 走进新课程[M]. 北京：北京师范大学出版社，2002：187-188.

是坐、卧、爬、立、走等基本的身体动作，抑或是冷、热、痛、痒等身心感觉，许多都是他们还没有学会讲话，或者还没有掌握语言作为交流工具的时候，就从父母或其他成人那里接触到了相关的概念。尽管成人在用语言与孩子交流的时候，常常会有意识地降低自己身段，使用了诸如"喝奶奶""拉臭臭""睡觉觉"等这些儿化语言，起初孩子对这些概念也会毫无反应，只有当孩子眼耳鼻舌身等感觉器官无意识的反映，与成人有意识的指令性的语言对应起来的时候，孩子的认知随即被肯定下来，并在尔后通过一次次地反复训练不断地得到强化，他们才逐渐地从"理解"的意义上通晓了这些概念的实在含义。

当孩子有了最初的语言和行动的自由的时候，除了和周围的人们有了更多的接触和交流的机会外，此时最显著的变化，是孩子有了属于自己的越来越多的书籍和玩具，从而有可能通过读书、讲故事，以及做游戏和力所能及的各种活动开始了他们认识世界的历程。幼儿读物的内容无论多么浅显，情节做怎样的安排，传达的都是社会的规范，以及成人对儿童的期冀与要求。孩子当然不知道其中的奥妙，却会在反复的阅读和讲解的过程中，潜移默化地认同了书中的道理。至于游戏，更是为孩子打开了一扇接触和了解世界的大门，提供了一个他们可以主动认识世界的平台。在游戏活动中，孩子会不断地思考、计划、尝试、反思，通过活动，逐步地了解和适应周围的人和事，在增长知识的同时，发展了自己的能力。总之，在学前这一阶段，正是读书讲故事，以及游戏和其他力所能及的活动，对孩子的成长发挥了重要的作用。

笔者曾亲身经历过这样一件事情：一个两岁半左右的孩子，得到了一套泡沫塑料拼图板，最初孩子只是凭感觉，有时甚至是直觉，在不断地"纠错"过程中学会了拼图的方法，在随后一个多月的时间里，没有做系统专门的训练，孩子只是凭着平日随机拼摆活动中形成的经验和记忆，便很快掌握了拼图的技能。一天，当孩子玩拼图的时候，孩子的祖父想要检验一下孩子的拼图水平。于是，他先是和孩子一起把其中24张图板连起来平铺在地板上，便尝试着要求孩子使用散乱地堆放着的图形组件拼图。孩子一会儿从组件堆中拿出一个图形安放到图板上，一会儿又看看图板，再到组件堆里选择图形，有时还要把图形组件放到图板上，上下左右地反复比对。其间，看到有些图案着实有些难度，祖父曾选择组件到图板上去比对，没想竟被孩子伸出的小手扒拉开，还遭到"爷爷，别乱动"的抗议。结果，只用了40多分钟的时间，除三张图板因组件丢失没有拼完整，其余全部拼接正确。看来，在一个两三岁的孩子那里，通过实践的摸索，已经开始生长出类似于成人才具备的学习策略的萌芽。

　　前述对幼儿学习过程的考察，至少给了我们如下两个方面的启示：第一，儿童获得知识（包括经验）亦即学习，是一个复杂的过程，在这个过程中，他们需要处理方方面面的关系；第二，学习的过程尽管复杂，但可以明显地看出是通过两条渠道，以两种形式实现的。有了这样的认识，循此前进，便可以继续探索有关学习方式的本质及其表现形式。

　　大家都知道，在政治经济学领域有一个重要的概念叫作生产方式，指的是"社会生活所需要的物质资料的谋得方式，在生产过程中形成的人与自然之间和人与人之间的相互关系的体系"。抛弃"用战略与战术区分方式和方法"的思路，借鉴研究生产方式的办法考察人们的学习过程，就不难发现，所谓学习方式，即是指人们从各种渠道获取知识和经验的方式，其过程涉及的人与物和人与人的关系，前者主要是学习者与学习内容和学习工具的关系，后者则主要是指学习过程中的师生关系、生生关系及其他不可避免的人际关系，而处理这方方面面的关系，又一定会涉及许多策略和方法。如此看来，所谓学习方式即是对学习内容、学习方法、学习的组织形式和学习策略等诸要素的总体概括，它反映的是人们学习时的基本认知取向和行为方式，不是指具体的学习形式、策略或方法。学习方式不仅解决"学什么"、"怎样学"，以及"为什么学"的问题，而且还会涉及"在什么地方学"和"什么时间学"更好等等。由此可见，学习方式对于人们获取知识、经验，认识世界，实现发展都具有十分重要的意义。认同这样的观点，前述关于学习方式和学习方法的争论，便会自然而然地解决了，因为很清楚，学习方式较之学习方法更为上位，学习方法只不过属于学习方式的一个要素而已；对前述把"自主、合作、探究视作学习方式的三个基本维度"的观点，也会有更清楚和更明确的认识，因为人们的确可以对任何事物予以多视角、多层面的考察和认识，并且会在经过详细深入的考察之后，得出必要的结论，形成对事物的认识，对"学习方式"的考察亦应如是。然而遗憾的是，无论自主、合作、探究三者之于人们的学习是多么重要，如果不是事先即确定臆想的结论，仅仅考察学习方式本身，实在难以得出上述结论。

　　婴幼儿学习的两条渠道，两种形式或者可以称其为求知途径，反映的即是人们的求知活动处于萌芽状态时的情形。学习方式作为抽象的概念，其表现一定是具体的，也只有具体的东西人们才好对它们进行深入的研究。上述两种不同的求知途径，在人们成长和发展的不同阶段，也会有不同的表现形式，究其本质，我们可以将它们概括为两种基本的学习方式：接受式学习亦称继承性学习和发现式学习亦称实践性学习，与人们终生相伴，成为人们不断提升和发展自己的好帮手。

三、两种基本学习方式相辅相成

就前面讲到的两种基本学习方式及其特点而论，"在接受式学习中，学习内容是以定论的形式直接呈现出来的，学生是接受者。在发现学习中，学习内容是以问题形式间接呈现出来的，学生是知识的发现者"①。然而，这只是二者表面上最显著的区别之一，其实，它们内在的区别，远较表面的现象丰富得多也深刻得多。值得人们研究和挖掘。

最早对学习方式作上述区分的，有据可考的就是我国春秋末期的大教育家孔子。《论语》开篇，《述而》一章的开头就有："子曰：学而时习之，不亦说乎！"的记述，该怎么理解呢？一些人望文生义，将文中的"习"字理解为"复习"或"温习"，即将全文解释为："孔子说：学习知识后，在一定的时候温习它，不也挺愉快的吗？"②难道学习知识后在一定的时候温习它，就一定会产生愉悦的情感吗？显然，两者并不存在必然的联系。实际情形也可能倒是恰恰相反，因为，学习知识以后如果只是一味地"温习"，对大多数人而言其结果恐怕只能是厌烦，何来愉快之有？这已然是为当前高考复习模式下大多数考生的现实表现所证实了的。对上述阐释，如果孔子真有在天之灵的话，大概也会无奈地慨叹："我播下的是龙种，收获的却是跳蚤。"

上述阐释错误的关键出在对其中"习"字的误读。"习"繁体写作"習"。汉字是象形文字，"習"，上面是个羽毛的"羽"字，代表鸟，下面是个"日"字，代表太阳，表明是白天。鸟儿白天干什么呢？飞翔，觅食，为了生存而奔忙等等，将这一意思用今天的语言推演开去，就是演习、操练等活动，总之，一言以蔽之，就是"实践"或"应用"，也就是"实践学习"的意思。孔子在中国历史上的地位，最重要的就是教育家，弟子们把老师平时的言论辑录成书，开宗明义第一篇即讲老师的教育思想是天经地义的事情。如此，将"习"理解为"实践"，这一段话便翻译成："学了知识，要不时地予以应用，一定是很快乐的事情！"不是更确切一些吗？可以说，"学而时习之"讲的就是继承和实践两种学习的统一，是孔子对其"学用结合"教育主张的精妙概括。

无独有偶，美国现代教育心理学家奥苏贝尔也曾指出："要想实现有意义的学习，可以有两种不同形式或途径：接受式学习和发现式学习，前者主要是依靠教师发挥主导作用，并通过'传递—接受教育方式'来实现；后者则主要依靠学生发挥认知主体作用，并通过'自主实践和发现'的方式来实现。"古今中外教育家们的主张如此惊人的相似，盖因"学"与"习"是人们认知过程中

---

① 教育部基础教育司．走进新课程[M]．北京：北京师范大学出版社，2002：187-188.
② 郭洪钧．论语（经典蒙学新课本）[M]．湖南：湖南少年儿童出版社，2004：1.

仅有的两种基本学习方式的缘故。

从人类生存与发展的历史看，学习原本是人类与生俱来的本能性质的活动。在人类早期两种学习方式是紧密地纠缠在一起的，原始部落有经验的捕猎者向同伴们言传身教的活动蕴涵的即是两种学习的萌芽，如果不是刻意地区分，有谁又能分辨其中"学"与"习"各自的成分呢？在漫长的农业社会里，被束缚在土地上子承父业的劳作过程，也大体上只是沿袭了以往原始的学习方式。学习方式的分化是人类文明发展的结果。知识越益积累，需求日趋广泛是一个方面，印刷术发明，书籍大量印制是另一个方面，两者的结合，最终得以使两种学习方式分化开来，并影响了人类生活的方方面面。

在不同的情况下，两种基本学习方式又可以有多种不同的具体的表现。例如：前面讲到的婴幼儿讲故事是接受式学习，做游戏即是实践性学习。随着年龄的增长，儿童和青少年在学校里接受系统知识的教育，甚至读书、看报、听报告等是接受式学习，而形式多样的校内外活动，大多则是实践性学习。我们古人向往和倡导的"读万卷书"是继承性学习，"行万里路"就是实践性学习。至于当前在学校和一些社会机构广泛实施的"做中学"和"学中做"活动，则大多属于两种学习方式的结合，即便是饶有成就的专家和技术人员，仍然离不开这两种基本的学习方式，只不过在他们那里，学习变得更为自觉，更有目的性，成了"为学而做"或"为做而学"而已，实施的还是两种不同的学习。

两种基本学习方式的功能不同，其内容、特点、要求也不一样。

一般讲来，继承性学习为知识取向，通过学习可以高效获得前人积累的优秀文化成果，掌握人类既有的人文和科学的系统知识，对学习者的基本要求是理解和记忆。教育者为发挥自己的主导作用，通常需要施以启发，调动学习者的积极性，争取好的学习效果。学习一般遵循循序渐进的原则，大多需要使用教科书或其他材料保证学习的质量和水平，视对知识的融会贯通、灵活运用为追求。继承性学习虽然是知识去向，要求人们从书中获取知识，但也最怕死读书，读死书，因为"尽信书不如无书"，其最终只会造就毫无实际用途的"知识篓子"、"活字典"之类的结果。因此，也只有敢于联系实际，用实践检验所学知识，努力实现对继承的突破，才有可能获得最理想的学习效果。

与继承性学习相反，实践性学习是能力取向。它不以知识的记诵为目的，更注重学习兴趣和研究方法的培养。实践性学习以其内容和目标不同，还可以进一步分为许多不同类型，如操作学习、感受学习、探究学习等。通常需要通过模仿、探究以及深度研究等实践活动，掌握相关技能、方法，实现和促进学习者能力的形成和发展。实践性学习需要从实际出发。无论学习过程中的方法选择和信息收集，还是活动过后对相关材料的处理和提升，都必须坚持实事求是的原则，要敢于相信自己，敢于寻根问难，非如此不能使实践性学习的作用发挥到极致，真正成为人们积极主动地认识世界的重要方式。然而，并非任何实践都是天然合理的，没有理论指导的实践是盲目的实践，大多不具备教育价值；同样，任何实践其结果都需要不同程度的梳理或提升，否则，就不能充分发其挥教育作用。因此，寻求与理论的对话，是实现实践性学习教育功能的必要条件。通过对人们认知过程中学习方式的考察，可以得到如下几点结论：

第一，有效的学习只有两种基本方式——继承性学习和实践性学习。两种学习方式各有利弊长短，且具有极强的互补性，它们相辅相成，相互作用，对人们认知形成和发展都有价值，因而都有存在的必要。

第二，"自主、合作、探究"不是基本的学习方式，也非某一基本学习方式的独具特征。针对以往"课程实施过分强调接受式学习，死记硬背，机械训练"等弊端，倡导"自主、合作、探究"固然有积极意义，也是完全正确的。然而，从两种基本学习方式中选择部分要素做排他性的归纳，以偏概全，标榜为"先进"的学习方式，将学习方式简单化、模式化则未必可取。因为它们毕竟不是具有不同特点的各类课程唯一有效的学习方式，也并非任何科目的内容都适宜采用学习方式，还因为它们不是任何内容都有必要使用的学习方式。

第三，从教育心理学角度看，内容以定论形式呈现的接受式学习，学习的心理机制或途径是"同化"，学生是知识的接受者；内容以问题形式间接呈现的实践性学习，学习的心理机制或途径是"顺应"，学生是知识的发现者。两种学习方式相辅相成，优势互补，都有存在价值。学习方式可以选择，可以变革，唯独不能置学习内容的特点和要求于不顾，笼统地倡导所谓"转变"。学有规律，教有优法。学校教学针对不同学科、不同内容、适应不同学生的认知倾向，要提倡学习方式多样化，全面实现不同学习方式的整体教育功能。

我们希望学校师生都能从自己的实际出发，自觉地、有意识地将两种学习方式有机地结合起来，充分发挥两者相辅相成、相得益彰的作用，随着从两条渠道获得的知识不断积累，经验日益丰富，能力不断提升，逐步形成自己独具特色的认知风格和知能网络。

第二节 两类不同性质的课程

教育过程是引领青年社会化的过程。教育功能的实现，又以课程为条件，课程是体现教育思想和教育理念的载体，是实现教育目标的施工蓝图，是学校组织教育教学活动最主要的依据，选择了什么样的课程，就选择了什么教育，适应两种不同的学习方式，学校设置了学科和活动两类不同的课程，它们的内容不同，功能各异。为实现以德育为核心，以实践能力和创新精神为重点的素质教育，全面提高全民族的素质水平，适应当前世界综合国力竞争的需要，必须建设具有中国特色科学完整的课程体系，提高课程意识，努力从课程体系的高度，研究并实现各门课程的教育目标已然成为学校全体干部教师责无旁贷的任务。

一、学科课程的教育功能及其面临的挑战

所谓学科课程，大体上是指学科结构课程理论中的"学术性"课程，这一类课程"主张以学科知识结构作为课程设计的基础"①以学科知识技能和理论的传播为主要目标。

1. 学科课程体系的形成与发展

学科课程体系在近代教育中有一个形成发展的历史过程。其源远流长，根深蒂固，至今仍然是学校基本的课程形态，成为青少年传播知识的主要途径。

考察教育，特别是近代教育课程体系形成和发展的历程，分析其成败得失，汲取其经验与教训，无疑会更加深刻理解当前正在进行的这场课程改革，有益于我们的课程建设。

在学科课程体系的形成发展和不断完善的过程中，裴斯泰洛齐、赫尔巴特和斯宾塞等欧洲教育家发挥了重要的作用。

18世纪和19世纪前半期，适应资本主义经济高速发展的需要，欧洲的学校教育迅速发展起来。与教育实践发展的同时，也出现了一些著名的教育家，瑞士教育家裴斯泰洛齐即是其中一位杰出的代表人物。他第一个提出了学校"教育心理学论"的主张，认为儿童天生就有一些功能和能力，而每种功能都可以选择某些教学内容加以训练。他一生致力于改革教育，简化教法，认为人们的一切知识来源于发音能力、感觉能力和计算能力，而声音、形状和数目则是构成这三种能力的基本要素。为了用分科教学发展人的这些能力要素，他进而形成了关于在初等教育中，实施分科教学的完整的教学方法。

赫尔巴特是法国著名的哲学家、心理学家和教育家，他反对当时占统治地位的官能理论，主张用观念取而代之。他把人的心理活动，归结为观念的活动，将以往被认为是心理官能的记忆、想象、情感、理解、判断和推理等

---

① 施良方. 课程理论[M]. 北京：教育科学出版社，1996：14.

心理现象，统统归结为人的各种观念在一定条件下的活动或连接。赫尔巴特认为，课程的价值，在于提供适宜的资料去影响人们已有的思想和观念，并通过激发受教育者的多方兴趣而启其心智，主张以学生多方面的兴趣作为设置课程的基础，并具体地把学生的兴趣分为两类六种，据此建立了自己的课程体系，将当时已有的知识编成教材，由教师依教材向学生进行讲授。例如，为激发学生的经验兴趣就要设置自然（博物）、化学、地理等课程；为了激发学生思辨的兴趣，就要设置数学、逻辑和文法课程；为了激发学生的审美兴趣，学校则应开设文学、歌唱和图画；为了激发学生的同情兴趣，学校不仅要开设本国语，还应开设外国语；为了激发学生的社会兴趣，历史、政治、法律等课程自然不可或缺；为了培养学生的宗教兴趣，神学在学校中便有了一席之地。显然所谓以兴趣为基础的课程体系，本质上就是一个不折不扣的以知识为中心的课程体系。

19世纪英国教育家斯宾塞则进一步提出"凡在指导行动方面，最有价值的各种知识的获得，必包含着一种心理训练的作用，最足以促进能力的提高"。而在教学过程中，通过分科式的教学在传播知识的同时，也就自然而然地发展了学生的记忆、判断、思维和想象等各种能力。他主张在学校中不仅应设置那些具有训练价值的古典课程，更应优先设置那些有内在价值的科学课程，并据此制定了教育史上第一个"实科教育体系"。将理科、农科、工艺、经济以及应用数学和家政等实际知识，纳入了课程内容之中，在理论和实践上结束了封建主义和古典人文主义对教育的统治地位，对后来的教育也产生了极为深远的影响。

2. 学科课程体系存在的必要性

传承人类社会已有文化是实现青年社会化的有效途径。在传统教育中，把传授学科知识、技能和理论视作主要目标，在学校里，教师作为教的一方，主导着教学，担负着将社会文化，包括知识、技能、观念、情操和价值观等传播给学生的任务；学生作为学的一方，则要想方设法地从教师那里学习更多的东西。如此，在学校里便形成了前述的继承性学习方式的典型范式。

文字出现以前，原始人类通过耳提面命，手把手地传授前人已经掌握的经验和技能，产生了最原始的传承式学习形式。这种形式几乎保持了几千年，直至封建社会的后期，手工作坊中师傅带徒弟式的传承活动，仍然可以视为是这一性质的学习。文字发明，特别是后来印刷术的出现，人们才有可能把千百年来人类积淀的文化遗产，写入各种书籍，广为流传，传承式学习才打破了时间和空间的界限，得到空前的发展。当世界上出现了以教育青年一代为己任的学校以后，无论哪一个民族或国家，也无论哪一种社会形态，都无例外地把学校作为传授知识的重要阵地。学校则分别按照社会的不同需要，分门别类地设置不同的课程，把社会所需要的观念、情操和价值观，连同知识和技能一股脑儿地灌输给学生，通过这一过程"使出生时不适应社会生活的个体我，成为崭新的社会我"。

在学校里，传承式学习具有特殊的意义。人类历史是一部不断发展的历史，人类文化也有一个不断积累的过程，人类长河中每一点进步，文化积淀中每一项新知的取得不知要经过多少人，几年、几十年甚至几代人为之付出汗水和心血，它们是人类共同的财富。人生苦短，任何人都不可能事事亲自亲历，然而这一切对构建人类美好的未来又都是十分必要的。诚如列宁在《青年团的任务》中所告诫的那样，"只有用人类创造的全部知识财富来丰富自己的头脑，才能成为共产主义者"①。因此，向书本学习，向教师学习，向一切有知识的人学习，努力继承人类创造的知识财富，是任何成熟社会对其成员的期待要求，也应成为每一个向往美好未来的人发自内心的诚挚需要。

对人类既往知识的学习和继承，绝不等于简单的接受和记忆，更需要的是在理解基础上的应用。丰富扎实的知识储备再加上对知识灵活应用能力，是做好各项工作的重要条件，对于从事复杂高难的科学和专业技术工作人员尤其如是。每一个负责任的教育工作者对此都应保持清醒的头脑，在校学习阶段就需要引导学生打下相应的基础。当年钱学森先生在中国科技大学创办数学力学系，学生毕业考试时出了两道题，一道是记忆性知识题，学生们回答得很好；另一道是开放型的应用题：如果从地球上发射一枚火箭，绕过太阳再返回地球，要求学生写出其数学方程式，结果只有个别学生写出了答案，考试结果极不理想。遂决定，全部学生推迟毕业一年，学习数学和德语两科。同学们努力学习，日后从他们当中走出来好几位著名的航空航天专家。钱学森先生留下的这一则故事，不是很值得我们深思吗？

3. 学科课程体系实施的有效性

学校课程作为社会文化的一部分，既受社会政治、经济等因素的制约，同时也因其具有保存、传递和重建社会文化的功能，反过来又会对社会的发展产生重要的影响。这已为广大教育工作者所熟知。学校课程尤其对社会文化中科学技术的保存、传递和发展具有重要的作用。考察近代史中教育和科学的发展相互促进的关系，尤其会使人们对此得出明白无误的结论。人类迄今为止创造的被视为经典的宝贵的知识财富被分门别类地写进了教科书，正是通过学校的传授作用才能得以为人们继承并迅速地传播开来，也正是因为

---

① 列宁. 列宁选集[M]. 北京：人民出版社，1972：348.

有了更多的接受过学校教育的人广泛而深入地参加到社会生产过程中去，才极大地推动近代社会、科学、技术和经济的长足发展。

学校继承性教育对知识的传播之所以有效，还有一个原因，就是作为基础教育主要内容的自然科学知识的稳定性。迄今为止，学校里各种知识的传播一般情况下都是以学科教学为中心进行的，灌输给学生的自然科学知识内容都是比较稳定的和共同的，即使有变化，也只是常见的改造和改革，很少有推倒重来的现象发生。所以，学校里的自然科学基础教育，如对理、化、生、地，以及数学等各科知识与技能的要求，都具有最广泛的适应性和稳定性。在这样的条件下，以班级授课为基本形式，以系统的学科知识为主要内容，以教师讲、学生听为主要传承手段的学习方式，在大面积、高密度地传授社会文化方面，不仅具有天然的优越性，也容易取得让人们看得见、摸得着的良好效果。当然，继承性学习的优点还远不止于此。例如，在现行分班授课的条件下，教师可以有充分的准备时间，相同的内容可以在不同的班级重复授课，教授同一课程的教师又可以方便交流研讨等等，如此便为充分发挥教师的主导因素提供了许多方便，这些无疑都有利于提高教师的教育教学的质量，提高学生学习的有效性。这一切也正是维持这一学习方式，经历几个世纪仍然能在学校普遍适用的一个重要原因。

4."三中心"的学科教育亟待变革

学科课程连同继承性学习，作为现代学校的主要特点，尽管有诸多优点，现在仍然在学校里普遍发挥着作用，在可以预见的将来也不会退出历史舞台。但它毕竟还有许多不尽如人意的地方，特别是随着社会和经济的长足发展，人们对教育的要求不断提高，传统教育特别是作为其主要学习方式的继承性学习越来越受到人们的诟病，遭受到越来越大的挑战。

学科课程以系统的学科知识为主要内容，为的是方便学生在校期间，即可以用较短的时间掌握更多的科学文化知识。一些人一叶障目，将教育本身也仅仅理解为向青少年传授前人的知识、经验和技能，甚至简单地把教育看成是教书和读书的过程。这种观念有着根深蒂固的影响，结果就形成了传统教育中以教室、教师和教材为中心的所谓"三中心"的弊端。

"以教室为中心"。在教室里进行的整齐划一的教学，教师照顾的是整个班级，教学过程中必然会有一些人"吃不饱"，会感到不足，一些人"吃不了"，会产生压抑，甚至会牺牲一些人的兴趣和爱好。更不要讲课堂教学常会出现远离社会和生产实际的现象了。本该是生动活泼的学习过程，一旦被学校和教室的围墙禁锢起来，学生的学习和外界完全隔离开来，莘莘学子的思想就很难不被窒息。

"以教材为中心"。教学的内容、进度都要以教材为准，讲述的知识尽管重要，尽管系统，但毕竟是别人得到的知识，不可避免地会远离学生的生活实际、脱离学生的经验，常常难以激励学生的学习欲望，即便是生吞活剥地背诵下来的东西，也常常不知道应该怎样应用于实际，甚至可能培养出一些中看不中用的"书呆子"。

"以教师为中心"。教学过程一切围着教师转是传统教育中最典型的特点之一，近代教学中虽然也提倡"以学生为主体"，但那只是从学习的好坏的角度出发，对教师讲述内容吸纳多少，是由学生自己这个主体决定，学生才是主体。教学过程在多数情况下教师始终是主角"请你照我这样做，请你让我告诉你"的教学模式更是到处可见。

"三中心"弊端的集中表现，是把复杂的教学过程简单化，像工厂式流水线上的批量生产。漠视受教育者认知倾向与智能结构的多样性，用统一的模式对待本质上是丰富多彩的受教育者，用一个标准去适应未来社会对受教育者多方面的需求，必然会抽掉教育过程中最有活力的情感因素，会违背因材施教的原则，造成教学过程的呆板机械，从而使受教育者也不免会变得呆板机械起来，这对培养创造性人才是极为不利的。没有激情，没有个性，没有诗意，没有创新，倘若如此，即便"学富五车"又有什么实际价值呢？这也正是传统教育中传承式学习必须加以改革的原因所在。

二、活动课程及其教育功能

活动课程是指学校中一切以学生亲力亲为特征的课程类别，与学科课程不同，这一类课程不以知识的获取为主要目标，而是以学生主动参与、亲自实践、获得直接经验或体验为目的。与活动课程相适应的学习方式就是前面介绍过的实践性学习。

活动课程形态，实际上在古代中国和西方教育中早就以"萌芽"状态出现了。例如，近代教育的创始人，著名的捷克教育家夸美纽斯认为"教育是生活的预备，能在成年以前完成"①。为此，他在重视学生系统知识学习和继承的同时，还十分重视学生的活动，主张在学生"消遣的时候，给他们一些工具，让他们玩农作或玩政治游戏，当士兵、当建筑师等，去探访各种各样的手艺"；"在做战争游戏的时候，学生仍可以当大将、将军、队长或旗手。在玩政治游戏的时候，他们可以当国王、大臣、秘书和大使等等"。他之所以这样主张，是因为在他看来"这种娱乐可以导致正经的事情"，这样做"学校里青年

---

① 夸美纽斯. 大教学论[M]. 北京：教育科学出版社，1999：49.

人的学习可以组织得同整天玩球一样快乐",因而"学校就可以首次成为实际生活的序幕了"①。不难看出,在夸美纽斯的教育理论体系中,已经包含了当今教育课程体系中学科和活动两部分的内容。

真正将活动列入学校课程设置,在理论上予以诠释并在实践中产生重大影响的,则是19世纪末至20世纪初期,以美国教育家约翰·杜威为代表的教育革新运动。

1. 杜威的理论和实践及其对我们的启示

19世纪末,西欧和美国先后完成了第二次产业革命,工业化和城市化迅速发展。工业化使社会财富激增,城市化使农村人口大量向城市转移,使得社会结构和社会面貌都发生了深刻变化。同时,引出一系列社会问题:贫富分化、劳资对立、人的精神扭曲,社会危机四伏。面对社会需要,西欧和北美的一些国家便出现了一场轰轰烈烈的教育革新运动,希望通过教育改革,革除社会弊端,推动社会的发展。在这一运动中,堪称代表人物的就是美国教育家约翰·杜威。

(1)杜威的教育理论和实践

约翰·杜威(1859—1952)大学毕业后曾到中学任教,具有中学教学的经验,后又到大学读研究生,毕业后在大学从事哲学、心理学、伦理学和教育学等课程的教学和研究。1894年,他创办了"芝加哥大学实验学校",开始了他的教育改革实验。杜威主张教育理论研究应与哲学和心理学联系起来,他本人又有这方面的深厚功底,兼以丰富的实践经验作基础,这就使他构建自己的教育体系时游刃有余且具理论深度,他的理论也成了人类宝贵的精神财富。

杜威教育理论的核心,可以概括为"三个教育":"教育即生活""教育即生长"和"教育即经验的改造"。

杜威提出"教育即生活",主张教育本身就是要能够满足儿童兴趣的需要,为儿童所喜爱。他反对传统教育关于"教育是生活准备"的理论,更反对借口"生活准备"而漠视儿童,对儿童实施脱离社会生活又脱离儿童生活实际的所谓教育。

杜威提出"教育即生长"的主张,旨在揭示一种新的儿童发展观和教育观,这是与旧教育中消极对待儿童,不尊重儿童现象的决裂宣言。在杜威看来,要使儿童健康生长,就要尊重儿童,一切教育和教学都要合乎儿童的心理和生理的发展要求。当然,尊重不等于放纵,正如杜威自己曾经强调的那样"如

①　夸美纽斯. 大教学论[M]. 北京:教育科学出版社,1999:136.

果只是放纵儿童的兴趣，让他无休止地继续下去，那就没有'生长'，而'生长'并不是消极的结果"①。杜威提出。教育即生长的根本目的在于，"将儿童从被动的、被压抑的状态下解放出来"。②

杜威提出"教育即经验的改造"的命题，这是因为在他看来，儿童的"生长"是一个持续不断的社会化过程，是儿童内部心理条件和外部社会条件相互作用的结果。这种作用恰是通过经验产生的。在杜威的理论中，所谓"经验"就是人的肌体与环境相互作用的过程，是人们获取知识、形成能力、修养品德的有效载体，这个过程，无疑也是人们运用智慧解决问题的过程。正是基于这样的理念，杜威便把"生长的理想归结为这样的观点，即教育是经验的持续不断的改组和改造"。

杜威教育改革的目标，直指传统教育中"三脱离"的弊端，即"教育与社会生活脱离""教育与儿童生活的脱离"和"教育理论与实践的脱离"，企图通过教育改革解决现实生活中已经出现的各种社会问题。为此，他便从他经验论的哲学出发，反对将完整的逻辑体系为表现形式的教材作为教育的起点，而必须以直接经验为起点。他之所以如此主张，是因为教材仅仅是前人积累起来的系统的间接经验。远离了儿童的生活和经验，按分门别类的学科系统编定的教材，肢解了儿童从现实生活得到的经验，因而难以激起他们学习的兴趣和愿望。他主张改变学校中"教师讲，学生听"的旧模式，代之以师生共同活动、共同"经验"的新方式。他还主张在活动过程中要把知识的获得降到次要位置，因为"知识仅仅是已经获得并储存起来的学问，而智慧则是运用学问去指导改善生活的各种能力"③。变注重结果为注重过程，注意培养人的思维能力和掌握科学的思维方法，成为杜威教学理论的重要特点。比较杜威的教育理论和他所批判的传统教育，二者的区别就在于"传统教育以知识为目的并以知识来扼杀智慧，杜威则以智慧为目的并以知识来增进智慧"。④

对于教材，杜威的主张是"需要把各门学科的教材和知识恢复到原来的经验，它必须恢复到它被抽象出来的经验，它必须心理化"。什么是教材的心理化，联系杜威论述并主张过的儿童的几种心理需求：好奇心，建造新事物的愿望；与成年人和同龄人交往的愿望；表达和表演的愿望等就不难理解，杜威正是从儿童的这些心理需求出发为孩子们设计各种活动的，在他看来只有符合儿童的这些需求，才能激起他们的学习兴趣并为其所接受。1936 年，杜

---

① 赵祥麟，王承绪．杜威教育论著选[M]．上海：华东师范大学出版社，1981：9.
② 吴式颖．外国现代教育史[M]．北京：人民教育出版社，1997：43.
③ 吴式颖．外国现代教育史[M]．北京：人民教育出版社，1997：54.
④ 赵祥麟，王承绪．杜威教育论著选[M]．上海：华东师范大学出版社，1981：56.

威在他的《芝加哥实验的理论》一文中更深有感触地提及："关于'教材'，迫切的问题要在儿童当前的直接经验中寻找一些东西，它们是在以后的年代里发展成为比较详尽，专门而有组织的根基。"①这里，关于教材选定的原则，杜威也以他深邃的思考，为今天的教育留下了宝贵的经验。

（2）杜威教育改革的失败及其启示

杜威是一位有责任感的教育家，面对20世纪初期社会变革造成的诸多问题，他能以积极的心态直面现实，进而负起改造社会的责任，决心把一个不完善的美国社会推向更加理想的国度，全身心地推动了进步教育的改革运动，表现了无畏的气概。杜威改革强烈地震撼了传统教育的方方面面，有理论探讨，也有实践的经验，充满着时代气息，产生了深远的影响。

杜威的实验以失败告终，其中除了社会原因以外，他的理论本身的局限也是一个重要的原因。例如，学校只是社会组织的一部分，虽然也和社会相互作用，并用自己的教育结果对社会产生影响，但它还没有在政治上强大到能通过课程，促使社会发生重大变革的地步，所以作为"学生中心课程论者"的杜威，自然也只能落得像"社会改造课程论"者一样的结果。从课程论的层面上讲，虽然杜威并不反对间接经验和系统知识学习本身，只是反对传统教育中教师漠视学生的生硬灌输和儿童学习过程中的生吞活剥死背强记，但是，单独使用活动过程必然会导致系统知识学习的削弱，用活动性、经验性的课程和教育方法全面替代学科课程的学习，始终不可能实现教学中"逻辑"和"心理"的统一，即解决既学习系统知识，又顾及儿童的心理需要这样一个教育中的老大难问题，最后只能以牺牲教育水平为代价，自然得不到社会公众的理解。此外，经验告诉我们，任何一种教育思想的贯彻实施，必然以一定的教育资源为载体，在杜威当时，主要表现为教材的编定，在这个至关重要的问题上，杜威除留给我们一些基本的原则之外，值得借鉴的东西并不多，杜威也只好承认：由于"要解决这个问题是非常困难的，我们并没有解决好"②，没有妥善地解决课程和教材问题，要实现其理论的初衷，也只能是镜花水月了。作为主张活动课程的先驱者，留下的这些抱憾终生的经验，对今天的活动课程的理论研究和实践工作者不是具有重要的启迪吗？

当然，杜威留给后人的绝不仅仅是活动课问题，他在生前受到百般诘难，死后仍蒙受恶名，甚至当在20世纪50年代苏联卫星上天以后，在一片"回到传统去"的喧嚣声中更受到激烈的抨击。但当人们回首近代和现代教育走过的曲折历程的时候，许多人又会不约而同地想到了这位现代教育的开拓者。正

---

① 赵祥麟，王承绪. 杜威教育论著选[M]. 上海：华东师范大学出版社，1981：366.
② 赵祥麟，王承绪. 杜威教育论著选[M]. 上海：上海华东师范大学出版社，1981：323.

像著名学者吴式颖在《外国现代教育史》一书中所指出的那样："也许不同的国家具有不同的社会制度、迥异的文化传统，杜威所提出的一些看法也许不能尽然合乎各国国情，但他解决现代教育问题的思路及其理论所反映出的总体精神，如要求加强教育、学校与社会生活的联系，使学校不只是消极地适应现代社会的变化，而且要积极参与社会生活的变革；要求尊重儿童心理发展水平，使教育过程既具有成效，本身又有乐趣；要求加强理论与实践的联系，使理论能有效地指导实践并使自己受到检验和发展等等，这些理论至今仍有很大的启发意义。"[1]

2. 实现活动课程的教育功能

活动课程就其本质而言，是一类践行实践性学习的课程形态，实践性学习本是人类与生俱来的一种本能性质的学习活动方式，千百年来早已随机性地存在于人类生活的各个方面。活动课程既然是在学校里设置的"课程"，就需要能够真正以"课程"的面目纳入学校的教学计划，进入班级课表，成为学校实施有计划、有目的、有系统的教育教学活动的有机组成部分。活动课程又是为了克服传承性学习的不足，应运而生的一门新型课程，实施起来鲜有现成的经验可资借鉴，怎样做才能有效地提高其教育教学质量，充分实现活动课程的教育功能，自然成为人们普遍关心的问题。

（1）课程实施需要关注学生活动的过程和方法

活动课程与学科课程不同，不是在教室里"老实讲，学生听"，而是要求组织和引导学生，到自然、社会和现实生活中，帮助选择力所能及的实际问题，通过考察、调查、实验、探究等各种办法解决问题，求取答案，并通过这求索的过程，学习知识，积累经验，逐步学习和掌握科学研究的方法，不断提高生存和生活的能力。在学校设置活动课程，实质上就是把科学家研究科学的办法，经过合理的改造引入学校教学的一种尝试。由于这种方法充分尊重学生的主观能动性，因而可以有效地改善学习气氛，激发学生的学习兴趣，培养学生对科学的灵活而执着的追求态度，对提高学校的教育教学质量一定会起到很好的作用，更能在培养学生的创新意识和实践能力方面发挥积极的作用。

天文学家卡尔·萨根曾经说过："每个人在他们幼年的时候都是科学家，因为每个孩子都和科学家一样，对自然的奇观满怀着好奇和敬畏。"[2]可以讲，幼儿用他们好奇的双眼环顾周围尚不熟悉的世界，童言无忌地袒露出他们对自己观察到的事物之间哪怕不正确的关系，其中也已经蕴含了人们认识世界

---

① 吴式颖. 外国现代教育史[M]. 北京：人民教育出版社，1997：60.

② 中国科学技术协会信息中心. 中外科学教育理论与实践摘编：9，56.

的一般过程。保持孩子探求世界的好奇心，无疑应该是家长和教师的责任。然而，孩子毕竟是孩子，即便错了，人们也不会介意，因为知识和阅历的关系，他们还不清楚怎样获取有用的信息，也不了解怎样才能从中提炼科学的道理。唯因如此，就要学习，关注学生获得学习方法更是各级各类学校教师的责任。

前面已经知道，实践性学习始终伴随着人们的成长过程，是人们积极主动地认识世界的一种重要方式。把这一学习方法物化为一类课程，设置在全面实施素质教育的学校里，就是要回应和关注学生"如何学习"的重要性，帮助学生掌握科学家进行科学研究的基本方法。

方法的知识是最重要的知识。然而，方法不仅是知识，而是对知识的应用，不能仅仅靠"听讲"的办法就能够获得。任何方法都是具体的，都会通过一定"载体"作为媒介呈现，学习方法最有效的途径就是活动，随着学生年龄的增长，阅历和知识的增加，帮助他们组织和开发各种类型的活动，引导他们不断地通过活动对各种具体事物进行探索和研究，就会使学生逐步地学会如何观察，如何质疑，如何提出假设，如何设计和组织实验，以至如何撰写实验报告和进行交流和分享等等，所有这一切即是实实在在地演绎科学家们发现问题，提出假说，实验验证进而发现和创造新事物的全过程。当学生们置身于这样的过程的时候，他们自然会以极大的兴趣投入其中，在实际的操练中培养了自己分析问题和解决问题的能力，也就自然而然地知道了面对大千世界复杂纷繁的变幻应该如何学习了。而"知道如何学习，就意味着学生能够自己找到新的信息和数据来解答他们对自然世界的疑问，能够自己使用新技术来解决所遇到的难题"。[①] 实践性学习的重要意义也就在于此。

美国的心理学家和教育家布鲁纳十分重视发现法在教学过程中的作用，他曾申明："如果我们要展望对学校来说什么是特别重要的问题，我们就得问，怎样训练几代儿童去发现问题。"[②]发现法本质上也即我们所说的探究法或实践性学习，其所以如此重要，就因为这种学习是以学生为主体的过程性学习。在科学教育中运用发现法学习，可以有效地调动学生自身的积极性，在实践中进行探索，在追求知识的过程中，自然会培养他们的观察能力、分析能力、操作能力和创造能力。总之，这一方法正是以调动和激发学生的积极性和创造性为手段，达到促进人不断发展的目的。

---

① 中国科学技术协会信息中心. 中外科学教育理论与实践摘编：10.

② 布鲁纳. 布鲁纳教育论著选[M]. 邵瑞珍，张渭城，译. 北京：人民教育出版社，1989：371.

（2）课程实施必须坚持以人为本的原则

从前述两种学习方式的讨论中，我们会发现，继承性学习是前人的成果，这些以知识、理论呈现出来的文化成果，最终指向的都是共性的东西：被实践证明了的学科化的知识、体现自然现象本质特点的各种各样规律的表现以及大家都有必要遵循的各种社会规范等等，总之，继承性学习的结果，总的趋向是引导对现有事物的"认同"。实践性学习则相反，实践较之继承则有着更加宽广的个性化空间，即使面对同样的一堆素材，不同的人因为视角不同，方法各异，也可能得出不同的结论。因而活动课程较之更容易发现和发挥个人的优势和特点，从而也就要求课程的实施更需要坚持以人为本的原则。

要以人为本，首先就要尊重学生，尊重学生这一活动主体的兴趣、爱好和需要。活动课程的课堂是围绕问题解决展开的，而问题又多是在学生的实际经验中产生的，没有学生的兴趣、爱好和需要。课程的存在就失去了前提，就没有了存在的条件。这样一种尊重学生经验和主体精神的教学方法的选择，可以追溯到 18 世纪的欧洲。法国的卢梭就反对脱离儿童经验的文字说教，在著名的《爱弥儿》一书中，他就曾以其自然教育观为出发点，主张"首先要把培养儿童爱好学习的兴趣和提高能力放在首位"，反复强调应该让学生从经验中取得教训，从实践中去学习，呼吁"不要教他这样那样的学问，而要让他在学习中自己去发现那些问题"①，并且明确地告诫人们说："问题不在于教他有各种学问，而在于培养他有爱好学问的兴趣，而且在这种兴趣纷纷增长起来的时候，教他以研究学问的方法。毫无疑问，这是所有一切良好教育的一个基本原则。"②

在席卷美国的进步教育的浪潮中，约翰·杜威更系统地提出了经验性学习的理论，主张以经验的生长和改造作为教育的基础，在他深思熟虑地推出的"活动课程"中，就强调顺应儿童的本性，让儿童通过主动"作业"的办法，在解决问题的同时获得经验，培养儿童的兴趣和锻炼能力。

所有这些先贤们关于教学方法的主张，都不在于使儿童能够在他们经验和活动中发现问题所隐含的各种关系，以及活动所能收到的哪些具体的知识成果，他们更加注重的倒是那些活动在儿童头脑中所激起的思想波澜，是儿童对科学方法的掌握以及对人生的体味。这才是关系儿童今后一生发展的最为重要的东西。

美国的心理学家和教育家布鲁纳曾大力倡导发现法学习。在他看来，认知发展是讨论教学问题的基础，而"教学理论实际上就是关于怎样利用各种手

---

① 卢梭. 爱弥尔（上卷）[M]. 李平沤，译. 上海：商务印书馆，1991：217.

② 卢梭. 爱弥尔（上卷）[M]. 李平沤，译. 上海：商务印书馆，1991：223.

段帮助人成长和发展的理论"①。在教学过程中，如果忽视学习主体认知发展的过程及其机制，忽视制约这一发展的种种因素及其可能被利用的机会，教学任务是不可能被顺利完成的。

将以探究为中心的实践性学习引入我们的课堂，是学习方式的大变革，不仅教师的观念要变，学生的观念也要变。教师要勇于从多年来习惯了的灌输式的教法中解放出来，从教学活动的主导者变为活动的组织者和参与者，为学生提供发现问题的情境和解决问题的氛围、设计并组织好发现过程的教学工作。学生也要勇于克服在长期传承式学习过程中养成的仅仅习惯于接受，不习惯质疑的坏毛病。在探索的过程中，要勇于向现成的知识提出疑问，要善于开动脑筋想问题，不要怕自己的知识少，别人会说三道四；也不要怕探索中会出现错误，沿着正确的道路大胆地向前走，突破传统的思维形式的羁绊，活动课程连同实践性学习方式所营造的充满时代气息的课堂必将迎来教育的美好未来。

第三节　两种学习方式相得益彰
两类课程优势互补

我国中小学设置学科和活动两类课程历经 20 多个春秋，新课程改革也已进行了 10 几个年头。然而，许多干部和教师，甚至教育教学部门的领导和研究人员至今尚不明确：必须将学校各门课程的实施，放到由两类课程组成的课程体系中予以审视，既要关注和研究各门课程独具的教育功能，在对课程内容、教学方法以及课程评价做出选择与运用时候，都要从课程的特点出发，尊重其内在的规律；同时，又要关注两类课程的相互关联，注意发挥两类课程、两种学习方式的整体功能。一些教育行政部门制定的教育政策，一些学校的教育行为都还不同程度地存在着相当多的盲目性，以致严重地影响和阻碍着课程改革的顺利实施和教育教学效果的有效达成。经验告诉我们，只有从心底里承认中国教育存在的问题，才能理解新课程在学科改革的同时，设置综合实践活动课程的初衷，才能主动投入新课改，实现两种基本学习方式相得益彰，两类不同课程优势互补的局面，全面特点以创新精神和实践能力为重点的素质教育。

一、应试教育正面临全面挑战

在这一轮课程改革运行之初，在与课程实施者对话的时候，专家们就曾

---

① 布鲁纳. 布鲁纳教育论著选[M]. 邵瑞珍，张渭城，译. 北京：人民教育出版社，1989：94.

指出：伴随着科学技术高速发展的"知识爆炸"，以及普遍存在于"后发型国家"一定发展阶段教育之选拔功能的凸显等因素，又使我国学校课程体系表现出下列一些特征：对于书本知识的热衷追求使学生的学习负担和厌学情绪不断加重，学生为考试而学，教师为考试而教。现在，人们已经把目前我国基础教育课程体系存在的种种弊端概括为"应试教育"。①"应试教育"愈演愈烈的现实，已然严重地影响着中国教育的现实走向，遭遇全面挑战，到了非改不行的时候了，否则素质教育就无从实施。

渴求知识作为一种传统，是深深植根于中国这块土地上的民族基因，尽管伴随着某些特殊的社会环境，例如文化大革命时期，也不时会有读书无用论的沉渣泛起，但总体来讲，这都不会成为主宰潮流的大气候，毕竟千百年来吟诵着"三字经"成长的一代代的儿童受到的都是"教不严，师之惰"，"幼不学，老何为"的熏陶，长大后接受的又是"书中自有黄金屋，书中自有颜如玉"，"学而优则仕"的教育。"知识改变命运"可见、可触，当今仍然是人们，特别是那些既不能"拼爹"也不能"拼钱"的莘莘学子可望、可即的理想之路。然而，当下的一个问题是：由于历史和现实的原因，教育资源不足和资源配置不均衡在短期内不可能彻底解决。这样，一方面是人们基于切身利益对高质量教育的需求日益强烈，一方面是国家从现实的国力出发，现在又不能很快解决这个问题。供需矛盾难以解决，作为需要的一方，那些把接受良好教育视作孩子未来医疗、养老和舒适生活长远保障的家长们，只有给孩子更大的压力。这样的家长最容易接受"不要让孩子输在起跑线上"等诱惑，不但催生了社会上"奥数"、"英语"以及形形色色的补习班、兴趣班，而且给学校教育带来了极大的压力，为本不该发生的"有偿教育"提供了土壤，而最直接也最严重的后果就是苦了孩子们。基础教育本来是为学生日后的学习和身心健康成长奠定良好基础的教育，学生需要的不仅仅是知识，更有思想道德、健康体魄和良好的心理素质，在方方面面的重压下，把追逐分数作为终极目标，成为分数的奴隶，必将本末倒置，素质教育的目标，又怎么能够实现呢？

近年来，世界经济合作发展组织推出了中学生国际统一考试，称"国际学生测试项目"（PISA），每三年一次，测试诸多国家15岁的中学生，测试项目为阅读、数学和科学，最新一次测试有65个国家和地区参加，结果我国的上海继2009年折桂后于2012年再次夺冠。消息传开引起国内外媒体一片热议，国内教育界的反映各异。窃以为国际统考得了个第一，总不是坏事，它给了我们一个反思和检讨当前教育状况的机会：首先，上海教育水平远高于全国

---

① 教育部基础教育司. 走进新课程[M]. 北京：北京师范大学出版社，2002：19.

的一般水平，上海的成绩远不代表中国教育的成绩，对此要有清醒的头脑，用不着欢心雀跃，还是淡定一些好；其次，上海这几年教育改革是走在全国前列的，成绩在一定程度上说明了课改的成效，上海师范大学孔令帅教授分析得好：上海学生成功的秘诀在于融合了"传统和现代因素"的方式。传统指的是"虎爸虎妈"望子成龙的心态，以及中国孩子很小就被灌输的观念：努力是获得良好教育的关键。"现代"因素包括上海乐于不断调整课程设置和教学方法，重视弱校并把它们与优秀的学校配对，对国外观念采取开放的态度等；①再次，分析"上海第一"背后的原因，人们会发现原来上海学生的负担也是全球第一，在所有参与测验的 56 个国家和地区中，上海学生平均每周作业时间为 13.8 小时，是最重的。知乎网友@chengin 分析 PISA 数据指出：上海、新加坡和俄罗斯这三个国家和地区每天平均作业超过 9 小时，低于 9 小时的国家和地区占绝大多数；540 分以上的高分组：中国香港、日本、韩国、中国台北（分数递减），作业远少于上海，韩国只有 3 小时不到，全世界倒数第二，芬兰是最少的，但分数仅比台北少了一点儿。②可见，成绩第一的背后，不能不说我们教育的效率值得怀疑，而成绩的取得与备受诟病的题海战术也会有着某种必然的联系。可以讲，我们的教改确有成绩，但未来的路还很长很长。

二、教育改革要从我国的实际出发

古往今来，任何改革都是在原有基础上进行改良或革新，任何成功的改革，都是一个扬长避短、吐故纳新的过程。我国今天进行的课程改革也应遵循这样的原则。在我国进行教育改革，无疑要从我国的实际出发，首先就应该对中国教育的历史和现状有一个清醒的认识，要总结 100 多年来我国学校教育，特别是新中国六十余年教育改革正、反两方面的经验和教训，对中国教育的优势和不足有一份恰当的估计，然后才能有针对性地提出正确的方针、政策和办法。

中华民族一向具有重视教育的传统，新中国成立以来，经过历次教育改革的洗礼，虽然也曾出现过这样那样的失误，但总体来看，我们在学科教育方面还是积累了比较丰富的经验，我国中小学生掌握知识的系统、严谨和扎实，一向为世人所称道，这是我国教育的特点，也可以说是我国教育的优势。

---

① 陈冰. 上海学生凭什么学霸全球[J]. 新民周刊，2013(48). 转引自《教育文摘周报》2014 年第 5 期.

② 朱绩崧. PISA 不是"上海第一"这么简单[N]. 联合时报，2013-12-9. 转引自《教育文摘周报2014 年》第 5 期.

学科教育属于继承性学习的范畴，其学习方式主要采用教师讲、学生听的被动学习方法，在这一学习过程中虽然也有实验、实习等实践学习的方法的使用，但都处在次要或附庸的地位。可以讲，我们教育的经验主要是实施继承性学习方式的经验，对这些经验当然应该加以分析，肯定其中正确的东西予以继承甚至发扬，绝不能弃之如敝屣，采取虚无主义的态度，更不能将其妖魔化，借口批判应试教育把继承性学习这个婴儿随同洗澡水一起倒掉。

然而，我们也不能不看到，过分地强调继承性学习，必然会忽视实践学习的必要，虽然会使受教育者在系统和完整地把握既有知识上具有一定的优势，过分的灌输却又会压抑儿童的好奇心、学习热情和求知欲望，不可避免地会有碍其实践能力的培养和创新精神的张扬。包括家庭教育和学前教育在内的整个基础教育阶段，继承性学习和实践性学习的失衡造成的缺憾不能小视，这种情况和传统文化的负累相结合则更是为恶甚深：学而优则仕的学习目的观，明哲保身的处世哲学，内向型的思维方式，"述而不作"的劣根性不是至今到处可见吗？重理论，轻实践；重结论，轻过程；重继承，轻创造的弊端还不是正在严重地腐蚀着我们的教育功能吗？在当前科学技术的发展一日千里，挑战与机遇并存的时代，正当各地小学自豪于有多少学生进入重点中学；各地中学，正津津乐道地宣传有多少学生进入重点大学和读研究生的时候，我们精心培养、提倡和选拔出来的这些好学生，这些通过了各种考试的"独木桥"而涌现出来的高学历的人才常常会由于基础教育阶段实践性学习训练不够，在当代科学前沿因动手能力薄弱和创新性研究能力不足而裹足不前，从而失掉了抢占科技制高点先机的案例不是屡有所闻吗？究其原因，板子虽不应都打在基础教育的屁股上（因为大学教育、职后教育也有各自的问题），但从实而论，基础教育毕竟难辞其咎，彻底改变这一状况已经成为举国上下众望所归。

谈及基础教育改革措施，则是见仁见智，有人提出要建立这样那样的模式，也有人建议要引进这国或那国的办法。实际上，就基础教育而论，当今各国都非尽善尽美，各有各的长处，也各有其不足，唯有改革才是世界性的大趋势。既然各国教育有各国教育的具体问题，在教育改革中就不存在普适于每个国家的包治百病的药方，唯有各自依据自己的实际情况出发，有针对性地扬长避短，扬善救失，有效地解决各自的问题才是可取的办法。在对中国教育的优劣得失进行充分分析之后，针对中国教育长期以来存在的忽视动手、鄙薄技术，压抑创造的弊端和不足，从实现两类课程的整体功能上下功夫，针对不同的情况，有针对性地提出相应措施和办法才不失为一种明智的举措。

三、两类课程优势互补，全面推进中小学课程建设

有效的学习只有继承性学习和实践性学习两种方式，它们分别对应于学校里学科和活动两类不同的课程。为实现预定的教育教学目标，学校自然应该从两类不同课程的学习内容和需要出发，全面加强学校课程建设。

新一轮课程改革，要落实中央"科教兴国"的战略部署，实现全面提高民族素质的目标，追求的正是建设具有中国特色，符合素质教育要求的基础教育的课程体系。通过前述对学科课程和活动课程的比较，我们已然知道，学科课程和活动课程各有长短。实施单一课程不利于人才的全面发展。只有将它们组织起来，形成完整的结构，做到两类课程同时并举，让它们各自发挥自己的长处，实现教育功能优势互补，才有可能充分发挥两类课程的整体功能，赢得全面育人的积极成果。按上述理念构建起来的基础教育的教育课程体系，其结构如下：

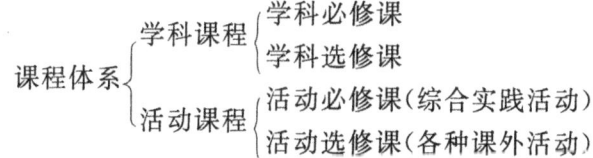

依照上面的课程设计，中小学生在校期间即同时接受两类课程的教育。为了真正实现两类课程优势互补，全面推进中小学课程建设，无论学科还是活动，遵循教育计划要求优化教学过程，实现学生有效学习，便成了教师们共同的追求。而善于从课程的不同特点出发，恰当地选择并实施与之相适应的学习方式，实现各自学科的有效教学也便成为时代对教师们的一项要求。

经验证明，针对不同的学科、不同的课程内容，适应不同的学生的学习倾向，使用多样性的学习方式会更好。现实也表明：教学过程中，有针对性地选择和使用多种不同的方式方法强化教学，更容易实现理想教学效果；相反，使用不恰当的学习方式，将学习方式简单化、模式化也会削弱教学的效果。十几年课程改革的经验还提示我们：两种不同的学习方式、两类不同的课程，尽管各有特点，具有相适应的匹配关系，不看到这一点，教学过程不考虑内容和方法的统一，最终可能只会导致南辕北辙，使效果与期待相去甚远；但同时也应看到，它们之间又非绝对对立、互相排斥的，在学科课程中有些内容如果采取发现法学习会更能凸显其教育价值，在知识传承过程中如能巧妙地渗入实践学习的思路，更能发挥点石成金、启迪心智的作用。至于在实践性学习中适应活动本身的需要，教师必须为学生讲解必要的知识和方法更是不自待言的事情。

　　实现两类课程优势互补，两种学习方式相得益彰，必须保持清醒的头脑，坚持一切从实际出发，不断总结正反两个方面的经验。全面加强学校的课程建设。不仅关注由学科和活动两类课程组成的课程体系是否得到贯彻和实施，以保证国家课程计划的严肃性；还要看两类课程的教育功能是否得到充分而有效的发挥，课程的学术性基础是否得到保证，学生创新精神和实践能力是否实现了同步提高；用于各类课程的教育资源随着课程改革的发展进程是否不断完善，是否适用，其质量和水平较之以往是否不断提高；教师把握不同课程的教学理念、教学水平和教学艺术是否得到了改善；上述各个方面如果存在不足，有什么表现，主要原因又是什么，需要怎样加以解决……总之，两类不同的课程和两种不同的学习方式，为中小学全面加强课程建设提供了一条思路。将两种学习方式结合起来，统一施教，既有利于保持和发扬我国教育的优势，又能有效地克服传统教育的不足，实现学习方式的优势互补，相辅相成。完善了学生的认知过程，必将会促进学生和谐、健康、愉快地发展。

第二章 综合实践活动课程的理念和教育功能

本章学习要点

什么是综合实践活动课程，在我国基础教育阶段为什么要设置综合实践活动为必修课程？这一课程的基本理念是怎样的，又有着什么样独特的教育功能？这是综合实践活动教师首先必须解决的问题，只有对这些问题有着正确的认识，才能提高教师的课程意识和实施综合实践活动课程的自觉性和积极性。

新一轮课程改革充分肯定了设置活动课程的意义和作用，并总结了几年来实施活动课程的经验和教训，提出了"从小学至高中设置综合实践活动课并作为必修课程"的主张。从活动课变为综合实践活动课，作为对以往教育计划中实施的活动课程的继承、发展和规范，综合实践活动课的设置已经成为新课程的重点、亮点和难点，正在引起各方面的高度关注。

在这样的背景下，了解综合实践活动课程的形成历史和实施要求，深入研究这一课程的基本理念和教育功能，提高实施和坚持综合实践活动课程的自觉性和主动性就显得十分地重要了。

第一节 从活动课程到综合实践活动课程

我国基础教育的课程体系长期以来都是学科课程一统天下，只是近年来，在全面实施素质教育的过程中，才出现了活动课程的设置，在新一轮基础教育课程改革中，又将活动课程规范发展为综合实践活动课程。这一课程的设置，既是对传统教育课程体系结构性的突破，又是变更既往人才培养模式的大胆实践，体现了近年教育思想和课程理念的发展趋势。

那么，什么是活动课程，什么是综合实践活动课程，二者有着怎样的区别和联系，为什么当前要在基础教育阶段，乃至高中都需要设置这样一类以实践活动为特点的课程呢？

一、活动课程的设置是落实素质教育的产物

当前，人类已经进入信息时代，世界科学技术的发展日新月异，知识经济初露端倪。知识经济是人类社会继农业经济、工业经济之后又一种新型的经济形态。知识经济的基本特征，就是不断创新，高新技术迅速产业化。吴季松在其所著《知识经济》中指出："今天世界的竞争已成为以经济为基础，以科技特别是高科技为先导的综合国力的竞争。"面对科技进步和社会的发展，要想提高我们的综合国力，跻身世界民族之林就必须坚持"科教兴国"，把经济建设转到依靠科技进步和提高劳动者素质的轨道上来，这无疑对教育提出了巨大的挑战。在这样的形势下研究教育，无论如何都应从实施素质教育的大背景着眼，从全面落实素质教育的要求出发考虑学校的课程设置和建设问题。

1. 教育要以提高全民族的素质为宗旨

所谓素质教育，即是以提高全民族素质为宗旨的教育。全面落实素质教育是我国教育改革和发展的客观要求。为了这样的目标，教育就要着眼于受教育者群体和社会发展的要求，以面向全体学生，全面提高学生的基本素质为根本目的，注重开发受教育者的潜能，促进他们在德、智、体、美、劳等诸方面生动、活泼、主动地发展。

实施素质教育无疑应面向全体学生，而不是少数精英学生；要促进学生各具特色地全面发展，而不是千人一面地机械和片面地发展，更不是单纯发展应付考试的能力。要培养学生自主学习、主动发展的能力，而不是将学生培养成只会被动学习、机械接受知识的学习机器。然而长期以来，在我国教育的现实中，随着"应试"教育愈演愈烈，许多方面偏离了受教育者群体和社会发展的实际需要：片面追求升学率，单纯应付考试，忽视了大多数学生的发展，经过层层选拔淘汰，使许多人以失败者的角色走向社会；即使对于少数成功的佼佼者，重视的也只是知识的获得，忽视能力的培养和情感、态度、世界观的养成，过重的学习负担严重地挫伤了他们的身心健康和学习的主动性、积极性和创造性，这样的学生走入社会又怎能适应社会的需要呢？

应试教育的现实情况与当代教育从知识本位向能力本位和人格本位的转变是格格不入的，与我国全面落实素质教育的要求更是大相径庭，因而受到教育界和社会各界的广泛关注和批评。对于这一切，战斗在教育教学第一线的教师更是感受颇深。为了彻底地解决这些问题，使教育能够更好地促进人的全面发展，适应当今科学技术革命和现代社会的需要，20 世纪 80 年代以来，很多学校的干部、教师在探索实施各种教学模式的同时，进行了许多课

程改革和课外活动的实验，并最终得到了这样一种共识：要实现科教兴国，必须实施全面素质教育，而要实施全面素质教育，就必须对传统的课程体系进行根本性的改革。实施学科和活动两类课程同时并举的新课程体系，就是这样一条实施素质教育的有效措施。

2. 活动课程是实施素质教育的切入点

就我国的实际情况看，中小学的活动课程是由学校实施的课外活动发展而来的。我国中小学向来就有开展学生课外活动的优良传统，但把课外活动列入学校的教学计划则是 20 世纪 80 年代才开始的。1981 年教育部颁布的《全日制小学教育计划（修订草案）》中，第一次将课外活动列入教学计划，1986 年起，在我国义务教育全日制小学、初级中学"五四"制和"六三"制教学计划的中学部分也列入了课外活动的内容。为充分发挥课外活动的教育功能，在 1986 年到 1990 年的"七五"阶段，一些教育工作者和科普工作者对学校课外活动进行了比较深入的研究。在全国教育科学"七五"规划重点课题中，由温寒江教授主持、各地一批重点学校的校长、教师参加的《课外活动与新教学体制的探索》课题，对以课内教学为主，课内外相结合的新教学体制进行了深入的研究；由中国科普研究所和中国科技辅导员协会承担的《青少年课外科技活动研究》课题则团结了大批活跃在各地的科技辅导员，对中小学生的课外科技活动进行了深入的探讨。这些研究的重要成果正像课题结题时出版的《青少年课外科技活动研究》中所指出的那样：是证明了在中小学开展科技活动、文艺活动、体育活动和社会实践活动，"在培养人才，培养学生素质方面有着重要的作用，提出了课外活动不是课堂教学的延伸补充，而是对传统班级授课制的一种结构性改革"。1990 年 12 月课题结束时提出了将活动课程列入义务教育阶段正式课程的建议。这些对课外活动理论和实践的研究工作，是对活动课程进入教育计划的前期论证。

1992 年 8 月 6 日，由原国家教委颁布的《九年义务教育全日制小学、初级中学课程计划（试行）》（教基字〔1992〕）首次采用了"活动课程"这一名称，明确提出学校"课程包括学科和活动两部分，活动在实施全面发展教育中同学科相辅相成，各地应有计划、有步骤地组织实施"。随后，于当年 11 月 16 日颁布了《关于组织实施"九年义务教育全日制小学、初级中学课程方案（试行）"的意见》（教基字〔1991〕30 号），这份文件是国家实施义务教育课程改革的指导性文件，具有法规性质，标志着将过去松散的、自发的、随意的课外活动以法规的形式纳入课程方案之中，进入了学校的课时安排。

回顾上述活动课程的形成过程，让我们不难理解：活动课的设置既不是天外来鸿，也不是人们的突发奇想，它是在继承以往学校中广泛开展的课外活动的基础上形成起来的，只不过是把过去课外活动中好的、行之有效的教育内容和方法加以总结和提高，以课程的形式确定下来并加以强化罢了。

活动课程的设置出现在 20 世纪 90 年代初期也绝不是偶然的。联系当时社会发展和教育改革的大背景，人们就不难发现，它是文化大革命后，适应改革开放的大环境的需要，是广大人民群众思想解放，决心改变社会生活和科学技术的落后面貌，赶超世界先进水平的必然结果，是全面落实素质教育的合理要求，是为克服基础教育中学科课程一统天下的局面，为改变应试教育倾向形成的严重弊端应运而生的。活动课程一经出现，就以其注重学生的直接经验和体验，强调学生对知识的综合运用，关心学生能力的增长和情感、态度、价值观的形成，以及关注发展学生的个性特长优势等特点，受到人们的重视，成为全面实施素质教育的一个重要的切入点。

二、综合实践活动是活动课程的发展、规范和提高

活动课程纳入课程计划，成为我国中小学课程体系的一个重要组成部分，反映了当代课程改革的发展趋势，因而受到各方面的广泛重视。几年的实施，尽管活动课程发展从总体上还不够平衡，普及面还不够大，但毕竟在我国基础教育改革方面迈出了可喜的一步，其教育优势也已经初露端倪，不断受到人们的关注，并最终在新一轮课程改革的实践中，作为课程改革的重点和亮点，发展、规范和提高为综合实践活动这样一门新型课程。

1. 活动课程实施的基本情况

把活动课程纳入课程计划，是我国基础教育的一项重大改革。为实现基础教育由应试教育向素质教育转轨的这一重大突破，原国家教委基础教育司于 1995 年 7 月在长春主持召开了有 18 个省市自治区的代表参加的"九年义务教育活动课程研讨会"，对在中小学开展活动课程作了动员。当年 11 月又在北京召开了有 12 个单位参加的九年义务教育活动课程实验协作会，继而又颁布了《关于颁发"全国九年义务教育活动课程研讨会会议纪要"的通知》(教基字[1995]44 号)，要求全国各地结合本地实际情况参照执行。同时拟定并颁布了《九年义务教育活动课程指导纲要(征求意见稿)》，成为各地开展活动课程的指导性文件。1996 年新年伊始，原国家教委基础教育司又以([1996]1 号)文件的形式发出了《关于组织开展"九年义务教育活动课程"实施工作的通知》。这一系列文件的发布，中小学的活动课程由点到面逐渐开展起来。

同时，人们对活动课程的认识也经历了一个逐步深化的过程：最初在《九年义务教育活动课程指导纲要(征求意见稿)》中，对活动课程做了如下界定：活动课程是指学科课程之外，由学校有目的、有计划、有组织地通过多种活

动项目和活动方式，综合地利用所学知识，开展以学生为主体，以实践性、自主性、创造性以及非学科性为主要特征的多种活动内容的课程。对活动课程的表述，使用的是特征列举法，涉及课程的目的、内容、形式、方法、特点等各个方面，对人们最初认识活动课程提出了要求，对活动课程的启动起过积极作用。但也毋庸讳言，这种对活动课程界定的表述也失之偏颇，特别是对活动课程的本质特征认定不够，对活动课程与学科活动和传统的课外活动没有能够加以明确区分，这就为后来在实践中一些学校用学科活动和课外活动代替活动课程埋下了隐患。

在总结实验区大范围推广活动课程的成果，吸收全国各地中小学开设活动课程的经验的基础上，原国家教委基础教育司活动处后来又对《活动课程指导纲要》进行了认真的修订，对活动课程的表述作了较大的改动，在1996年在指导纲要的修订第六稿中，便已经指出："活动课程是指学校有目的、有计划、有组织地开设的，以学生自主活动直接体验为基本方法，以获得直接经验，培养综合能力、发展个性为主要目标的课程。"与前述活动课程的表述相比较，新的提法显然具有了明显的变化，反映人们对活动课程的认识已经有了长足的进步，尤其是对活动课程的基本特征作了科学的概括，明确活动课程要"以学生自主活动，直接体验为基本方法，以获得直接经验，培养综合能力、发展个性为主要目标"，这就使活动课程不仅与传统的以教师讲授为主，以获取间接知识为基本方法，强调以"三基"或"双基"为目标的学科课程划清了界线，从而表明活动课程是一种独立的课程形式；进而也与学科活动和各式各样的课外活动严格区别开来，因为后者虽然也是学校的教育形式，但并不具有狭义的课程的性质。这一份《活动课程指导纲要》的修订稿虽然没有能够作为正式文件下发，但为了征求意见已经广为流传，在相当长的一段时间里，成为各地如饥似渴地寻求理论指导的教师们实施活动课程时的依据。

2. 活动课程实施的经验和启示

《活动课程指导纲要》将活动课程规定为四项内容，即社会实践活动、科学技术活动、文学艺术活动和体育卫生活动。这种规定的结果，对活动课程的开展和实施曾产生过重大的影响。

对活动课程内容的四项划分的最直接结果，是将科技活动作为活动课程的重点凸显出来，并予以开发和实施。因为，按照人们正常的思维方法，尽管四类活动都是全面贯彻党的教育方针的需要，但四项之中必然有主次之分，并很容易地把科技活动列为活动课程的重点。这是因为：第一，从素质教育的高度看，科技素质是青少年的重要素质，开展科学技术活动是实施素质教育的重要内容；第二，开展科技活动，提高一代人参与国际竞争的能力，是实现党中央"科教兴国"战略的要求；第三，从当时学校的课程结构来看，四项内容除科技活动外都有相应课程作为依托；唯有独立开展的科技活动没有这样的条件；第四，从当时社会关注的热点和社会时尚看，忽视青少年科技教育的现象又十分普遍，开展青少年科技活动更显其特殊的困难。既然开展科技活动客观上有需要，主观上难度又较大，自然便成为活动课程的重点内容。这也正是活动课程设课初期，许多地区和学校都把科技活动列为研究重点的原因。研究得多，成果自然也就多。活动课程实施多年以来，积累的有关科技活动方面的经验也就显得十分丰富，其原因也在这里。

若将《活动课程指导纲要》中规定的四项活动内容对照学校的课程设置进行分析，其中社会实践活动、文学艺术活动、体育卫生活动，乃至科学技术活动中学科性质的活动内容，大都有学科课程作为支撑，其活动内容或是学科课程的补充和延伸，或是满足部分学生的兴趣与爱好，除了某些必要的社会教育活动外，大多可以作为课外活动来安排，而无须占用列入课时安排的活动课程时间。把活动课程内容作上述规定，实在有太多的课外活动分类的痕迹，将四项内容纳入活动课范畴加以实施，要求各地创造条件"开足、开齐"，在有限的课时里很难办到，就是办到了，也很容易将刚刚建立起来的综合性的活动课程"四马分尸"，肢解为不同性质的学科类活动。这种有悖于设课初衷的现实和前景，极大地挫伤了基层学校开设活动课程的积极性。

活动课程设置近十年，积累了正反两方面的经验和教训，使人们逐渐认识到：活动课程的设置，既然是为了克服单纯学科教育的弊端，在学科之外为学生获得直接经验和培养综合能力设计的新型课程，既然要强调基于实践的学习，而面对学生完整的生活领域，那就不妨放弃寓意不准的活动课程的提法，突出"综合"和"实践"的特点，旗帜鲜明地构建"综合实践活动"课程的内容和体系。这种综合实践活动课，不属于任何学科，真正做到跨学科的"综合"，即综合地利用各科知识，采用综合的办法，通过解决各种实际问题的过程，全方位地培养学生的创造精神和实践能力。总之，经过近十年的探索，在人们心中所憧憬的综合实践活动课，就应该是这样一门学科渗透、文理交融、以学生实践和探究为主要学习方式的新型课程。当然，这样的综合实践活动课，是在活动课程多年实践的基础上形成起来的，作为活动课程的发展、规范和提高，是活动课程开发和实施的必然结果。

三、建设中国特色的综合实践活动课程

《基础教育课程改革纲要（试行）》规定"从小学至高中设置综合实践活动并作为必修课"呼应了当前国际上课程向儿童生活和经验回归，促进受教育者人

格整体发展的改革潮流，无疑具有国际视野；同时课程对四个"指定领域"的要求，又彰显出浓郁的中国特色。国际视野和中国特色有机结合，不啻为综合实践活动开发和实施的一项正确原则。就新课改实施十几年来的实际情况看，最不理想的恐怕即是当初曾被奉为标志性课程的这一门综合实践活动课了。个中原因，见仁见智，莫衷一是，然而漠视了国际视野和中国特色的有效结合，这一基本要求，忽视了中国综合实践活动课程内涵的特殊性以及实施策略的中国元素，致使课程开发和实施遭遇诸多困难不能不是重要的原因。然而，对这一问题的严重性至今仍然有许多人很不理解，因而有予以详细阐释之必要。

1. 中国综合实践活动课程内容的特殊性

诚如专家们所介绍："20世纪90年代以来，美国、英国、澳大利亚、日本、挪威、法国等和我国台湾省在基础教育课程改革中，都注重开设综合实践类课程。"①在课程改革中融入综合实践类课程确乎已然成为一种国际潮流。然而，如果将这些国家和地区开设的这一类课程与我国新课程改革推出的综合实践活动课程稍加比较，就不难发现，它们的名称尽管相近，性质亦属同一类型课程，然而其内涵却不完全相同。无论美国学校推出的以自然与社会研究为重点的《科学、技术、社会》(即STS)，《社会研究》，《社会学习》；还是英国的社会研究、设计学习类的课程内容；或是法国课程标准中设计的《综合学习》课程；也无论是日本的《综合学习时间》抑或是我国台湾颁布的课程标准中设计的多样化的综合实践类课程。它们都确实体现出主体研究性、综合实践性、社会参与性和生活性等基本特征，其共同的特点都是以课题研究或主题设计的形式呈现的课程形态。其自然探究的内容"涉及对于人的存在相关的自然事物或现象"，"核心是人的现实生活的自然环境，如水资源研究、植被研究、能源研究、环境生命科学等"②，对社会问题的研究，基本内容则涉及社会或社区的历史变迁、社区文化、社会经济、社会政治等诸多领域。将二者综合起来，大体也只相当于我们综合实践活动课程中研究性学习的范畴；就其社会考察和社会学习的内容也只是与我们综合实践活动课程在的社区服务和社会实践内容相当，二者结合起来，基本上相当于我们过去的活动课的主要内容。

反观我国施于中小学生的综合实践活动课程，设课伊始国家不但规定课

---

① 钟启泉，等. 为了中华民族的复兴，为了每位学生的发展[M]. 上海：华东师范大学出版社，2000：90.

② 钟启泉，等. 为了中华民族的复兴，为了每位学生的发展[M]. 上海：华东师范大学出版社，2000：95.

程中研究性学习、社区服务与社会实践、信息技术教育以及劳动与技术教育等四个"指定领域"而且明确确定了各领域的基本内容和要求，"强调学生通过实践，增强探究和实践意识，学习科学研究的方法，发展综合运用知识的能力。增进学校与社会的密切联系，培养学生的社会责任感。在课程的实施过程中。加强信息技术教育，培养学生利用信息技术的意识和能力。了解必要的通用技术和职业分工，形成初步技术能力"。综合实践活动课程作为活动课程的规范、发展和提高，已经将原有劳动技术教育改造成为"劳动与技术教育"整体纳入新的课程，又将信息技术教育划入了新课程的"指定领域"。这实际上是将原有课程体系中全部非学科性质的，具有工具和方法意义的，以实践性学习为特点的课程内容统统整合起来，形成了一门崭新的课程，人们很容易理解：此课程不是彼课程，我们的综合实践活动仅就其内涵而论，与域外同类课程相较，其内容要丰富得多，要求自然也就高得多。认识到这一点是十分重要的，这是我们分析问题的出发点。

2. 中国综合实践活动课程实施的特殊性

课程内容和要求决定了课程的实施策略，中外综合实践活动课程的内容和要求不同，其实施策略必然也就有所区别，换句话说，绝对不能将适用于国外同类课程的某些教学模式和实施策略原封不动地照搬，用以指导中国综合实践活动课程的开发与实施。

实施课程改革，国外有国外的情况，中国有中国的特色。各自需要从自己的实际情况出发，采取有针对性的办法和策略，才能有效地解决各自的问题，实现既定的教育目标。国外以课程研究和主题设计为基本形式实施他们的所谓综合实践活动课程，是从人家的实际情况出发的。在他们那里，技术教育作为基础教育阶段课程计划的重要内容已经单列实施；由于计算机的广泛普及，他们发达国家的学生，大多在课余已经解决了信息技术的方法和技能问题；因为各种各样的原因，他们的文化课学习也不是我们今天学校上课的样子，许多动手操作的内容已然融化在平时的教学过程之中了。这就使得他们的中小学生的创新意识，特别是动手能力大多都优于我们，这几乎已经成为人们的共识。在这样的背景下，一些欧美发达国家还嫌他们的学生创新意识和解决实际问题的能力不足，恐难胜任未来社会发展的需要。为了抢占先机，于是便开展国内的教育改革，希望通过组织学生从现实生活中进行选题研究和主题设计等实践过程，学习科学研究的方法，积累解决实际问题的经验。这种改革措施在学校里虽然也作为课程出现，然与传统上课程的概念已相去甚远：没有任何专业知识上的要求，重点在于掌握方法和提高能力。有鉴于此，课程实施自然可以因人而异，依校而别，就本质而言每个学校都可以将其作为校本课程开发和实施，就像我国新课程改革在高中独立设置的研究性学习那样，不用教材，无须专门教师自然也就是天经地义的事情了。

考察我国施于中小学生的综合实践活动，承载着太多的教学任务，又具有极强的专业特点，作为国家的必修课课程，必须体现国家的教育意志，当前即是要实现以创新精神和实践能力为重点的素质教育；作为必修课程，首先需要满足学生共性需要；作为中小学课程体系中唯一的以实践学习为特点的课程，既要为儿童的将来发展创造条件，又要为高中学习打下必要的基础。实现这样的教育目标不提供适用的教材、不培养和配备一定素质水平的专业教师，对多数学校都只会寸步难行。在新课改推动综合实践活动课程的过程中，效法国外实施课程研究和主题设计的实施策略和活动模式，倡导完全由教师和学生自行开发教育资源，依靠"团体指导和协同教学"解决师资问题，指望用校本课程的办法实现中小学综合实践课程的教学目标是行不通的，因而也是不可取的，这已然是为这些年来综合实践活动课程实施经验所无情地证明了的。

纵观这些年来我国综合实践活动课程走过的坎坷历程，深入研究和总结课程实施过程中诸多困难和困惑，究其背后的原因，大多与我们在处理国际视野和中国特色的问题上陷入的误区有关。首先，置国内外课程的特点于不顾，片面地强调课程实施要"尊重每一个学生的兴趣、爱好与特长"，"体现每一所学校的"，"反映每一所学校所在社区的特色"，"善于引导学生从日常生活中选取探究课题或问题"①，并将其视作课程实施的关键所在。如此要求无异于将作为国家课程的综合实践活动降低为可有可无的"校本课程"。采用上述实施课程，这在国外也有可能是行得通的，但在国内则不然。这些实施原则与我们的课程所规定的"四个指定领域"的内容和要求形成了强烈的反差，又有哪一所学校可以保证能够将国家规定的庞大教学内容，化解成为具有学校特色课程予以实现呢？其次，国外同类课程大都是以课题研究或主题设计的形式呈现的，自然可以将研究性学习作为课程的核心理念。而我们的课程内容已经变成了"四个指定领域"的整合，四者共同的特点是"实践"，而不是"研究"，课程的本质的特征是实践性学习，而非研究性学习，用研究性学习的理念做指导，很难全面涵盖四个"指定领域"的其他内容。如果不看到这种变化，便照搬国外实施研究性学习的方法，指导中国的中小学生开展综合实践活动，不作具体分析地都搞所谓"长周期、大主题、慢节奏"，将丰富多彩、生动活泼的综合实践活动程式化、形式化，背离了中小学生的认知水平和年

---

① 钟启泉，等. 为了中华民族的复兴，为了每位学生的发展[M]. 上海：华东师范大学出版社，2000：80.

龄特点，自然就会压抑学生活动的兴趣和积极性。尤其值得注意的是，使作为课程重要内容，且主要以中小主题呈现的，以实践操作学习为主要方式的劳动与技术教育受到极大的冲击；国外以课题研究或主题设计为主要内容的同类课程，其内容和方式具有极大的灵活性和自主性，其课程性质大体上与我国当前在高中阶段设置的研究性学习课程的性质相似，此类课程目的在于学习科学研究的方法，至于支撑学习的载体自应多种多样丰富多彩，内容的选择和实施更可以因人、因地而异。如此，实施这一类课程既可以不必需要专门的教师，更可以不要统一的教材，只要学校教师能够"团体指导，协同教学"就完全可以了，一般讲来，就是在我们现在高中，只要领导和教师的思想真正通了，实施起来也不会太困难。然而，在中小学设置的，以四个指定领域的融合为特征的综合实践活动课程则不同：在国家不再要求中小学校单独设置劳动与技术教育和信息技术教育课程的情况下，作为国家课程的综合实践活动，既要完成上述内容的教学任务，又要帮助学生通过活动学习科学研究的方法，以体现国家的教育意志，课程内容的复杂性、专业性不言而喻，其教育教学任务就不是任何一个普通教师完全可以胜任得了的。在这种情况下，仍然仅仅效法国外的办法，既不要教材，也不要专业教师，更不要课程标准，就希望实现课程的有效实施，则无异于痴人说梦。不幸的是，这种情况，自课程实施以来便长期存在，并使得本可作为新课改标志的综合实践活动课程始终处于无教材、无教师、无课程标准的"三无"状态，极大地损害了国家课程的严肃性，这一切难道还不发人深省吗？

中国教育是世界教育的一部分，不是西方教育的一部分，更不是美国教育的一部分，在中国搞教育改革，包括在基础教育阶段设置并实施综合实践活动必修课，都必须从中国教育的现实出发，国外的经验办法，是从人家的教育土壤中生发出来的东西，虽然可以学习和借鉴，但绝不能不作分析地简单套用，脱离了中国教育的现实，初衷再好也是行不通的。

第二节　综合实践活动课程的基本理念和教育价值

从活动课程到综合实践活动课程，其内涵和外延发生了深刻的变化，与国外同类课程相比，我国施于中小学生的综合实践活动必修课又具有前面谈到一些特点，对于这样一类新型的课程，人们虽然可以从方方面面对其进行分析和研究。然而，完整而准确地把握课程的基本理念，深刻理解课程特殊的教育价值，是正确实施和有效开发这一课程的先决条件。

一、综合实践活动课程的基本理念

所谓理念可以理解为理想中的信念，或理性的信念，即人们基于对事物本质或规律的认识，通过理性的思考，得到的对于事物的某种规定性的认识。在现实生活中，由于各种条件的限制，事物发展可能远未达到理想的要求，因而很难用理念作为评价事物的具体的标准，但理念作为一种追求或目标，仍然可以作为引导人们规范事物发展的价值尺度。

那么，作为综合实践活动课程的基本理念，又该包括些什么呢？我们认为，至少应包括如下五个方面的内容：

1. 坚持实践性学习，关注学习方式变革

综合实践活动的本质，是基于实践的学习。在学校开发和实施综合实践活动课程，就要着眼于学生的实践和经验，积极引导学生主动地变结论性学习为过程性学习，指导他们通过活动实践逐步掌握探究的方法和要领，在学生参与的活动实践中引导和帮助他们实现对活动过程的积极情感体验，感受活动的乐趣，促进学生的全面发展。

综合实践活动作为实践性学习，是一种以学生的实践和经验为基础，以积极的情感体验和深层次的认知参与为核心的学习方式。在活动过程中，要鼓励学生对知识的综合运用，引导他们不满足于知识的获取，而是要努力追求活动过程中的深刻的情感体验和掌握获得知识必要的科学方法。

丰富多彩的活动，是作为活动主体的学生有目的地作用于各种不同客体的行为方式，它们是实施综合实践活动的载体。开发和实施综合实践活动，无疑需要为学生设计各种不同性质的学习内容，帮助他们通过操作、考察、设计、实验、测量、分析、总结等"做中学"的过程投入实践性学习。活动过程既要注重学生的兴趣和需要，鼓励学生自主选择，积极参与，大胆实践；又要有针对性地对活动给予有效指导，帮助学生在实践过程中总结和提高，不断地实现从感性到理性，从经验到理论的提升。

在综合实践活动过程中，虽然个体学习的方式是不可或缺的，但是从活动特点出发，并从未来社会发展需要着重培养学生的合作意识与合作能力考虑，实施综合实践活动的最适当的方式就是合作学习。同学们在通过合作的方式解决现实问题的过程中，要提倡和鼓励他们的主动进取的精神，使用恰当办法和策略，积极地探索隐藏在事物背后的规律性的问题。如此，就可以从根本上改变学生的学习态度、学习方法和学习习惯，帮助具有不同智力倾向的学生通过合作、交流，取长补短，都能得到最好的发展。

学习方式不同，学习结果也不一样。以实践求真知，以实践求体验，以实践求发展。学生在自主、合作、探究的过程中真正做到不唯书、不唯上，学会用自己的眼睛去观察世界，用自己的头脑去判断是非，用自己的方式去表达成果，他们的创新精神和实践能力必然也就会生动、活泼地得到发展。

2. 面向完整的生活，实现学生全面发展

综合实践活动课程的开发与实施，要面向学生完整的生活领域，关注学生现实和未来发展的需要，从整体上把握活动的内容、结构和层次，努力为学生创造健康发展的开放空间。

综合实践活动的设置，为彻底改变我国传统教育强调学科本位，过分注意知识传授的倾向，为加强课程内容与学生生活以及现代社会和科技发展的联系开辟了良好的前景。同时它又总结了前一阶段活动课程实施的丰富经验，克服了以往活动课程专注于科技活动的局限性，主张以学生与自然，学生与他人和社会，学生与自我的关系这样三条线索作为内在的逻辑线索开发和实践综合实践活动。毫无疑问，综合实践活动展现给人们的就是这样一个作用于学生的完整生活领域。

不言而喻，综合实践活动面对的学生完整的生活领域，绝非仅指学生举手投足即可触及的学校、家庭、乡村、社区这样一方狭小的天地，而是远大于此，包括了上述三条线索所涉及的关于民族、国家乃至整个人类的现在和将来的丰富多彩的真实世界。综合实践活动具体项目的设计和开发，毫无疑问应该关注学生现实的需要，即要从学生的生活实际出发，并尊重学生的兴趣和爱好，从现实生活中选择问题或课题进行研究，但又绝对不能简单地回归或复制生活。教育要源于生活，又要高于生活，对学生活动的设计，亦应未雨绸缪，兼顾学生的长远发展，主动帮助他们适应未来世界的需要。当前，我国社会发展正处在转型的关键时期，整个世界更处于科学技术高速发展和知识经济风雨欲来的大趋势，在这样的背景下实施和开发综合实践活动；尤其应该从整体上考虑满足学生适应未来社会和经济发展对人才多方面的需求，把学生活动的现实世界的要求和科学世界以及现代社会发展的需要整合起来，科学地进行项目设计和活动资源开发。同时，还有鼓励秉持多元价值标准，因地制宜、因人而异地开发各类活动资源。提倡学科渗透，鼓励文理交融，体现个人、自然和社会的整合，渗透科学、艺术和道德的整体教育。坚持整体规划，周密设计，又鼓励开放生成，另辟蹊径，引导学生在活动过程中不断地学会关爱自己，热爱生活，关心自然，关注社会。

总之，综合实践活动面对的学生完整的生活领域，是一个丰富多彩的、发展着的完整的系统，是为学生发展营造的一个良好的空间。作为活动的组织者，要充分利用综合实践活动的这一优势，在活动不断深化的过程中实现学生个性的张扬，有效地促进学生生动、活泼、主动地得到发展。

3. 从问题入手，重在方法与过程体验

综合实践活动的实施过程，本质上是一种案例教育，要围绕具体的问题组织和实施活动，在问题解决的过程中实现其教育功能。因此，发现和确定需要研究的问题是组织活动的前提，在活动中学习科学研究的方法，感受活动带来的鲜活的体验则是活动取得成功的关键。

综合实践活动编织的是一条为学生与其所在的现实世界发生联系和相互作用的纽带。"问题"是学生与现实世界相互作用的结点，综合实践活动即是以"问题解决"为中心组织活动过程的。解决问题的过程缩短了学生生活与社会需要和现代科技成果间的距离，为学生认识世界和感受生活创造了良好的条件。

一直以来，教育都是强调学习前人的思想成果，综合实践活动却主张通过解决现实问题进行学习。毋庸置疑，既然要以"问题"为中心组织活动，问题的选择和确定便成了第一位的事情。培养学生对问题的敏感和形成问题意识，提高学生发现问题的能力，对开发和实施综合实践活动自然具有十分重要的意义。同样毋庸置疑的是，面对知识和经验都嫌不足的学生，活动的组织者也要充分发挥自己的主导作用，要努力创设情境，循循善诱地引导学生从他们的现实生活中，从他们亲历亲为的经验中，从力所能及的生产活动中，乃至从教师精心设计的问题情境中，发现自己感兴趣的问题，近而"亲历实践，深度探究"，从中获得对自我、社会和自然之间内在联系的整体认识和深刻感受。

在有效地进行"问题解决"的过程中，学生必将会主动地运用学过的知识；在对问题进行探究的时候，也一定会学习和使用各种相关的方法和技能。同样，解决问题的过程，无论成功与否，都会伴随着酸甜苦辣等鲜活的体验和感受。在这一活动的过程中，组织者和实践者绝不能忽视，更不能拒绝理论对实践的指导和调节作用，在活动过程中尤其要着重对学生进行科学方法的训练，使他们了解取得科学结论必须遵循的一般程序，逐步学习和掌握解决各种不同性质的问题的基本方法及其要领，学会发现，学会探究，不断提高运用科学方法解决问题的能力。

现在，有一种似是而非的流行的观点，以为"综合实践活动要重过程，轻结果"，这实在是一种认识的误区。过程和结果本属因果关系，科学的过程导致正确的结果，综合实践活动作为过程性学习，需要取得成果本是这一学习方式的自在之意，这本该是个无须争辩的问题，为什么非要把过程和结果两者对立起来呢？应该说，综合实践活动并非轻视结果，只是更重参与，重过

程，重体验。这不仅是因为只有正确的过程才是导致科学结果的基本条件，还是因为活动的结果不仅仅指获得具体的知识，许多活动的结果是很难用外在的形式表现出来的，大量的学习成果正是作为一种体验，耳濡目染，渗透于心，不断地丰富了学生的内心世界，促进人们情意的提升。正是基于这样的认识，综合实践活动课程的开发和实施，需要不断地优化活动的过程作为追求的目标！

4. 切入素质教育，完善学生素质结构

综合实践活动不以掌握知识的多少为目的，也不以能否对知识进行复述为目标。作为素质教育的切入点，活动的目标更着眼于逐步完善学生内在的素质结构，追求的是学生独具特色的和谐全面的发展。

什么是素质教育，怎样进行素质教育？多年来都是人们关注的一个焦点问题。李岚清副总理在 2000 年召开的全国基础教育工作会议讲话指出："全面实施素质教育，涉及的问题很多，情况也比较复杂，我们既要有全面系统的政策导向，又要紧紧抓住核心问题和关键环节，采取有力措施，力争取得突破性进展。"当时，他提出要突出抓好的核心问题和关键环节是四个方面，列在的一位的就是"积极推进课程改革"，随后教育部颁布了《基础教育课程改革纲要》决定"大力推进基础教育课程改革，调整和改革基础教育的课程体系、结构、内容，构建符合素质教育要求的新的课程体系"。一场旷日持久的新课程改革就此拉开了序幕。课程是教育的核心，集中地体现教育思想和教育观念，选择了什么课程就是选择了什么教育。新课程体系较之以往最显著的特点就是新增加了现在的综合实践活动课程，相关的专家更是视这一课程为"新课改的标志性课程"，只有从素质教育的高度认识和理解综合实践活动课程，运用素质教育的理念推进课程的开发与实施，才能有效地实现课程应有的教育价值。

在新课程体系中，综合实践活动课程与所有的学科课程的不同之处，即在于它不承担任何学科系统知识的教学任务，也无须采用传统上师生授受的教学方法，课程最为显著的特点就是活动。它要求学生在中小学阶段，就能够在活动的过程中力所能及地运用知识，解决问题；能够通过活动，积累经验，增长才干。这就是要求学生通过实践活动的锻炼，形成自己适应周边生活，实现个人成长的基本品质和素养，也就是形成人们心目中所谓的"素质"。

"素质"这一概念，其内涵是动态地变化着的，不同时代和不同的社会条件下，对人们素质内容的具体要求也不会一成不变。当前，在科技革命和社会进步迅速发展的信息时代，综合实践活动课程目标设计，体现时代的要求对学生的素质的培养，需要着重于学生的生存与生活能力，分析与研究能力，

设计与制作能力以及交流与表达能力等几个方面。素质决定人生，教育改变素质。人们内在的素质，决定了他们外在的行为方式的水平和价值取向。而教育却能够形成和发展人们的素质，并通过人们素质的提升，改变人们的外在行为方式，拓展他们的行为空间，最终体现并决定了人们的生存价值。综合实践活动正是因为它为学生提供了与自然、社会、科学和人类文化等客观事物主动结合的机会，使用他们喜闻乐见的方式，实现素质教育的目标，从而促进学生健康、和谐、积极、善纳的素质结构的形成和发展，彰显出课程的教育价值。

5. 重塑学校文化，营造创新氛围

教育是一种文化现象。在基础教育阶段，设置综合实践活动为必修课程，就是要推进素质教育，努力重塑学校文化，促进科学与人文的融合，培植学校创新文化氛围。

一个国家和民族的发展水平，是其历史文化长期积淀的结果，作为观念的文化会时刻影响经济和政治的发展。设置综合实践活动，改革中小学的课程结构，必将对重塑学校文化的过程和质量产生深远的影响，进而对国家政治经济的发展和国家民族的前途产生潜移默化的作用。

从来文化都要回答和解决人与自然，人与社会以及人的情意发展的问题。文化的核心所在就是价值观，为了回答上述问题，首先就要从社会和经济发展的根本需要出发，从价值观的高度对源远流长的中华文化进行反思，取其精华，去其糟粕。中华文化博大精深，对世界文明做出过不可磨灭的贡献，使中华民族在世界民族之林中也占有光辉的地位。然而，古老的中华文化中也确有其糟粕，其中根深蒂固、为恶甚深者如"劳心者治人，劳力者治于人"的陈腐观念，以及从中衍生的"万般皆下品，唯有读书高"，卑薄技术，视技术为淫技奇巧等，不仅为害过往历史上的莘莘学子，阻碍了社会的发展，至今仍然成为诸多社会问题形成的潜在因素。要重塑学校文化，就要敢于直面当前教育存在的问题，大胆扬弃，发挥优势，改善不足，全面提升学生的观念、情感、态度和价值观，培养社会需要的人才。

重塑学校文化，就要培养学生的科学精神，用科学在其长期发展过程中形成的、以理性和实证为特点的思维方式和行为方式规范和陶冶学生，从小就要培养学生形成求真务实的好思想和好习惯。告诫学生世界是可以认识的，在科学事业上，挑战已有权威是推进科学发展的基本规律，从事科学研究必须尊重事实，服从真理。

重塑学校文化，要努力培养学生的人文精神。科学的发展需要人文精神的滋润，科学的方向需要人文精神的指引，要引导学生实现科学精神与人文精神双向平衡、协调发展，从小就要培养学生既信奉科学，又崇尚人文，努力构建以科学为基础和手段，以人文为目标的发展观。

重塑学校文化，要培养学生的创新精神。鼓励独立见解，形成独立研究问题的习惯和能力，从小即能秉持"自由之思想，独立之精神"治学、做事、做人，从中小学开始即要注意构建"钦佩成功，又容忍失败"的文化氛围。培养未来知识经济社会所需要的敢想敢干又能想会干的创造型人才。

总之，重塑学校文化，就是要创建有利于社会政治经济发展，有利于人才辈出的新的文化。当然，这需要做方方面面的工作，然而综合实践活动课程的设置、开发与实施，无疑将有利于这一文化氛围的形成，并将为这一文化的形成责无旁贷地做出应有贡献。

二、综合实践活动课程的教育价值

综合实践活动既然是一类独立的课程，就要有独立存在的道理。换句话说，综合实践活动作为必修课只有具备独特的教育价值才能站得住脚，否则在当前教改各科教学都争相倡导联系实际和活动教学的大环境下，综合实践活动就没有独立存在的必要。那么，怎样理解和实现这一课程的教育价值呢？

1. 综合实践活动特殊的教育价值

综合实践活动是在克服学科课程一统天下的课程体系以及"以教室为中心"、"以教材为中心"、"以教师为中心"的传统教育的诸多弊端的过程中形成和发展起来的。与以往教育过程和教学方式相较，不难发现活动课程，特别是综合实践活动的最大特点，就是突破了"三中心"的束缚，坚持以问题解决为中心：鼓励学生"联系实际，主动探究"，也即是说，要求活动的组织者和参与者围绕人与自然、人与社会、人与自我发展等三条线索，从社会生活和生产发展的实际出发，选择力所能及的问题，主动进行探究和学习，这种联系实际、主动探究的实践性学习，较之以往学科课程中被动地接受式学习，自然会有其特殊的教育价值。

第一，解决现实的问题，无论这些问题是源于生活或工作，也无论是出自生产和社会生活，都需要对多重背景进行分析。人们需要解决的这一类问题，大多情况下都是被诸多现象掩蔽着的，要想将问题从多重背景中剥离出来，就需要对现象进行挖掘和分析。进行这样的学习远不会像书本学习那样简单，因而极有利于培养学生的问题意识和对问题的敏感。

第二，需要解决的现实问题，通常结构性都比较差，不像教科书中提供的问题那样，已知条件清清楚楚，求解问题明明白白，一般都符合充分而必要的原则，只要循着一定的解题思路，用足给定条件，问题即可以迎刃而解。

解决这样的问题，充其量只能具有加深对既有知识的理解，起到复习和巩固知识的作用，或兼具思维训练的功能。只有解决现实中的问题，已知条件要自己寻找，解决问题的思路靠自己去挖掘，使用工具的种类和方法要自己选择和确定，才能有利于训练学生多种能力，引导他们积极地面对未来生活的挑战。

第三，现实中的问题大多没有标准答案，因而有利于激发学生大胆想象，多方求证，从而促进创造性思维能力的形成。一般讲，解决书本中的问题，大多有标准答案可做参考，解决问题的过程多涉及思维方法的归一性，只要得到众口一词的标准答案，问题解决即告一段落，思维过程亦宣告结束。解决现实问题，一般都并非只有一种方法，也不存在任何标准答案，要解决问题通常需要寻找许多"非劣答案"在众多的非劣答案中择善而从，思维过程常会运用"发散—收敛—求优"的办法，这种求异—求优的思维过程也即是创造思维的本质，因而能够有效地提高学生的创新能力和水平。

第四，现实问题与社会生活相联系，有利于学生形成社会意识，培养社会责任感。综合实践活动主张研究现实生活中的问题，特别将社区服务和社会实践纳入自己的四个指定领域，成为学生活动必须经历的内容，这一切就为学生走出教室和校园投入广阔的社会生活创造了得天独厚的条件。有什么样的实践，就会形成什么样的认识。只有在与社会生活亲密接触，真实的社会情景才有可能植入学生的心田，为他们创造了了解社会和认同社会的机会，进而也才有可能形成他们与社会、与他人荣辱与共的情感，实实在在地形成他们的社会意识，以及对社会的责任感。

第五，与任何学科课中解决问题的过程不同，解决现实中的问题需要多种知识的综合运用和多种手段的复合参与。无须刻意追求，遇到的问题就是综合性的问题，解决这样的问题，必然要充分调动已有的知识储备，从而有利于与学课课程的联系，提升学生综合运用学科知识的能力，自然会促进学科知识的学习。尤其值得注意的是，解决现实的问题，光有知识常常是不够的，为了有效地解决问题，动手操作，技术与技能的应用是不可或缺的手段；人际沟通，社会交往，更是解决问题的重要途径。所有这一切都表明，综合实践活动课程所具有的教育价值，可以达到的教育功能是任何学科课程都不可替代的。

综上所述，就不难理解综合实践活动作为与学科课程并立的一类独立课程，与学科课程相较，的确有其特殊的教育价值，从对其教育价值的分析和判断，也就不难理解，"从小学至高中设置综合实践活动并作为必修课程"，为什么会在新课程改革中具有举足轻重的意义，成为这一轮课程改革中的重点和亮点的道理了。

2. 综合实践活动是基础教育课程体系的重要组成部分

在学校里，教育功能的实现总是以一定的课程为条件的。课程作为实现教育目标的施工蓝图，体现了教育的思想和教育理念，是学校组织教育活动最主要的依据，有什么样的课程，才可能实现什么样的教育功能，正因如此，教育改革最终常常表现为课程改革。任何学校课程设置都不是孤立的，只要是认真实现的学校教育，都会根据需要设置一系列课程，并由这些课程形成一个具有内在联系的课程体系，其中每一门课程只完成特定的教育任务。新一轮课程改革，要落实中央"科教兴国"的战略部署，实现全面提高民族素质、增强综合国力的目标，追求的正是建设具有中国特色、符合素质教育要求的基础教育的课程体系。从体系结构这一层面上进行考察，新的课程体系与以往课程体系比较，最明显的特点和最大的改变，就是它突破了以往单一学科课程一统天下的局面，实现了由各具特点的两类课程——学科课程和活动课程的优势互补。

前面我们已经反复谈到了学科课程和活动课程的有关问题，学校采用单一的学科课程或活动课程，都不会有利于人才的全面成长。只有将两类课程结合起来，形成科学完整的课程体系，并得到有效的实施，实现两类课程同时并举和两者教育功能的优势互补，才有利于发挥课程全面育人的积极作用。

按照新课程的设计，中小学生在校期间即同时接受两类课程的教育：一方面通过学科课程学习前人积累的知识经验，尽快达到人类知识的前沿；另一方面通过活动课程联系实际，从实践中学习，从小即尝试综合利用已有知识解决实际问题，学习科学研究的方法。系统知识的把握无疑会开阔学生视野，不断地提升活动的水平和档次；通过活动过程得到的亲身感受和体验，又会生成对新知识的需求和自我价值的发现，使学生的认知过程形成良性的动态循环，并有利于形成学生良好的道德认知和行为规范。

我们在考察综合实践活动课程教育价值的时候，不是把它孤立起来，而是从人才培养的大局出发，从实现人的全面发展的需要出发，把它看作新课程的课程体系的有机组成部分，这样的课程才是实现全面素质教育的重要条件。有人会说，学科课程也有实验和活动内容，为什么还要开设活动课？还有人会问，新课程中学科教学已经加强了实践活动和研究性学习的内容，为什么还一定要单独设置综合实践活动课程呢？这是因为，学科课中虽然有实验教学，然而学科中的实验大多是为验证教材传授的知识而设计，是为完成教学计划而安排的。在那里，学生是在教师的思维轨道上演绎，在前人精心设计的过程中模仿，验证的是既有知识，得到的是现成的结论。这样的活动虽然也会对人的发展有所助益，但终究不是学生主动地对未知领域的探索，并非真正意义的"发现法"学习，其教育功能自然也就难以与活动类课程相比。新课程实施，教材和教法都会渗透新的理念，教学的活动化正在成为学科课程改革的重要趋势。但无论怎样改革，学科课程都应以学习本学科的系统知识为主线，学科活动化必须掌握适当的"度"，否则物极必反，甚至危及学科本身，那就不是学科教学，更无所谓学科优势可言了。至于学科教学中开展的研究性学习，自然会带有浓厚的学科特点，很难超越特定课程应有的知识系统，从根本上讲，那是为了理解和把握学科知识和提高专业能力服务的，自然也就不同于以问题解决为中心的综合性的实践活动。所以要实现以创新精神和实践能力为重点的素质教育，仅仅依靠单一的学科教育是不行的，只有改弦更张，另辟蹊径。教育的结构性缺失，只能作结构性的改革，把综合实践活动纳入新的课程体系，打破了学科课程和传承式学习一统天下的局面，就是这样的一条"蹊径"，一项实现教育改革的明智举措。

三、充分实现综合实践活动课程的教育功能

了解综合实践活动作为必修课程形成和发展的历史，理解综合实践活动作为一门独立的课程形态在新课程体系中的重要地位，及其课程在形成学生创新精神和实践能力方面所具有的独特的教育价值，无疑会增强人们实施综合实践活动课程的主动性和自觉性。然而，要将课程潜在的价值转变为现实的教育功能，还需要人们锲而不舍地努力。设课之初，由于各种各样的原因，人们对综合实践活动在认识或理解上还存在着某些偏颇之处，以致自觉或不自觉地削弱了这一课程的教育功能。尽管这些问题大多属于课程初始阶段的认识问题，但若不认真研究并予以有效解决，势将会影响这一新型课程的健康发展。

当前，阻碍综合实践活动课程实施和开发的认识问题，概括起来，可以归纳为：课程前景的"取消论"、课程内容的"替代论"、课程设置的"分立论"以及课程实施的"校本论"等等。为了推动综合实践活动课程的健康发展，充分实现这一课程的教育价值，有效地发挥其教育功能，必须对这些问题有一个正确和清醒的认识。

1. 防止取消论，推动课程健康发展

这里所谓"取消论"，是指以为随着学科活动教学广泛而深入的发展、综合实践活动作为基础教育中独立开设的必修课程必将被取消。这种认识，模糊了两种不同性质课程的本质区别，因而是缺乏科学依据的。

在新课程体系中，综合实践活动是学科课程之外，与学科并列的一门独

立的课程，并非任何学科课程的辅助、延伸或附庸，正如前文反复强调的那样，课程因为其所具有的独特的教育价值而拥有无限的生命力。一些人对课程体系中"学科"和"活动"两种类型的课程的区别认识不清，混淆了学科教育活动化和综合实践活动课以及研究性学习方式和研究性学习课程的区别，以为学科课程中增加了活动的内容，教学过程中使用了研究性学习的方式，学科课程就具有了综合实践活动课程的教育功能，因而综合实践活动作为独立设置的必修课程就没有必要了。

诚然，在新课程改革中，重视学科教学活动化研究本无可厚非，在学科教学过程中，基于学科特点，引导学生采用研究性学习的方式，求取知识，获得技能，更应该给予肯定和鼓励。实际上，在新一轮课程改革中，许多教师正是以学科活动研究或学科研究性学习为切入点，投入改革进程并取得优异成绩的。然而，学科教学改革中取得的这些成绩，展现的是学科教学发展的新天地，这些具浓厚学科特点的改革成果，并不能隐蔽或者取代综合实践活动课程的教育功能。但是，我们也清醒地注意到，在一些地区和学校甚至在某些教科书中都在使用学科综合实践活动的概念，导致一些地区和学校综合实践活动实施明显学科化的倾向，用学科活动或学科研究性学习代替综合实践活动的现象屡见不鲜，以致冲击了对独立的综合实践活动课程的研究。更有甚者，一些人竟误认为当学校里各门学科课程的活动普遍开展之日，就是作为独立课程的综合实践活动"寿终正寝"之时，将综合实践活动课程的设置作为权宜之计，视为没有前途的课程。正是这样一种错误认识，成为一些地区和学校领导对综合实践活动实施和开发不主动、不研究、听之任之、敷衍塞责的口实。认识不足，导致行动不力。近年来，一些地区的综合实践活动始终未能很好地开展起来，这不能不是一个重要的原因。

实际上，从国内外教育改革的现实来看，人们会发现，综合实践活动课程，是在克服传统教育诸多弊端的进程中脱颖而出的一类新型课程，作为对旧课程体系的结构性变革的产物，具有无限的生命力，正如许多先行参与新课程改革的一线教师所言，这是一项有着广阔前程的"朝阳课程"。当然，由于课程初建，各方面都很不完备，从课程理念到课程实践，还有许多有待完善的地方，也正因如此，课程的发展才有更多的空间，更需要人们去为之奋斗。我们坚信，只要坚持用实践和研究推动综合实践活动课程健康发展，不断前进，在可以看到的未来，综合实践活动课程的前景绝不会是消亡，尽管前进脚步可能是缓慢的，甚至会是曲折的，但前途一定是光明的。

2. 防止代替论，坚持实践性学习的多样性

所谓"代替论"，是指将丰富多彩的综合实践活动的内容纳入所谓研究性学习的单一轨道，甚至用研究性学习代替综合实践活动。这种将综合实践活动单一化的倾向脱离中国教育的实际，使综合实践活动的开发和实施，受到不应有的伤害。

我国综合实践活动的课程设计，吸取了国外课程改革的经验。国外同类课程中所展现的课程向儿童经验和生活回归，实现学习方式的变革和课程向综合化发展的趋势，体现了课程价值观的深层次变革，着眼于受教育者人格的整体发展，这些无疑都值得我们学习和借鉴。

然而，比较中外类似课程又不难发现，中外的这一类课程名称相近、性质相同，都强调实践学习重要性，属于同一类课程，但其内容却并非完全相同。一般而论，国外的这一类课程大体上可以归纳为"主题探究"或"设计学习"，主要以课题研究的形式展开，仅相当于我国综合实践学习中"研究性学习"的内容。在他们的课程设计中既没有指令性地规定劳动与技术教育的内容，也未曾硬性确定担当信息技术基本技能教育的教学任务。之所以如此，皆因这一类研究性课程的实施，是基于各自国家的实际情况，为克服各自教育的实际问题而生发出来的教育主张。一般讲，这些国家大都经历过近百年来以儿童为中心的进步主义教育的洗礼，而且技术教育也已作为重要内容纳入了国家法定教育的轨道，在这样的背景下，仍嫌现行教育不能如愿地培养创新型人才以强其国力，才提出设置研究型课程以补其弊。反观我国，既没有上述教育史上的经历，也没有实施技术教育的传统，只是在这一轮课程改革中，才将以往并不甚成功的劳技教育提升为"劳动与技术教育"，作为一个指定领域纳入新课程体系之中，与研究性学习，信息技术教育，社区服务与社会实践，共同组成了综合实践活动课程中所谓"四个指定领域"的内容。对国内外同类课程的比较不难得出这样的结论：我国综合实践活动比之国外同类课程的内容要丰富得多，对课程的要求和寄予的希望自然也高得多，将课程相关的各个组成部分给予适当的关照，科学地将它们整合起来进行有效的实施和开发，正是我们当前主要的研究课题。

既然中外课程其内涵有着诸多差异，对课程的实施和开发也就各有特点。将国外研究性学习的经验和办法简单地套用于中国综合实践活动课程的实施和开发显然是不恰当的。简而言之，研究性学习不等于综合实践活动，用所谓研究性学习统帅综合实践活动，必将造成理论和实践错位，因为综合实践活动中其他各指定领域的内容，不是一个研究性学习的理念所能统帅得了的；用研究性学习替代综合实践活动，最直接的后果就是以偏概全，必定会漠视对劳动与技术等内容的学习和动手实践能力有效训练，也不利于信息技术的学习和社会实践活动的开展，几年来的经验业已证明，仅用研究性学习的理念规范综合实践活动课程开发和实施的过程，课程本身也不会顺利地进行。

综合实践活动课程以实践性学习为基本特征，将联系生活、主动探究、学习科学研究方法，积淀人生体验作为价值取向。新课程主张的"自主、合作、探究"的学习方式，在这一课程中得到了充分的体现。然而课程规定的四个指定领域的内容各具特点，又有不同的要求，同样采用实践学习的方式开展活动，具体办法自然也会有所区别，绝不仅仅拘泥于研究性学习一种形式。适应不同的活动内容，还可以有操作式学习、体验式学习、感受式学习等等不同的形式和办法，就是施与学生的研究性学习，也可以表现为不同的层次和水平。倘若不问实践内容的特点，也不充分考虑学习者的年龄特点和认知水平，一律采用"从问题到课题"的所谓完整的研究性学习模式，人为地、不适当地将本应在高中阶段实施的研究性学习的内容和方法，不做具体分析就移植到初中，甚至下放到小学阶段是不适当的。使生动活泼的实践学习程式化和成人化，是一定得不到预期的教育效果的。

3. 防止分立论，坚持课程内容的综合性

强调综合实践活动各指定领域的特殊性，坚持分领域设课的现象目前在各个省市都十分普遍，这就是当前课程设置分立论的主要表现，严重阻碍了对课程的深入实践和研究。

按《课程改革指导纲要（试行）》的精神，综合实践活动课程包括信息技术教育，研究性学习，社区服务与社会实践以及劳动与技术教育等四个方面的内容，但并不要求单独设置四门课程，而将各"指定领域以融合的方式设计与实施是综合实践活动的基本要求"①。然而，目前各省、市单独开设信息技术课、劳动与技术教育课以及研究性学习等课程的现象十分普遍，严重地阻碍了对综合实践活动这一新型课程的深入实践和研究。

课程分立的现象之所以十分普遍，是因为就一般学校而论，与综合实践活动课程实施具有较大难度，分科课程执行起来则比较的驾轻就熟有关。但课程的设置权在省市教育行政部门而不在学校，新课程实施多年来，作为综合的规范性的实践活动课程在相当多的地区未能建设起来，不能不说与这些地区教育行政部门的领导对课程的认识有关。

在新课程改革启动之初，由教育部基础教育司组织编写的《走进新课程》一书在强调"把信息技术与综合实践活动的内容和实施过程有机整合起来"的同时，却又十分强调"开设信息技术必修课程，迅速全面地提高学生的信息技

---

① 钟启泉，等. 为了中华民族的复兴，为了每位学生的发展[M]. 上海：华东师范大学出版社，2000：84.

术素质"①并明确提出了中小学的信息技术必修课的目标。这无疑为课程分立提供了理论上的依据。再者，课改之初，当提出综合实践活动课程的概念不久，高中课改便将信息技术和通用技术分别设课，以至引起一些同志思想上的困惑：高中已经分别设课了，与高中课程相对应的中小学阶段的课程是否也要分设呢？思想上的困惑导致行动的懈怠，作为将各项内容整合推进的综合实践活动课程推动的力度不足，这不能不是一个重要原因。

课程设置和内容的确定，诚然是一个可以研究的问题，综合实践活动课程要求将所谓"四个指定领域"的内容整合实施，办法是否恰当也应经过实践检验决定弃取。现在的问题是，国家已然将相关内容做了整合设课的要求，相当多的地区却不按教改的精神积极地进行相应的实验，仍然采用分科设课的办法予以敷衍，甚至还堂而皇之地宣称这就是在实施综合实践活动课，其态度和做法都不能认为是正确的。从现实讲，新课改所要求的课程应有的教育功能得不到充分的体现，从长远讲，不通过认真的实验研究，对课程发展的走向也难以提出令人信服的证据，最终受害的仍然是中国的教育。

过往活动课程发展为现在的综合实践活动课程，本质的变化是在原来活动课的基础上增加了信息技术和劳动与技术教育的内容，实际上是将课程体系中全部非学科的，具有工具和方法意义的，以实践为特点的教育内容统统整合起来，形成了一门集科学、技术（工程）、社会、人文为一体的，以实践性学习为特点的崭新的综合性课程。这样的课程设置极大地丰富了我们的教育内容和教学手段。进而形成了我国基础教育中学科课程和活动课程优势互补、相辅相成的课程结构。置课程的综合性于不顾，肢解了作为国家课程的综合实践活动各领域的内容分别设课，无从实现作为课程整体的教育功能，也不利于从整体上对课程实施进行深入的研究。

4. 防止校本论，实现课程的区域推进

综合实践活动课程实施几年来，整体运行并不理想，原因固然很多，课程定位不清是重要原因之一。一些同志仅仅看到综合实践活动课程和校本课程的某些相似之处，便将综合实践活动视为校本课程，希望用校本课程开发的办法，实施综合实践活动课，人为地加大了课程的实施难度，更使课程出现了严重的随意性倾向。

课程的管理体制和课程的内容选择是与课程定位相关的两个不同概念，从这两方面考察综合实践活动在新课程体系中的地位，可以对课程的定位给予清晰的理解。新课程改革十分强调"改善课程管理，实行国家、地方、学校

---

① 教育部基础教育司组织编写，朱慕菊主编. 走进新课程［M］. 北京：北京师范大学出版社，2004：75.

三级课程管理的方法"。就课程管理的层面看,综合实践活动无疑属于国家课程,就课程实施要求的层面看,它又属于必修课程。作为国家课程,实现的是国家意志,当前就是要体现素质教育的要求;作为必修课程,无疑应以发展学生共性为目的,也即以促进学生共同的发展为追求。换言之,作为国家规定的必修课,首先应针对全体学生当前的需要和将来的发展设计和选择教育的内容。

不幸的是,一些同志将国家对课程实行三级管理的宏观政策和对具体课程的管理办法混淆起来,提出"综合实践活动是由国家规定,地方管理,学校实施的特殊的课程形态",甚至将这样一门课程定义为所谓"三级课程",以示与课程体系中其他课程的区别。这些同志的出发点也许是好的,希望借助强调课程的特殊性,赢得人们对课程的重视,推动课程的实施。殊不知,逻辑上的混乱,必然会造成现实中无法逾越的障碍,接踵而来的即是课程实施的随意性泛滥。十几年来的课程实施的实践表明,尽管一线学校和教师也已经做出过巨大的努力,在对课程进行校本开发的实践中,也不时会有闪现的火花,但大多数情况下,这些个别的案例,只能作为校本课程实施和开发的经验之谈,鲜有能够全面反映综合实践活动课程理念,内容完整规范,具有推广价值的样板出现,究其原因大多与此有关。

综合实践活动既然是国家规定的施于全体中小学生的必修课程,当前国家为这一课程规定的四个指定领域的内容,即是针对举国上下所有中小学校和全体学生的共同要求,为了达到这些要求,无疑应实现课程的区域性推进,让综合实践活动的曙光惠及每一所学校和每一个学生。作为国家课程,区域推进理所当然。只有区域性大范围实施课程的质量和水平,才说得上是衡量课程建设水平的根本标志。借口综合实践活动和校本课程的某些相似性,便将作为国家必修课程降低到校本课程的地位,不了解校本课程的开发只能作为国家课程和地方课程的补充才有其存在的理由,却希望用校本课程的办法实现国家必修课程规定的教育教学任务,结果只能是南辕北辙,这已经是被多年来课程改革的实践所证明了的,如不痛定思痛,到头来必将难以完成国家赋予综合实践活动课程的教育功能。

上述几个问题,大多集中于对课程认识方面,属于综合实践活动这一新型课程实施和发展中的问题,这些问题的普遍存在说明综合实践活动课程无论在理论上还是实践上都还是一门不够成熟的课程,正因如此,才需要进行进一步开展课程的实践和研究工作,以便推动课程的健康发展。

第三章　综合实践活动课程的理论基础

本章学习要点

在中小学设置综合实践活动并作为必修课程，是当代中国教育的一项新生事物，要使课程站得住脚，并实现其教育功能，需要得到理论上的支持。本章将重点研究综合实践活动课程的理论基础，从与一定的哲学认识论相关的学习理论和心理学的角度，理解综合实践活动课程的教育功能及其实施依据。

任何新生事物要想站得住脚，都必须得到理论上的支持。新课程改革推出的综合实践活动课程，是我国教育史上的一项创举，其独特的教育功能和教育价值，暂时还没有足够的例证予以说明，开发和实施也难有现成的经验可资借鉴，面对经常是来自传统观念的苛责与诘难，就更需要得到理论的支持和帮助，以便为其迅速地开辟前进的道路。

综合实践活动课程的设置，反映了时代对人们的知识与能力提出了新的要求，深入研究并明确综合实践活动课程的教育理论基础，特别是与之相关的教育哲学，对理解课程的目标、功能以及实施原则和策略，提高投入课程改革的积极性和自觉性是至关重要的。

任何教育过程都是建立在心理学基础之上的，从心理学的水平上研究和理解综合实践活动课程所能承担的各项能力发展目标，及其相应的操作性措施，则有可能使课程目标的达成收到事半功倍的效果。

第一节　几种与综合实践活动课程有关的学习理论

教育理论或教育思想，源于教育实践却不囿于教育实践；受制于当时生产力发展的水平，却又不仅仅是社会生产力的产物。它们是知识架构，价值取向和时代精神的交织，是人们理性思维和想象力混合的产物。不同学习理论从属于一定的教育哲学，又以一定的哲学认识论为基础。综合实践活动课程的开发和实施，涉及人们的认知内容和认知方式，课程的开发和实施要借助理论的支持，说到底，也即是要求助于人们的教育哲学和哲学认识论的支持和帮助。

每一个时代的社会经济结构及其发展水平，都会对那个时代的教育提出不同的要求，反映在教育思想和教育理念方面，就产生了与时代生产水平和社会发展相适应的不同的教育哲学，进而对那个时代的教育产生深远的影响。

一、建构主义的学习理论

自从实施新课改以来，影响中国教育，特别是基础教育的理论，其最甚者莫过于建构主义。相当长的时间来，言必称建构，几乎成为一种时髦，近年来势头虽有消减，其作用仍然不可低估，其影响有利有弊，实有辨析之必要。

1. 建构主义形成的科学基础

建构主义发轫于皮亚杰的发生认识论，其形成涉及两个基本的概念，一个叫"神经网络的封闭性"，另一个是"认知结构的封闭耦合"。

"神经网络的封闭性"，是针对以往人们对神经活动的直线理解提出的一个新的概念。过去，人们把接受外来刺激产生行动的过程，常常简单地理解为是由感受器接受信息，传给中枢神经，经过加工后再传送给效应器输出的直线过程。对神经系统的深入研究表明：原来，感受器在接受外来信息的同时，还会更多地接受来自效应器的数量惊人的反馈信息，人们接受外来信息的感受器约有1亿个，而接受经过加工后的老信息的感受器竟有10万亿个，二者之比为1：10万，所以"我们每次接受的信息，新的信息只占约十万分之一，而其余部分则是原来的反馈信息"①。新信息所占比例实在太少了，以至从系统论的角度来看，这一认知过程的神经网络自然地就可以看作是一个封闭系统了。然而，尽管新信息所占比例极小，如果没有它的参与，就不会有认知的产生和经验的积累。需知，即便是认知过程中占绝对数量，起重要作用的反馈的老信息，也是通过以往的实践，对新的信息的加工和积累而形成的。

"认知结构的封闭耦合"的概念，说的是，人作为认识的主体，要想认识客观事物，就必须与作为认知客体的事物建立联系，人是认识事物的主体，人们要研究的客观事物即是所谓客体，主体与客体结合起来，合称"认知结构"。人们正是在这样的认知建构中，对客体进行操作的过程中进行感知的。因此可以说，人们的认识是在主体对客体操作和感知的无限循环中逐渐形成

---

① 郭正谊，郭治. 青少年科技活动概论[M]. 北京：中国科学技术出版社，1992.

和逐步完善起来的。将"神经网络封闭性"和"认知结构的封闭耦合"结合起来，考察人们的认知过程，或者说是了解人们知识的学习过程，依据前者，人们会发现，决定和形成人们的认知质量和水平的因素，主要取决于主体既有的可以作为反馈信息的质量和水平，而这些可以作为反馈的信息，简而言之就是人们既往获得的知识和经验内化的结果，因此可以讲，知识是在人们既往经验的基础上形成的。根据后者，人们的知识又是在人们与认知客体发生联系，形成一定的"认知结构"，在对客体不断地操作的过程中形成的。换言之，人们的知识是在实践过程中，不断地自主建构而成的。

2. 建构主义的学习观

基于上述认识，建构主义主张：知识不是通过教师传授得到的，而是学习者在一定的情境下，通过人际间的协作活动实现的意义建构。它把"情境"、"协作"、"会话"和"意义建构"作为学习的四大要素：视情境创设为学习的发端，因而将情境设计作为教学设计的最重要的内容之一；将协作贯彻于学习过程的始终，学习者通过协作，搜集和分析学习资料，提出假设并予以验证，直至对学习进行评价；会话是协作过程中不可或缺的环节，通过会话交流商讨解决问题的办法，共享思维的成果；所谓意义建构，即是指对事物的性质、规律以及事物之间的内在联系达成较深刻的理解，这是整个学习过程的最终目标。正是基于这样的认识，建构主义认为：学习的质量和水平，取决于人们根据自身经验建构有关知识意义的能力，而不取决于其记忆和背诵教师讲授内容的能力。

建构主义十分强调学习者的认知主体作用，提倡在教师指导下的学生自主学习，主张只有学生才是信息加工的主体、是意义的主动建构者。当然，建构主义也不忽视教师的指导作用，只是认为教师仅能充当意义建构的帮助者、促进者的角色，而不是知识的传授者与灌输者。

学生既然是主动的意义建构者，要充分发挥其学习主体的作用，在学习过程中需要用探索和发现的方法建构知识的意义，主动搜集并分析有关的信息和资料，对所学习的问题提出相应假设并想办法加以验证；把当前学习内容尽量地和以往的经验相联系，并加以认真的思考。"联系"与"思考"是意义构建的关键，如果能把联系和思考与合作学习相结合，则意义建构的效率会更高、质量会更好。

教师要发挥学生们意义建构帮助者的作用，就要想方设法激发学生的学习兴趣，帮助学生形成积极学习动机；努力创设符合教学内容要求的情境，启发学生经验，以利于建立新旧知识之间的联系，帮助学生实现意义建构的过程；为了使意义建构更加有效，教师还应组织学生的合作学习，并采用各种有效的方法和策略，引导合作学习向实现意义建构的方向发展。

3. 建构主义学习理论存在的问题

通过前面的介绍，人们会发现，建构主义的一些主要观点，例如：理解依赖于个人经验，由于人们对于世界的经验各不相同，他们对于世界的看法也必然会各不一样；知识是个体与外部环境交互作用的结果，对事物的理解与个体的先前经验及认知倾向有关；知识是学习者在与情景的交互作用过程中自行建构的，只有通过个体与环境的广泛深入的相互作用才能形成；强调学生在意义建构的中心地位，教师要发挥学生们意义建构帮助者的作用；强调个体对外界环境反映中的主观方面，强调知识的相对真理性，以及个体主观反映的多样性和新异性的价值，等等。所有这一切，较之过往客观主义的认识论，即机械唯物主义的认识论，及其统治下的行为主义教育理论无疑具有很大的进步，它的问世，犹如刮向传统沉闷的教育领域的一股春风，引起了人们的广泛关注，是不难理解的。这一理论尤其适用于综合实践活动的开发和实施，适用于新课改所提倡的"自主、合作、探究"学习方式转变的要求，自然在新课改的过程中更受到人们的青睐。

如果将我们的视野进一步扩大到知识经济和信息时代的要求上来，人们还会发现，当前社会与经济的发展，除了需要科技进步，在很大程度上还依赖于全社会从业人员的知识创新和人文关怀；创新具有多样的复杂性和随机性，在新的社会条件下，相当程度上已经不再仅仅强调客观性、因果决定论和逻辑思维，同时还需要人们大量地运用直觉思维、形象思维等非理性思考，显然知识已经不再是单纯的社会历史的产物，而是个人经验的统合了。而这一切更为与此较为适应的建构主义的认识理论的实际应用提供了广阔空间。

然而，当人们在深入地研究建构主义的时候，知道建构主义有许多不同的流派，至今争论不休，莫衷一是。我们在使用建构主义的时候，又该如何弃取呢？例如：他们当中的一位代表人物乔纳森（Jonassen）1991 年便对建构主义理论作如下解释："建构主义认为实在（Reality）无非是人们的心中之物，是学习者自己构造了实在或至少是按照他的经验解释实在。"每一个人的世界都是由他自己的思想构造的，不存在谁比谁的世界更真实的问题。如果遵循这样的理论认识世界，真理的客观性就实实在在地消失了，人们又怎么能够取得对客观存在事物达成共识呢？我们的一些同志，也已经发现了这样的问题，却仍然不舍钟情，便希望借用一个叫作"统整"的概念解决问题，"主张在统整各派建构主义理论的基础上汲取该学说的合理内核，并从认识观、学习观、课程观、教育观、评价观四（实际应为五—引者注）个方面建构素质教育的理论框架。"①于是，便出现了一个人们必须正视的严肃的问题，即站在什么立场上，采用什么理论，利用什么方法去统整各派建构主义，而又有什么样的理论才有能力、有资格去完成这一艰巨的任务呢？专家们没有讲，人们不得而知。

实际上，企望"用统整的建构主义"的"合理内核"建构素质教育的"理论框架"，恐怕是一桩很难的事情，其原因在于，建构主义是基于儿童认知形成的理论，其形成的基础以及关注的重点，是实践活动在儿童认知形成中的作用。理论的某些主张，诸如：认为教师讲的不是知识，获得知识必须在情境中自行建构等都恐失之偏颇，作为学习理论核心的课程观，亦如专家们已经正确指出的那样："建构主义的课程观是基于案例的学习、基于问题的学习以及基于项目的学习密切相关的一种课程设计理念"，"建构主义的课程设计观既不同于以培养一般思维技能为目的的内容抽象的课程设计，同时，它也跟传统的重事实与原理知识的传授并以文本教材为中心的课程设计观点分道扬镳。"②既然如此，如果要借助建构主义所谓"合理内核"，建构素质教育的理论框架，就不能不破解在"解决真实问题的情境中进行概念系统和技能的教学"这个难题。当然，在当前学校教改中创造个别的案例并非难事，难的是用这样的课程观统帅全部教材，用实践性学习的办法完成继承性学习的任务，这无异于让学生在学校教学过程中，用身临其境的办法学习人类千百年来积累的全部文化成果，其困难之大是可想而知的。

二、人本主义的学习理论

人本主义心理学是 20 世纪中叶在美国兴起的一个重要的心理学派别，其早期代表人物为马斯洛（A. H. Maslow，1908—1970）和奥尔波特（G. W. Allport，1897—1967）等，近年影响较大的代表人物是罗杰斯（C. R. Rogers，1902—1987）。

为了深入理解人本主义学习理论的本质特征，及其关于教育改革的主张，需要对人本主义心理学的基本理论基本观点有一个扼要的认识。

1. 人本主义心理学的基本观点

人本主义心理学主张必须关心和提高人的价值，研究对个人和社会的进步富有意义的问题，促进人的发展，是人本主义心理学的基本要求和出发点。人本主义十分强调人的价值，主张人类在生物进化过程中，已经获得了对于

---

① 钟启泉等. 为了中华民族的复兴为了每位学生的发展[M]. 上海：华东师范大学出版社，2002：23-24.

② 钟启泉等. 为了中华民族的复兴为了每位学生的发展[M]. 上海：华东师范大学出版社，25.

个人和社会都具有重要意义的特有属性，人本主义心理学研究和关注人的，即是人们的这些特性及其与社会生活的关系，以呵护和实现人的全面发展。

倡导潜能说，主张自我实现论，是人本主义的又一个基本观点。人本主义认为，凡是有机体都具有一种内在倾向，即以有助于维持和增强机体的方式，发展自我的潜在能量（即潜能）。强调人的基本需要都是由人的潜能决定的。人的机体除一般生物潜能外，还有人所特有的心理潜能，也正是这种心理潜能，成就了人们实现自身发展的内在动力。马斯洛以其对人类基本需要的理解为依据，提出了他的以自我实现为最高目标的，类似本能论或潜能说的动机层次说，将人类的主要需要概括为六个高低不同的层次。

重视人格，尊重人们意识的主观性、尊重个人意愿和选择是人本主义的第三个基本观点。人本主义高度重视学生的个性差异和个人价值观，强调学生自我实现或自我发展。认为人格是个人适应环境的身心动力结构，强调人格结构的中心是人格的动机领域。在尊重人格的前提下挖掘并实现人的潜能，实现人的发展，就需要研究每个人的独特性，尊重人的选择和意愿。

主张实现人的发展，需要建立良好的人际关系也是人本主义的基本观点。人本主义代表人物罗杰斯以心理治疗为业，在其心理治疗的实践和研究中，首倡"患者中心疗法"，以此为起点进而形成他"以人为中心"的教育思想，他认为，学习是学生个人主动发起的，学习不但涉及认知能力，而且涉及情感、行为等方面的投入。充分利用学生的情感因素的积极作用，激发、发展学生的创造力，需要教师的引导、鼓励和帮助，创设和谐的学习氛围。师生关系也是以情感为纽带的，维持一种宽松、和谐、民主、平等的学习氛围，对实现学生成长和发展，是至关重要的。

2. 人本主义的学习观

人本主义学习理论是人本主义心理学理论在学习领域中的具体运用，人本主义不是从外部世界对人的发展所提出的要求来看待人的学习，而是从人们个体自我实现的角度来考察人的学习。与建构主义不同，它高调倡导以"人的发展为本"，即强调"学生的自我发展"，"发掘人的创造潜能"，强调"情感教育"的重要性。

人本主义从其关心和提高人的价值的基础理论出发。十分强调学习中人的因素和"学习者中心"的地位。罗杰斯认为，学习者是一个有目的、能够选择和塑造自己行为并从中得到满足的人，每个人存在于以自己为中心的一个不断变化的经验世界之中。学校教育必须尊重学习者即学生，相信任何正常的学习者都是希望学习、盼望成长、寻求发现、渴望创造的"人"。将学习者当"人"看待，教师应该尊重学生的个人人格和经验，充分信任学生能够自己教育自己，并想方设法创造条件和机会，避免使他们精神遭受挫折或威胁，形成安全感和自信心，促进学生不断地发展自己的潜能，并最终实现"自我实现"的目的。

人本主义学习理论十分重视心理因素在学习中的作用，主张："要知道从行为者的角度来看待事物。在了解人的行为时，重要的不是外部事实，而是事实对行为者的意义。如果要改变一个人的行为，首先必须改变他的信念和知觉。当他看问题的方式不同时，他的行为也就不同。"（Combs, et al., 1974）换而言之，人本主义者试图从行为者，而不是观察者的角度来解释和理解人的行为。这就要关注人的感情、知觉、信念和意图，在他们看来，如果学习内容对学生没有什么个人意义的话，学习就不大可能发生。因此，人本主义感兴趣的是自我概念的发展、人际关系的训练，以及其他情感和态度的提升。其目的就是发展能够快乐地过有意义的生活的个体。

罗杰斯认为，大多数从学习者角度认为有意义的学习是从做中学的。他认为促进学习的最有效的方式之一，是让学生在真实的问题情境中，直接体验到面临的实际问题，包括社会问题、伦理和哲学问题、个人问题以及研究的问题等。由于这些问题可以使学生直接体会到所要进行的学习对自身的意义，所以他们才会全身心地投入学习活动。在这种"意义学习"中（对个人来说有意义），学习者将会充分运用左右半脑，把逻辑与直觉、理智与情感、概念与经验、观念与意义等结合在一起。当人们以这种方式学习时，就能够成为一个完整的人。罗杰斯还认为，当学生以自我批判和自我评价为主要依据，把他人评价放在次要地位时，独立性、创造性和自主性就会得到促进。在这样的学习中，学生处于自主的地位，教师的任务是构建真实的问题情境、提供学习资源、组织师生合作、利用社区资源、探究训练和组织自我评价，成为学生学习的促进者。

3. 人本主义的局限性

人本主义学习理论，将人作为学习的主体研究学习问题，尊重学习者的主动性及人的价值观、态度体系和情感态度等心理因素在学习中的作用；主张建立良好的师生关系，发挥学生潜能，实现有意义学习，促进学生全面发展等一系列观点，较之传统教育无疑具有进步意义，对我国当前正在进行的课程改革也具有学习和借鉴的价值。

由于人本主义主要从"潜能"和"自我实现"的角度考察人的学习和认识过程，忽视人的认识过程中社会因素的作用，这种致命弱点使其在理论和实践两个方面都会遭遇诘难。

人本主义片面夸大先天潜能在人的学习中的作用，把人的需要，包括高层次的对学习的需要，都看作是由潜能决定的。而潜能，又是与人类有机体的结构有关，是人体的遗传决定的。如此，用生物性潜能的概念解释人的内在需求，将潜能的实现即作为价值的实现。把潜能的发挥，视为人的自然特性，而不考虑在一定社会条件可能发挥的影响，这种认识显然是片面的。

人本主义学习理论对学习过程的解释，始终贯穿着以"我"为中心。总是强调按"我"的意愿来寻求"自我实现"，以"我为中心"来评价自己、评价他人以及其他事物的价值。据此，人本主义特别主张教师处处都要以"学生为中心"组织教学，听命于学生的兴趣与爱好，促进并实现学生自发和充分自由的学习。在尊重"人"这一点上固然有其积极意义，在现实的教学中，也常常能够取得较好的效果。然而，如果不考虑儿童认知发展的实际水平，一味地迁就学生这个"中心"，忽视了教师在教育教学过程中的主导作用，也可能会适得其反，难以得到预期的结果，这样的事例不胜枚举，是需要予以警惕的。

三、陶行知的生活教育理论

生活教育的提出，源于 20 世纪进步主义教育的代表人物美国的约翰·杜威的"教育即生活"的主张。陶行知先生自己说过："我可以说'教育即生活'是杜威先生的教育理论，也就是现代教育思潮的中流。我从民国六年起便陪着这个思潮到中国来。八年的经验告诉我说'此路不通'。在山穷水尽的时候才悟到教学做合一的道理。"[①]可见，陶行知师承杜威，深受其影响，特别重视生活教育的作用，但又不拘泥前人定见，而是在教育实践中倾心研究，依据实际情况大胆突破，将杜威的理论大大地向前推进，创立了完整系统的"生活教育"理论，在我国教育的历史上产生重要的影响。

1. 生活教育的基本主张

什么是"生活教育"呢？按陶行知的说法就是"生活教育是生活所原有，生活所自营，生活所必需的教育"。具体讲，生活教育包括"生活即教育"、"社会即学校"、"教学做合一"等三项基本主张：

"生活即教育"是陶行知生活教育理论的核心。在陶行知先生看来：教育的根本意义是生活之变化。生活无时不变，即生活无时不含有教育的意义。过什么生活便是受什么教育；过好的生活，便是受好的教育；过坏的生活，便是受坏的教育；过有目的的生活，便是受有目的的教育；过糊里糊涂的生活，便是受糊里糊涂的教育。[②]据此我们就不难理解，陶行知关于"生活教育与

---

① 《教学做合一讨论集·生活即教育》1932 年版。转引自郑登云. 中国近代教育史[M]. 上海：华东师范大学出版社，1994：404.

② 中央教育科学研究所. 陶行知教育论文选辑[M]. 重庆：重庆民联书局，1946：12-13.

生俱来，与生同去，出世便是破蒙，进棺材才算毕业"的主张了。

"生活即教育"，将"生活"与"教育"画了等号，有生活就有教育，作为旧的传统教育的对立物，其积极的意义在于将教育与人们的生活和社会实际紧密地联系起来，人们生活的经历，即是接受教育的过程，彻底改变了旧教育脱离人们生活，脱离社会实际的现象。尤其值得称道的是，针对旧教育把"小孩看成小大人"，五六岁的小孩就教他读《大学》《中庸》的畸形的教育现象，陶行知先生明确地提出"我们主张生活即教育，要是儿童的生活才是儿童的教育，要从成人的残酷里把儿童解放出来"①这正是生活教育的主张的魅力所在。

"社会即学校"是陶行知生活教育理论的一项重要内容。陶行知之所以要提出这一主张，是因为在他看来"自有人类以来，社会即是学校，生活即是教育。……从大众的立场上看，社会是大众唯一的学校，生活是大众唯一的教育"②。他主张"社会即学校"，还是因为在"学校即社会"的主张下，学校里的东西太少，不如反过来主张"社会即学校"，教育的材料，教育的方法，教育的工具，教育的环境，都可以大大增加，学生、先生可以多起来。③陶行知先生历来反对旧社会不平等的教育，提出"社会即学校"目的在于推动大众的普及教育，让更多的普通老百姓也能够接受教育。实现"社会即学校"的理想，就可以改变以往学校教育与社会生活相脱节、相隔离的状况。这无异于拆除隔在学校与社会之间的高墙，"把学校里的一切伸张到大自然里去"，这犹如把关在笼子里面的鸟儿一样的被学校的高墙禁闭起来的学生解放出来，任他们自由地翱翔。社会即学校，所追求的就是建立这样一种与社会生活实际密切结合的新教育。

"教学做合一"，相当于将生活教育理论变为现实的教学论。生活教育为什么要强调"教学做合一"呢？用陶行知的话说，这是因为"教学做合一是生活之说明，即教育现象的说明。在生活里，对事说是做，对己之长进说是学，对人之影响说是教，教学做只是一种生活之三方面，不是三个各不相谋的过程"④。他强调"教学做是一件事，不是三件事。我们要在做上教，在做上学。在做上教的是先生；在做上学的是学生。从先生对学生的关系说：做便是教；从学生对先生的关系说：做便是学。先生拿做来教，乃是真教，学生拿做来学，方是实学"⑤。如此看来，"教学做合一"就是将三者结合起来，做到"事怎

①　中央教育科学研究所. 陶行知教育文选[M]. 北京：教育科学出版社，1981.
②　中央教育科学研究所. 陶行知教育论文选辑[M]. 重庆：重庆民联书局，1946：13.
③　郑登云. 中国近代教育史[M]. 上海：华东师范大学出版社，1994：413.
④　陶行知. 教学做合一之下教科书[J]. 中华教育界，1931，19(4).
⑤　中央教育科学研究所. 陶行知教育文选[M]. 北京：教育科学出版社，1981：77.

样做便怎样学，怎样学便怎样教"。就教、学、做三者的关系而论，"做"是中心，是基础，是前提，践行"教学做合一"，首先需要强调身体力行地去"做"，通过"做"的过程，获得知识和经验，实现"教"和"学"的目的。"教学做合一"的"做"，也即是陶行知先生历来所主张的"行是知之始"的"行"，教学做合一就是建立在"行"的基础上的。提倡"教学做合一"，也即坚持以行求知，强调"做"、"实践"、"行动"在教学中的作用，正是源于对知识的透彻理解，即是坚持"行是知之始"的唯物主义认识论。

陶行知十分重视生活教育的作用，在他看来，有了生活教育就能打破当时肆虐横行的以"死读书、读死书、读书死"为基本特征的旧教育；有了生活教育，就能"随手抓来都是学问，都是本领"，接受了生活教育就能"增加自己的知识，增加自己的力量，增加自己的信仰"。如此看来，陶行知先生实在是已经把生活教育当作改造中国教育、改造中国社会的唯一出路了。

2. 生活教育理论的现实意义

生活教育虽然源自美国，但进入中国以来，经过陶行知不懈努力，在与中国国情不断结合的实践中已经中国化了。陶行知把"教学做合一"作为实施生活教育思想的一条主线，在广泛的教育领域，身体力行、矢志不渝地做了许多探索和研究功夫。1934年陶行知在《普及教育运动小史》一文中总结说："这十几年来，我有时提倡平民教育，有时提倡乡村教育，有时提倡劳苦大众的教育，不知道的人以为我见异思迁，欢喜翻新花样，其实我心中只有一个问题，这问题便是如何使教育普及，如何使没有机会受教育的人可以得到他们所需要的教育。"[①]他在为普及教育奋斗的过程中，不仅提出和丰富了生活教育的基本理论，而且用一系列教育主张和具体的策略和方法不断地充实和完善着生活教育的内涵。尝试对中国教育进行切实的改造，他的许多主张和见解振聋发聩，不仅在当时具极其重要的现实意义，时至今日仍然对我们有着极大的启迪作用，可供课程改革学习和参考。

陶行知的生活教育理论有一个形成和发展的过程，他在南高师任教时，就提出改"教授法"为"教学法"，主张"好的先生，不是教书，而是教学生学"。1926年在《中国师范教育建设论》一文中更提出："教的法子要根据学的法子，学的法子要根据做的法子。教法、学法、做法是应当合一的。"[②]明确提出了"教学做合一"的主张，第二年，他创办晓庄师范学校的时候，便将其写入校训，并在学校里进行试验。郑登云编著的《中国近代教研史》介绍说：晓庄学校特别强调在"做"的活动中获得知识，从而取消了课堂教学和教科书，而代

---

① 中央教育科学研究所. 陶行知教育文选[M]. 北京：教育科学出版社，1981：150.

② 中央教育科学研究所. 陶行知教育文选[M]. 北京：教育科学出版社，1981：42.

之以"农事教学做"、"园艺教学做"、"家事教学做"、"改造社会环境教学做"等等。在晓庄，"教学做合一"，"做"有特定的含义，"做"就是陶行知所主张的"在劳力上劳心"。他说，单纯的"劳力"是蛮干，"不能算是真正之做"；单纯的"劳心"是空想，也不能算是"做"。晓庄实验，在反对闭门读死书的传统旧教育时，忽视了对系统理论知识的学习。然而瑕不掩瑜，陶行知先生热烈主张"教学做合一"，并坚持将其付诸实践的精神实在令人感佩。1939年在重庆创办育才学校的时候，他便摆脱了杜威课程理论的影响，重视了课程设置和课堂教学学习，育才学校的教育实践大大地丰富了生活教育的理论。

陶行知"教学做合一"，主张教学是一个师生合作、各负其责的"双主体"的实践过程，先生负责指导的责任："千教万教，教人求真"；学生担负学的任务："千学万学，学做真人"。这种对教学双方的规定和要求，无疑对今天的教师和学生仍然具有十分重要的意义。

1946年，陶行知在《小学教师与民主运动》一文中提出："教育方法要采取自动的方法、启发的方法、手脑并用的方法、教学做合一的方法，并且要使学生注重全面教育以克服片面教育；注重终身好学之习惯以克服短命的教育。在现状下，尤须进行六大解放：一、解放他的头脑，使他能想；二、解放他的双手，使他能干；三、解放他的眼睛，使他能看；四、解放他的嘴巴，使他能谈；五、解放他的空间，使他能到大自然大社会里取得丰富的学问；六、解放他的时间，不把他的功课表填满，不逼迫他赶考，不和家长联合起来在功课上夹攻，要让他一些空闲时间消化所学，并且学一点他自己渴望要学的学问，干一点他自己高兴干的事。"这些针对当时的教育现实情况提出的建议，今天看来不仍然是完全适用的吗？

上述三种学习论理论，都与实践性学习相关联，综合实践活动课程的实施和开发无疑也都可以从这些理论中汲取营养，寻求指导。然而，却难以将它们视作课程生存和发展的理论基础。其原因：一是，三种理论各有各的问题，只能借鉴，不能"照单全收"；二是，经验告诉我们，综合实践活动课程的理论建设，尤其基础理论建设不能单打一，必须关注两类课程的实施，符合人们的认知规律。任何将这一课程孤立起来研究的所谓课程理论，都会失之苍白，缺乏说服力，因而也就都不会适用。不与当前学校中作为主要学习内容和信息渠道的学科课程联系起来，整体地予以深入和切实的研究，最多也就是头疼医头，脚疼医脚，都难以博得干部教师们由衷的认同，更不可能激发他们主动地开发和实施综合实践活动课程的积极性，其收效必微，理所当然。

学校课程设置是一个整体，是整体就必须统筹兼顾；要实现统筹兼顾，必须有统一的理论作为指导，使各类课程都能有所遵循，并贯彻始终。只有"理论上要讲得通"，才有"实践上能做得到"。也就是说，只有将两类课程作整体考虑的教育理论，才有可能科学地指导和规范学校课程的开发与实施。

第二节　综合实践活动课程的理论基础

教育是引导儿童和青少年逐步实现社会化的过程。培养什么样的人，怎样才能使今天在校学习的学生顺利走向社会，并能够适应未来社会的要求甚至引导社会的发展，不仅仅是方法和技术问题，而且是个理论问题，是个涉及哲学和世界观的大问题。

马克思主义是当代完整的科学世界观，是不断发展的哲学认识论，它虽然不是直接的教育理论，却能够给教育工作以原则性的指导，以这样的"主义"指导教育研究，才能高瞻远瞩，统帅全局，科学地解读、批判、改造和借鉴当前时尚的种种西方新理论，也才能批判地继承中华传统文化中的教育精髓。这样的"主义"当然可引以为综合实践活动课程指导思想的理论基础。然而，哲学揭示的是世间一切事物共同的规律，不能简单地将其套用于具体问题的解决。解决教育问题，还需要能够具体适用于指导教育工作的教育哲学。

理智地审视我国的教育问题，不难发现：在条件复杂的中国推行教育改革，必须从中国的国情出发，简单地、教条化地运用所谓马克思主义指导中国教育已经为历史证明是行不通的；同样，对历史的经验不作分析，便草率地移植所谓西方的先进理论，希望改弦更张，把西方的模型套用于今天中国的教育也未必能行得通。为了指导当前教育改革，终止言必称建构，行必法西方的混乱，也需要建设符合马克思主义基本原理的教育哲学。

建设教育哲学，归根结底是为了解决培养什么人和怎样培养人的问题，这就需要从马克思主义的全面发展学说和辩证唯物主义的认识论两个方面寻求指导。借鉴国外所谓先进理论中那些具有普世价值的成分，扬弃和超越中华传统文化的负累，从理论和实践的结合上研究当前教育的实际情况，总结其中规律性的东西，用以指导和建设克服片面性的、科学的、具有生机和活力的中国特色的素质教育的理论框架，以及与之相适应的课程体系和课程文化。

近年来，在对综合实践活动课程的实践和研究的过程中，我们遵循上述指导思想，逐步明确地提出了运用"认知双螺旋"指导综合实践活动课程建设的意见，收到了较好的效果，得到业内专家关注和广大一线教师的欢迎。本节将重点介绍认知双螺旋，及其在综合实践活动课程建设中的运用问题。

一、认知双螺旋及其基本特点

认知过程是人们学习和掌握新知识的过程，认知规律就是人们学习和掌握新知识的规律。知识包括理论和经验两大门类，综合实践活动课程是一门基于经验的课程，作为课程的理论基础自然需要能够为人们有效地习得和运用经验提供理论依据。然而，经验的习得和运用，又是和理论知识的学习和运用紧密关联着的，所以综合实践活动课程的基础理论，还要能够联系理论知识的学习和运用，从整体上揭示人们认知过程的基本规律。换句话说：对综合实践活动课程基础理论的要求，应该是能够比较清楚地阐释人们认知过程中"知"与"行"，理论和实践二者的关系。人们掌握了认知的规律，就可以对课程实施和开发中涌现出的问题保持高度的敏感，又可以用以指导对发现问题或现象的分析和研究，课程的实施和开发自然也就可以不走或少走弯路了。我们坚持用认知双螺旋指导综合实践活动课程建设，目的就在于此。

1. 什么是认知双螺旋

什么是"认知双螺旋"呢？为了方便理解这个问题，还是让我们回到学习方式的问题上来，看看坚持两种不同的学习方式，会引出怎样的结果。

前面，我们已经考察了人们两种有意义的学习方式，并从心理学的角度对它们的形成机制做出说明。已然知道：人们通过继承性学习，了解和学习前人的优秀文化成果，掌握人类千百年来积累起来的人文和科学的系统知识，这些知识都是一些"可以用概念、命题、公式、图形等加以表达的"显性知识，因为这些显性知识讲的都是些"是什么"和"为什么"的问题，也就是"关于事实的知识"或"关于原理和规律方面的知识"，所以也称其为"明确知识"；除此之外，人们还通过探索、发现等实践性学习的途径，掌握相关技能、方法等经验性的知识，这些知识涉及的都是一些经由人们的切身体验得到的关于技能的形成及其经验感悟等，很难用语言或文字表达，或是用语言文字传达出去，获得了相关信息的人们，若不经过身历亲为，也难以掌握，故而这一类知识通常都被称为缄默知识或默会知识。两种学习方式都是人们不可或缺的认知途径，人们分别从两种不同的学习中获得的知识和经验，也便会不断地积累和发展起来。

将上述人们的认知内容和过程予以简单的概括，可以讲，认知包括"知"和"行"两部分：所谓"知"，即指知识或理论，属于前人创造的文化成果，主要以接受式学习获得的；所谓"行"，则是指实践经验，是人们通过实践学习，从切身的经历中积累的。无论是知识的获得，还是经验的积累，对于每一个正常的人而言，二者都会呈螺旋上升的发展态势。两种学习相辅相成，相得益彰。在认知形成的过程中，任何人都毫无例外地会利用自己的经验去理解前人积累的知识，也正是这种理解帮助人们得以继承和掌握前人创造的系统的人文和科学知识；人们的任何实践，也都会自觉或不自觉地运用此前已经获得的系统知识的内容作为指导，实践的结果又会反过来加深对相关知识的认识和理解。如此，两条认知螺旋，紧密关联，互为支撑，便构成了人们认知形成和发展的轨迹，其形象恰如人类基因的双螺旋一般，不妨仿照人类"基因双螺旋"的称谓，将其称为"认知形成和发展的双螺旋结构"（简称"认知双螺旋"）。我们知道，人类的"基因双螺旋"是物质的，其发展结果形成的是成长中的物质的"人"。与其不同，这里提出的"认知双螺旋"是"虚拟"的，最终形成了每个人独具特色的认知风格和知能体系，造就的是精神的"人"，其建构过程和质量水平，则主导了人们在社会中的成长过程和发展水平。

2. 认知双螺旋的基本特点

既然人们的认知形成和发展呈现双螺旋的特点，考察人们的认知规律重点就需要揭示这两条认知螺旋之间内在的关系。换句话说也就是：既然"知"与"行"是认知过程的一对矛盾，任何一方都不可能孤立地单独存在，因此，认知规律的核心即是知行关系的问题。搞清楚认知过程中"知"与"行"的关系，也就顺理成章地解决了人们认知规律的核心问题了。

那么，"认知双螺旋"的两个螺旋之间到底又是怎样互相关联着的呢？洞察认知双螺旋的形成过程，就不难发现两条螺旋存在着共生性、结构性、互动性、发展性和统一性等几个明显的特点，下面分别予以说明：

（1）认知双螺旋的共生性，是指作为认知过程的一对矛盾，"知"和"行"两条螺旋中的任何一方都不可能孤立地单独存在。两种认知过程同时发生，协同发展，并伴随人们一生同生共长，不断发展和变化着。讲的是两条螺旋纵向上是同生共长的关系。考察儿童的认知过程，人们都会发现：当儿童还处在襁褓之中的时候，他们的两种学习过程即已发生了。试想，当儿童来到我们这个世界上的时候，其最初关于"冷"、"热"、"水"、"奶"以至"上"、"下"、"远"、"近"等诸如此类的概念，哪一项不是通过父母的说教（继承性学习）和他们自己的感受（实践性学习）双重作用下形成的呢？之后，伴随着年龄日益增长和阅历的日趋丰富，他们的学习方式会不断发展和变化，从"做中学"到"学中做"直至"为做而学"和"为学而做"。两种学习方式不是始终交融在一起，终其一生，成为他们获取知识营养的不二源泉吗？

（2）认知双螺旋的结构性，是指随着儿童的成长和阅历的增加，人们的理论知识和实践经验不断积累，来自两条认知途径的知识和经验，就每一个人而论，其内容都会自然地表现出某种结构性。这种儿童认知内容的结构性，早期除了儿童自身的原因之外（主要是由遗传因素导致的），更主要地决定于父母或其他人的早期教育的结果，带有明显的外来干涉的色彩，具有"被结构"的特点，因而也是不稳定的。伴随儿童独立性的增强，特别是成人以后因为爱好或工作的需要，人们选择性学习会日益加强，有目的地学习和实践越来越在人们的认知过程中占据主导地位，人们知识和经验结合表现出来的结构性特点，也随之变得越稳定、越专业。认知结构的良莠将会影响人们的发展方向和发展水平。

（3）认知双螺旋的互动性。两条认知螺旋在横向上也是互相关联，相互影响的，人们的认知过程从理论和实践两条渠道获取营养。搞得好，它们会互补互促实现相辅相成、相得益彰的效果；搞不好，也会互相掣肘，相互误导，甚至可能会出现负面的结果，造成认识上的障碍。对于前者，比较容易理解，因为儿童的任何实践都会运用此前获得的知识或经验作指导，这其中通过继承性学习获得的系统性知识会起重要作用，实践的结果又会加深他们对这些知识的认识和理解；另一方面，儿童学习任何新的知识，也都会运用自己的经验去理解，而理解了的知识又可以帮助他们加深对实践的感受和体验，强化对实践活动的指导。如此良性循环，自然会使儿童不断地深化对客观世界的认识过程。之所以会出现相反的情况，则大多是因为思想路线错误或对学习过程实施不当所致。由于思想路线错误，导致将两种学习对立起来以至贻误学习的情况，以"文化大革命"中的上山、下乡，学工、学农、学军最为典型；学习过程实施不当，大多情况下与认识片面，导致对学习内容、方法的选择和学习时间的安排失当有关，此种情况，在日常学习中屡见不鲜，以致常常会被人们忽视掉。

（4）认知双螺旋的发展性，主要表现在其自身所具有的自主调节的功能上面。当学习主体通过主动选择和自主学习，实现与外界的信息交换时，双螺旋内部将会自己主动地进行调节，形成局部或总体的同化或顺应，并不断更新其结构自身；其中，系统知识具有很强的工具性，会发挥沟通和组织实践知识的作用，不断地将实践中随机获得的零散的知识，纳入自己的知识系统；而实践知识又会以其鲜活性和真理性，对系统知识的正确与否予以检验，并决定弃取，不断充实并完善系统知识的内化过程。如此，两种过程相互作用，不断地通过局部或整体的同化和顺应，实现着认知双螺旋的发展过程。

正是由于认知双螺旋结构具备这种自组织特点，由于长期的特别是在有意识的实践活动过程积累起来的丰富的缄默知识，经过总结和反思，也可以转化为显性知识，这不仅可以丰富自身的知能结构，其中某些个人的创造性成果，还很可能成为人类共同的财富。

（5）认知双螺旋的统一性。认知双螺旋反映的是人们灵动鲜活的认知过程，在现实的认知过程中，一切都处在变化之中，人们获得的那些知识或经验，有没有发生冲突的可能呢？如果出现此类情况，认知双螺旋又是怎样维持的呢？

我国宋朝的大哲学家张载，曾经把辩证法的规律归纳为四句话："有象斯有对，对必反其为；有反斯有仇，仇必和而解。"（《正蒙·太和篇》）翻译成现代汉语就是：凡事物都有一对矛盾，矛盾双方必然做相反运动；运动相反就会产生仇斗，仇斗必然又通过"和"而解决。四句话中，前两句描述的是矛盾在常态下的情况，后两句说的是矛盾在对抗情况下的特点。用这样的观点考察人们的认知过程，"知"和"行"同生共长的现实，可以清晰地发现二者各自向其相反方向运动的过程：理论向实践运动，表现为指导和规范人们的实践活动，彻底彰显理论的价值；实践向理论的运动，表现为在过程中会通过不断的归纳和总结实践的经验形成新的理论，有效提升实践的功能。

至于在认知过程中，"知"、"行"双方发生对抗成"仇"的情形，不外乎如下两种情况：其一，实践挑战理论，发现理论存在问题，已经不能解释或指导实践了；其二，出于各种各样的原因，背离了理论的指导，实践遭遇到困难、出现混乱，甚至难以为继了。出现上述情况，如果是前者，"实践是检验真理的唯一标准"，只能是坚决抛弃旧理论，创新（或选择）理论，以适应实践需要；对于后者，则需要梳理实践中出现的各种问题，改弦更张，适应那些已经为大量实践所证明是正确的理论要求。总之，当认知过程理论和实践出现"仇"的状况时，需要通过"和"的办法，主动做出调整，继续维持"知"、"行"两个对立面所处的那个统一体，使其在新的基础上能够继续运行。这就是认知双螺旋的统一性。

认知双螺旋的共生性、结构性、互动性、发展性和统一性的诸多特点，形象地反映了人们能动鲜活的认知过程的基本特征，较好地解释了人们通过继承和实践两条渠道获取营养，提高认知能力，完善智能结构的过程。据其不难得出下述结论：有效的学习既不是单纯地获取前人既有的知识，由"系统讲授决定一切"，一切听命于教师的主导；也不是全部回归生活，"所有学习都要从情境开始"，凡事都必须经由"自主、合作、探究"。正确的途径只能是努力实现两种学习方式有机结合、有效运用，充分发挥两种学习方式的积极作用。

3. 认知双螺旋符合人们的认知过程

个体人认知形成和发展，表现出双螺旋特点，这是因为人们为了生产、生活和科学实验的需要，除不断总结自己的实践经验外，也必然会借助外在智慧，多方面地向别人学习。从两条渠道获得的知识和经验，必然会在人们的认知过程中有所反映，并呈现为知行统一的连续不断的过程。

认知双螺旋反映了认知规律。规律是共性，共性总是寓于个性之中，并通过个性表现的。人们都是从各自的条件出发，为着各自的需要，通过两种学习方式，逐渐成长起来的。随着从继承和实践两条渠道获得的知识不断积累，经验日益丰富，最终形成的是每个人独具特色的认知双螺旋的具体形式，即每个人特有的认知风格和知能网络。

任何群体，小至机关单位，大至国家社会，同样也都离不开继承和实践两种学习。例如：近代中国从鸦片战争以来的170多年，从西学东渐"师夷长技以制夷"，到"十月革命一声炮响"为我们送来了马克思列宁主义；从新中国成立初期的全盘苏化"学习苏联老大哥"，再到三十多年前改革开放"与世界接轨"。四次大变革，无疑都是中国人民的拼搏奋斗的历程。然而，每一次变革的主题，又都不是从中国社会自身生发出来的知识或经验的"再实践"，而是为着解决现实的困难或困惑的需要，从外部引进所谓先进思想为我所用，能动地开辟了中国社会前进的实践历程。

教育过程说到底是个认知问题，教育的实施，任何时候都需要依据并符合人们的认知规律，才有可能获得预期的结果。只有认真研究并切实符合人们的认知规律的教育理论，才是好的教育理论。认知双螺旋作为一种教育哲学思想，恰恰为我们提供一个从认识论的高度研究人们认知规律的思想武器。

二、认知双螺旋的科学性

"认知双螺旋"是一个反映人们认知过程的模型，建立模型是人们研究问题常用的方法。至于模型建立得是否科学，是否真有道理，一要看指导建立模型的理论是否科学，而且在模型建立的过程中，是否始终如一严格地遵循这一理论行事；二要看模型本身是否合乎实际，是否能够较好地解释或说明相关的问题，也就是说要接受实践的检验。前面我们曾经谈到，借助马克思主义基本原理研究认知规律，解决中国教育问题的想法，然而，那只是我们的初衷，至于结果如何，还需要接受人们的审查和检验。

1. 认知双螺旋符合辩证唯物主义事物对立统一规律

我们希望并坚持用辩证唯物主义指导对认知现象的研究，认真分析人们认知过程中各种矛盾现象，用对立统一的观点，分析认知过程中的基本矛盾及其运动的过程，得出"认知双螺旋"的结论，并且认为认知双螺旋是符合辩证唯物主义关于事物发展矛盾对立统一的基本观点的。这是因为：

其一，唯物辩证法主张从事务内部的关系去研究事物的发展，认为事物发展的根本原因在于事物的内因，即事物内部的矛盾性。用这样的观点考察认知形成和发展过程，分析人们认知过程中的矛盾现象及其表现形式，就会发现知和行，理论和实践即是贯穿这一过程的一对基本矛盾，是人们认知行为所以发生的内因。认知过程中二者同生共长，相互作用，即是对立统一规律在人们认知过程中的具体表现，过程中知和行、理论和实践这一对矛盾演绎变化的"轨迹"，也即是我们所谓的认知双螺旋。如此看来，所谓认知双螺旋并不是什么新鲜的花样，它只是把人们通常看不见、摸不到的认知过程形象地表现出来了，只是更加彰显了两种认知过程同生共长、不离不弃的关系，作为一种认知工具，也更容易为人们所掌握和运用。

其二，唯物辩证法认为，任何事物的运动又是和它周围的事物互相联系、互相影响着的。用这样的观点考察"认知双螺旋"的形成过程及其内容，就会发现：所谓"认知双螺旋"原来就是人们在生产、生活或科学实验过程中，与周围事物不断发生交往和交流的过程中形成和发展起来的，人们在与所有这些"周围事物"互相交往的过程中，其知和行、理论和实践这一对矛盾亦随之演绎和变化，形成人们认知发展的"轨迹"，记录了人们对周围事物的认知过程和具体内容，反映的是人们对周围客观事物的认识的过程和理解的水平，这就是我们所理解的"认知双螺旋"。可以讲，没有人们与外部世界的联系和交往，没有人们主动参与的学习和实践活动，人们的认识就不会发生，所谓"认知双螺旋"更是无从谈起。

关于认知双螺旋形成和发展的动力问题，我们认为：与世间万物一样，其"内因是根据，外因是条件。"需要和追求是人们认知形成和发展的内在动力。就个体人而论，兴趣和爱好是其发展的内因；对社会而言，需要同样是社会认知发展的内因。同时，社会需要及其提供的相应条件，又会成为个体的人们认知发展的外部条件。随着人们对社会需要的认同，兴趣可以逐步发展成为志趣、志向和理想，化为对真理的理解与追求的愿望，作为情感、态度、价值观的核心因素，影响着人们认知双螺旋发展的质量和水平。

如上所述，认知双螺旋坚持从人们认知过程内部及其与外部的联系考察认知形成和发展的过程，因而符合辩证唯物主义基本原理。

2. 认知双螺旋体现了马克思主义人的全面发展学说

在马克思主义看来，人的发展是人的本质的发展，而人的本质的发展首先表现为人的劳动能力的发展。马克思主义又认为，人的本质是一切社会关系的总和。人的发展无不现实地表现在具体的社会关系变革中，正是人的"社会关系实际上决定着一个人能够发展到什么程度"。马克思主义还认为，人是自然、社会和精神的统一，这是马克思主义关于"完整的人"的基本特征的科学描述。马克思正是从实现人"本质的发展"和造就"完整的人"的高度，提出并论述人的全面自由和充分发展的主张的。

马克思主义关于人的全面发展的理论，与我国教育方针，以及当前倡导的素质教育，其内涵具有高度的一致性。

认知双螺旋从教育哲学的角度，强调人们的认知的形成和发展的规律性，指出人的认知本来就是一个"知"、"行"并举的过程，强调实践活动对于实现人的全面发展具有不可替代的作用，本身体现的就是马克思关于人的全面发展的思想；认知双螺旋的思想在教育上落实，便会自然地将学校和社会这个大课堂紧密地联系起来，将书本知识的学习与生产劳动以及其他与人们生存和生活相关技能的学习结合起来，把学生时下正在进行的学习与社会当前以及长远对他们的要求联系起来，这无疑对实现"人是自然、社会和精神的统一思想"造就马克思主义理想中的"完整的人"具有重要的意义；认知双螺旋对人们认知过程中"认"、"知"双方相互作用的特点的分析及其具体应用，还会从实施和操作层面落实马克思主义人的全面发展学说提供途径。总之，认知双螺旋体现了马克思主义关于人的全面发展学说的思想原则，又为在学校教育中落实这一思想，推进以人的发展为核心价值的全面素质教育，从教育哲学的角度，提供一个比较具体的解决问题的思路。

综上所述，认知双螺旋的建立和实施，不仅坚持从事物内部及其与外部的联系考察人们认知形成和发展的过程，而且坚持人的全面发展学说的思想原则，因而是完全符合马克思主义基本原理的。

3. 用认知双螺旋指导综合实践活动课程建设

学习和掌握理论目的全在于应用，如果由于不了解人们两种认知过程的相互关系，可能会自觉或不自觉地将两种认知过程割裂开来，甚至对立起来，以至会形成教育过程中诸多不遂人愿的现象的话，那么，当了解了两种认知过程的共同作用及其诸多特点以后，在对儿童实施教育的时候，即应多一些自觉性，少一些盲目性，力争把教育工作做得更好、做得更有成效。

运用认知双螺旋从宏观上考察中国和世界教育发展的历史，人们会发现，从费尔巴赫到杜威，再到近现代各国包括中国所实施的教育改革，大都可以看作是人们调节教育的内容和过程，自觉或不自觉地使之适应儿童认知双螺旋的要求，造就社会所需人才的过程，依稀可以看到教育改革过程中两条螺旋忽大忽小、忽松忽紧摇摆运动的轨迹。这无疑会使人们相信，教育没有最好，只有更好，从而激发人们认真借鉴历史经验，积极投入教育实践，搞好当前教育改革的自觉性。

教育是关乎继往开来的大事，是一项事关人才培养的系统工程。单一的教育目标，某一种教育哲学流派或课程主张都难以引导其实现持久的成功。总结以往经验，历届课改，都曾经出现过某些"失衡"现象，有时甚至会从一个极端跳到另一个极端。凡此，大多与"非此即彼"简单化的思维模式，以及缺乏对全局关注的"头痛医头，脚痛医脚"的应急方式有关。也与改革引领者所持的教育思想有关，从21世纪之初即倡导的新课程改革持续发展到现在，已经具备了对已有进程进行反思的条件。利用认知双螺旋作为认识的工具，总结经验，发现问题，明确方向，以利再战是十分必要的。

事物的性质是由事物的结构决定的。由于长期实施单一的学科课程一统天下的课程体系，课程结构性缺失造成的人才培养方面的各种问题，不能指望在原有课程体系的框架下获得解决，只能寄希望于新的课程体系的建立和实施。用认知双螺旋考察中国教育的这一现实，就会认同：从小学至高中设置综合实践活动并作为必修课程，构建学科课程和活动课程优势互补、相辅相成的课程体系，是从我国教育实际出发，洋溢着准确判断力和高度创造性的明智举措。用认知双螺旋的观点观察当前的教育改革，有助于从把握教育规律的高度考虑问题，提高人们的理论勇气和投入课程改革的自觉性，并提供解决问题的思路。在当前全面实施素质教育的机制尚不健全的情况下，至少能够从课程实施的层面，实现系统知识的学习和学生已有的知识和经验的紧密联系，为推动全面育人创造条件。

中小学生正值人生奠基阶段，也是人们认知双螺旋建构的初始期，在中小学设置综合实践活动为必修课程，沟通儿童和各项认知客体的关联，激活两条认知螺旋的联系，从小建立和完善学生的认知结构，必将对儿童的健康成长产生重大的影响。运用认知双螺旋指导综合实践活动课程建设，就有可能不走或少走弯路，使对课程的开发和实施减少一些不必要的干扰。

从认知双螺旋的角度考察和认识综合实践活动课程，课程就需要以实践性学习的方式与学科课程一道，共同肩负起教育儿童，实现德、智、体、美全面发展的任务。因此，实现课程的有效实施、常态运行和区域推进，必然要进入各级领导的视野，成为引领课程发展的三重愿景。

实现综合实践活动课程的有效实施，就需要依据实践学习的根本特征和特殊要求，切实把握该课程所具有本质的规律性，需要从三个层面努力提高活动的教育功能，即课程论层面，关注活动设计与儿童认识过程相一致，确保课程实施具有实践性学习特点；教学论层面，关注活动设计与实施的结构性，确保活动过程中师生互动，实现预设与生成的统一；学习论层面，关注活动设计与实施要尊重学生既有的知识和经验，确保学生认知成分和不同的教育环境和内容的有效结合，使学生确有收获。也就是说，要求每一项活动，都能够为实现学生创新精神和实践能力真实的发展做出贡献。

综合实践活动课程的常态运行，是从中观角度把握综合实践活动，使之真正能够作为"课程"在各地学校实施和运作。综合实践活动不是校本课程，也不是课外活动，不能仅靠校长的良知和教师个人的积极性维持，也不能仅仅关注个别学生的兴趣和爱好。作为必修课程，综合实践活动需要能够像语文、数学那样常规实施。真正做到进入课程，列入课表普遍实施。课程只有做到常规运行，才有可能充分发挥它的教育功能。为此，必须建立必要的政策和制度，形成良好的激励机制。

综合实践活动课程的区域推进，是宏观上推动课程发展的需要。作为国家规定的必修课程，区域性实施的质量和水平，才是衡量课程建设水平的根本标志。课程要区域推进，一定要提倡扎扎实实，不搞花架子，拒绝作秀包装，不满足星星点点，要追求万紫千红。为此，要下功夫在实践中发现和培植教师、学校和小区域的先进典型，挖掘他们的经验，发挥他们的辐射和带动作用，采用"理念先行，案例跟进，典型引路，滚动发展"的办法，由点到面，由少到多，一步一个脚印地推动综合实践活动课程广泛深入地走向所有学校，惠及全体学生。

综合实践活动作为必修课程予以实施，不仅要有一般性的原则要求，还需要设计和提供一些能够保证各项原则得以实现的具体恰当的实施策略。就当前情况论，下述各项策略可供各地参考：

课程的系统性实施。零散的知识形不成智慧，作为学校课程的实践性学习只有系统化才有意义。这是因为实践学习，无论是完成事先设定的实用性目标，获得方法和技能的知识；也无论是由浅入深，由易到难地培养和训练儿童学习获取知识的方法，形成良好的学习习惯，都需要经历一定的过程。为实现上述目标，仅靠校本开发的办法，国家课程的任务是难以完成的，必须为学生研发和提供通用、系统和适切性的课程资源，用系统积淀智慧。

课程的结构性实施。事物的性质是由事物的结构决定的。作为基于经验的实践性课程，综合实践活动担负着培养学生多方面实践性能力，实现全面完善学生素质的任务、活动的内容理应具有多样性的特点，只有结构性内容，才能保证课程实现其应有的教育功能课程的递进性实施。要依据学生的生理、心理特点和认知发展水平开发与实施课程。施于不同学段学生的综合实践活动，既有共性又有个性，中小学各年级段和高中学生的认知发展水平不同，生理和心理情况各异，对活动内容、形式、活动目标的要求亦不相同，适用于不同学段学生的活动应反映递进性特点其内容既要有差别，又要有联系，整体应呈递进性发展的特点。

课程的整体性实施。当前，施与学校的各类课程中，国家课程有综合实践活动课，校本课程也有与其类似的活动类课程，近年来教育部又下发了许多有关环境、安全、心理健康等内容的文件，要求进入学校课程。面对这种情况，许多学校的领导不知如何是好。窃以为不妨将这些理念相通，又能以活动方式实施的教育内容整合起来，进行整体开发，既可以克服现有课程实施中的内容重叠，课时紧张的矛盾，又可以促进学校课程的整体实施和健康发展。

总之，有了认知双螺旋作为思考问题的方法，人们就可以站得更高一些，眼界更宽一些，想得也可以更深一些，从理论和实践的结合上整体把握综合实践活动课程建设问题，就有可能把有关综合实践活动课程的事情做得更好一些。

第三节　综合实践活动课程的心理学基础

任何教育过程都是建立在心理学基础之上的，从心理学的水平上研究和理解综合实践活动课程所能承担的各项能力发展目标，及其相应的操作性措施，则有可能使课程目标的达成收到事半功倍的效果。

综合实践活动是一种基于实践的学习，一种以积极的情感体验和深层次的认知参与为核心的学习方式。与传统的学科课程不同，综合实践活动课程不以知识的获得为主要的目标，其教育功能是在涉及"客观世界"、"社会世界"和"主观世界"的实践活动中，发展解决现实问题的能力和获得相应的情感体验。综合实践活动的这一特点，对教师在实际教学工作中，可操作地实现教育功能提出了较大的挑战。学科课程中的知识教学不存在操作上的困难，因为知识在教材中是明确地写着，对教师而言是完全掌握了的。而综合实践活动课程中的各种能力发展和态度情感的形成，是潜藏在各种具体的实践活动中的，经过什么样的认知活动和情感体验才能实现课程的教育功能，仅从活动的内容中是找不到答案的。这就要求我们在心理学水平上理解课程目标所要发展的各项能力是什么，就如同在学科教学中教知识时我们必须知道知识是什么一样，只有如此，才能在这种学习过程中可操作地实现课程的能力发展的目标。

从心理学的角度看，综合实践活动课程的能力发展任务，是培养学生在真实的问题情境中，通过亲身实践和体验，形成对自身、对社会和对自然的认知能力、创新能力和实践能力。

一、认知能力形成的心理学基础

认知能力就是人获取新知识的能力。美国心理学家斯腾伯格(R. J. Sternberg)的"知识—获得成分"智力理论，分析了人在获取知识时内部的信息加工过程，揭示了认知能力的心理本质，这些成分是：

1. 选择性编码

选择性编码指将相关信息从无关信息中挑选出来。当新信息在自然情境中出现时，与个体特殊目的相关的信息存在于大量与目的无关的信息之中。学习者的一项重要任务是"淘沙取金"，"筛糠取粮"，将那些与目的有关的信息从呈现的大量信息中区别出来。

例如，当学生在研究汽车消耗燃油(能量)做功的问题时，就要从汽车拉货的实际情境中，考察消耗一定量的燃油所做的机械功都与哪些因素有关。通过选择性编码，发现消耗同样的燃油，轻车可以跑长路，而重车只能跑短一些的路，即做功与力和距离有关。这时的所谓编码，就是将轻车、重车拉货时所需的牵引力，用物理概念"力"来表征；长路、短路用"距离"来表征。

心理学对文章阅读过程中思维活动的研究表明，有效的阅读并不产生于对全部语言成分做精确的知觉和辨认，而是取决于阅读者的技巧，即选择最少的、最有生产力的和对产生第一次正确的猜测所必需的提示。阅读者能预测尚未读到的下文内容的能力，这对阅读十分重要。这种在文章阅读中的猜测与确证，存在于对文章中的指示语、概括语、情态语、主旨句、过渡句等关键语句的选择性编码之中。

2. 选择性组合

选择性组合指将经过选择性编码的信息组合起来，以形成完整而适当的整体。仅仅将有关信息从无关信息中分离出来不足以产生新的知识结构，个体必须知道如何将信息组合成一个内部互相联系的整体。例如上面的例子，当在研究机械功时，选择了两个变量"力"和"距离"之后，就要考虑这两个变量之间的关系，在汽车消耗相同能量做功的条件下，力和距离是乘积的关系还是相加的关系等。

再如，在阅读理解中，当依据某些关键语句提出理解预测后，还要通过对预测的确证才能获得文章的确切含义。关键信息指引读者按照预测在文章中去寻找期望的信息，若找到了相应的信息，则与先前的信息组合起来就取得了文章的意义。理解是读了上句预测下句，读了开场白等待下文，是在确证下文的选择性组合的动态过程中实现的。如果后续的信息超出了自己的预测，则经过选择性组合，读者就获得了新消息或获得了新知识。

3. 选择性比较

选择性比较指将新获得的信息与过去获得的信息相关联。选择哪些新信息进行编码，如何组合它们的信息加工不是发生在真空中，相反，人在获取新知识时总是要借助提取相应的原有认知图式(认知图式是关于某类事物的知识、技能和策略的内部心理组织)，来引导对新信息的选择性编码和选择性组合。如果新的信息不能同旧的知识发生联系，用旧知识作为认知工具去整合新信息的话，那么新信息再多也没用。

例如在前面的选择性编码的实例中，如果学生不能提取汽车拉货的生活经验，就不能去考查在消耗相同的燃油(能量)的条件下，轻车、重车拉货的情况，从而也就无从发现做功与力、距离有关的信息选择；再如，在学习"速度"概念时，学生若不能提取出小学数学中"工作效率"的原有概念图式，则在研究距离和时间都不相同的两种情况下如何比较快慢的问题时，就不能将"速度"、"时间"、"距离"这三个变量进行正确的意义组合，形成速度的数学表达式。

以上是认知能力的内部信息加工机制。在传统教学的环境下，教学如果采取的是接受性学习的方式，则学生信息加工的活动几乎完全被教师的示范所替代了，所以学生只获得了知识结论，而没有形成自己获得知识的能力；若采取启发式的方法，教师部分地取代了某些信息加工活动，学生将获得一定的认知能力，但仍然缺乏在真实的情境中选择信息、组合信息和比较信息的能力。由于传统教学中这些被学生获得知识结果的教学替代，使得学生形成的认知能力只擅长记忆和分析书本中他人的理论。以这种方式培养出来的学生往往缺乏在实际生活中获取知识解决问题的能力，同样也不能发展在专业领域和实际生活中提出自己的创见的能力。

4. "知识获得"信息加工的外部条件

综合实践活动课程的学习方式是综合性、实践性和自主性的学习活动。在这类活动中的问题情境与传统教学有很大的不同：

综合实践活动中的问题解决，深深地扎根于多重背景之间，解决这些问题需要对背景敏感，而且需要哪些信息通常并不明确，通常也并不清楚从何处可以搞到这些信息。例如某一专题研究活动是了解什么是克隆技术，学生需要到网上去查找有关信息。但是访问哪些网站，在所访问的网站上哪些是有用的信息，都是不清楚的，这对学生"选择性编码"的信息加工能力提出了挑战。

综合实践活动中的问题，其结构性比较差。课堂中的问题一般都是良结构性问题，可以清晰而具体地列出一步步的解决方案；而生活中的问题通常是结构不良的问题，即在各个信息之间构成什么关系，以及这些关系的意义并不明确，这对学生"选择性组合"的信息加工能力提出了较高的要求。

综合实践活动中的问题通常没有单一的标准正确答案，甚至究竟什么是正确答案的标准也很不清晰。例如，某一研究性学习的问题是，"非洲很热，缺少粮食，人们将怎样生存？"这个问题恐怕就没有标准答案。问题解决得如何，很大程度上取决于学生是否能够灵活应用原有的知识经验与新信息进行选择性比较。

可见，综合实践活动为学生自主进行这三项信息加工的活动提供了较多的机会。但学生是否能够有效地进行这种信息加工，还取决于内部的原有信息加工能力，只有当外部的条件与内部的条件相适应时，学生才能在一定程度上进行这些信息加工的活动，从而使学生的认知能力得到发展。

下面介绍的是一些影响学生进行认知信息加工活动的主要外部因素，在教学中控制这些因素，使其与学生的信息加工能力相适应，是保证学生认知能力得到有效发展的重要条件：

（1）进行选择性编码信息加工的外部条件

影响学生对学习材料进行选择性编码的因素有两个：一个是认识对象的范围和典型性；另一个是认识方向和目标的明确性。在综合实践活动中，学生能否有效地进行选择性编码的信息加工活动，将取决于问题情境的设置。在问题情境中认识对象的范围大小，认识材料的关键特征是否突出等，对学生的选择性编码能力提出了不同程度的要求。在传统教学中，由于获取知识结论是主要的目标，所以往往对认识对象的范围和特征进行了较大的简化处理；但在综合实践活动中，若将学生一下置于现实的背景复杂的问题情境中，也会使学生束手无策，有效的信息加工活动同样也不会发生。所以，问题情境中认识对象的设置，需要依据学生的认识能力和实践活动内容的特点，在范围和典型性方面为学生创造进行选择性编码的机会和条件。

学生对认识对象中的哪些信息进行特殊的注意是由认知倾向所决定的。通常新异的、生动的信息容易引起学生的注意，但为了获得有意义的新知识，需要学生在意志努力下注意一些关键信息，引起这一认知倾向的外部条件是认识方向和目标的指引。由于在传统教学中直接提供了认识目标和关键信息，则学生就不需要去考虑哪些信息是重要的，需要引起特别注意的问题；但在综合实践活动中，学生若不能明确活动的目标，则依据目标选择信息的加工活动同样也不会发生。所以，依据学生的认识能力和实践活动内容的特点，对实践活动的认识方向和认识目标进行恰当的设置，是使学生有效地进行选择性编码信息加工的外部条件。

（2）进行选择性比较信息加工的外部条件

影响学生对学习材料进行选择性比较的因素也有两个：一个是原有相关知识经验的清晰和稳固；另一个是定义当前问题性质的正确性。在教学中，引导学生深入分析当前问题的性质，是促使学生提取相关原有认知图式，进行选择性比较信息加工的外部条件。注入式的教学是直接告知知识的结论，而不是充分利用学生原有的认知图式能动地获取新知识，则选择性比较的信息加工受到了较大的限制；但在综合实践活动中，学生若不明确当前问题的性质就失去了提取原有相关认知图式的正确线索，同样也不能进行有效的选择性比较的信息加工。例如，在学习"速度"概念的定义式时，引导学生分析当两个物体的运动时间和运动距离都不相同时如何比较运动快慢的问题，就是为选择性比较的信息加工创造了外部条件。当学生意识到当前问题的性质是：当新概念涉及两个变量，而两变量都无法固定时，应采用什么方法的问题。揭示了这一问题的实质后，学生就有可能联想到学习"工作效率"时的同类问题，将那里建立"效率"概念时所采用的比值的方法与当前问题进行比较，用原有经验中的一般方法来解决当前的问题。所谓明确问题的性质，就是在更高的概括层次上使原有经验与当前问题建立联系，当然实现这种选择性比较的前提是学生对原有知识经验的牢固掌握。

（3）进行选择性组合信息加工的外部条件

影响学生对认识材料进行选择性组合的因素是：按照原有认知图式或假设图式组织新信息；依据外部事实来组织新信息。用认知图式组织新信息是一个推理的过程，当选择性比较的信息加工按照一定的标准建立了事物间的联系之后，用原有认知图式中的结构关系来预测和组织新事物中各因素之间的关系，便是选择性组合的信息加工。这就是布鲁纳所说的"人要超越所给予的信息，只有通过类比才可能做出推理。一件事物的意义在于把它置于假设性推理的网络中，然后对它的特征和效应做出推理"。所以，选择性组合信息加工的外部条件是使学生明确原有认知图式中的逻辑结构，并应用这种结构去组织新事物中的各种信息。在传统教学中，推理过程往往是由教师直接演示的，使得学生的选择性组合信息加工得不到发展的机会；若在综合实践活动中，学生缺乏按照类别的性质结构进行推理的能力，同样也不能进行有效的选择性组合的信息加工。所以依据学生推理能力的内部条件，设置外部的推理线索是促进这一信息加工能力发展的关键。

在综合实践活动中，并不是所有新知识都可以通过逻辑推理从旧知识中获得。在许多情况下原有知识是一些具体的经验，从这些具体经验中抽象概括出一类事物的本质属性和规律，即对选择出来的信息进行组合，在很大程度上将依赖于将假设的图式与外部的信息进行检验。当学生能够按照假设图式中的性质结构主动地用事实去进行全面的检验时，自主的选择性组合的信息加工能力才能得到真正的发展。所以在综合实践活动中，提示学生对思想观念的正确性、普适性、自洽性和完备性进行事实检验，是促进选择性组合信息加工能力发展的重要指导方法。

二、创造性能力形成的心理学基础

斯腾伯格分析研究了创造能力的内部信息加工过程，指出创造能力主要表现在两种具有新异性的信息加工活动中：

1. 发现并理解新异性问题的信息加工

这种创造性主要表现在对新异性的问题的敏感和对问题实质的深刻洞察方面。具有认知能力的人，可以很好地解决别人提出来的问题，但他们并不能总在第一时间里发现问题的存在。训练学生解决已经准备好的问题，并不能培养他们自己发现和选择重要问题的能力。

在科学发展史上，对新异问题具有深刻洞察力的例子是很多的。例如，青霉素的发现。1928 年的某一天，英国细菌学家弗莱明发现，在他培养病菌的器皿中长了绿毛（发霉了）。他没有像一般人那样，认为这次实验失败了，将发霉的样品丢掉，而是敏锐地发现在绿毛周围的病菌都死了。这使他深刻地意识到，也许是这些绿毛将病菌杀死的，这在医疗上的应用是非常有价值的。

再如 X 射线的发现。德国物理学家伦琴在一次研究稀薄气体放电现象的实验中意外地发现，在距离他实验用的阴极射线管 1 米以外的荧光屏上发出了荧光。这一现象使他很惊讶，因为他明白阴极射线只能在空气中行进几厘米，而绝不能使 1~2 米以外的荧光屏发光，那么使荧光屏发光的射线究竟是什么呢？伦琴没有放过在实验中所出现的这一偶然现象，凭借对新异现象的敏感和洞察力，对此进行了深入研究，得到了 X 射线的一些重要物理特性。尤其是他用 X 射线所拍摄的人的手骨像，引起了医学界的重视，并立即得到了应用。

2. 通过顿悟解决新异性问题的信息加工

这类问题的新异性不是表现在发现问题和洞察问题的信息加工能力上，问题的发现和理解并不困难，困难的是找不到解决问题的办法。斯腾伯格称这类问题的解决是顿悟的信息加工，并指出顿悟的信息加工过程与"知识—获得成分"的过程在形式上是同样的，即都要经过"选择性编码、选择性组合、选择性比较"的信息加工过程，所不同的是在顿悟过程中，新信息与原有知识经验的联系比较微弱，往往需要通过某些非常规的联想才能完成。

斯腾伯格的顿悟理论揭开了创新思维的神秘面纱。认知思维与创新思维之间的信息加工方式是相通的，只是在新异性方面是一个由熟悉到全新的连续体。对不同的新异性问题的解决，表现为不同程度的创新能力，而不是像"特殊加工"学派所说的那样，顿悟只发生在使正常推理加工发生短路的全新问题当中，而且顿悟必须经过广泛无意识的思维跳跃来完成；另一方面，顿悟也不是像"非特殊加工"学派所说的那样，仅仅是普通知觉、再认、学习和想象过程的延伸。虽然顿悟在心理学界还没有取得广泛一致的看法，但斯腾伯格关于顿悟的连续性理论对教学是有意义的。在教学中，只要问题的解决具有某种新异性，这种问题的解决就在某种程度上发展了学生的创新能力。

选择性组合的信息加工需要个体知道如何将相关信息组合在一起。当这种组合具有某种新异性时，问题的解决就是一种创新。在日常的工作和生活中，这种顿悟思维并不是罕见的。例如，当律师将某些表面上与案件关系不大的事件，与其他相关信息很有说服力地组合在一起，并打赢了一场官司时，律师就运用了顿悟思维。刑警在破案过程中也需要经常进行这样的顿悟思维，将表面上没什么联系的事物组合在一起对案情进行推理。悉尼歌剧院的设计师将贝壳的造型与建筑物组合在一起，形成了建筑艺术上的创新。创新性的选择性组合的信息加工，在科学发展史上也有很多。例如，牛顿力学的创立就是将伽利略、开普勒等人取得的成果经过进一步的抽象综合而产生的。在现代物理学发展中，美国物理学家格拉肖，首先提出了将核内相互作用力与电磁力相统一的理论，并因此获得了 1979 年诺贝尔物理学奖。最为人们所熟悉的是，达尔文历经多年积累，获得了形成自然选择理论的大量事实，那些年来一直使他困扰的就是如何将这些事实组合成一体。

选择性比较的信息加工，需要个体将新获得的信息与原有的知识经验联系起来，从原有经验中部分地获得解决新问题的办法。当新信息很难与原有信息直接建立联系，或在这种联系中原有经验所提供的启发帮助比较微弱时，这种问题的解决便是顿悟思维。在选择性比较信息加工中的顿悟思维往往是发散思维和类比思维。发散思维是与正向思维、集中思维、求同思维相对立的思维方式，即求异思维、逆向思维和侧向思维。这是在问题解决的思维方向上借鉴原有的经验，即当沿着某一方向问题不能得到解决时，改变问题解决的方向，往往有望获得成功。例如在治癌药物的研究中，传统的正向思维是用药物或射线杀死癌细胞，但这样做正常细胞也被杀死了。逆向思维是不杀死癌细胞，而是使它转变成正常细胞。类比思维是将两种表面无关的事物在某种层次上建立联系的思维。例如，美国发明家莫尔斯在 1832 年发明了电报，并创造了至今仍在电报通信中应用的莫尔斯电码。当时他遇到的最大障碍是远距离通信时信号发生衰减的现象。他先采用放大原始信号的方法，但是没有成功。有一天，他搭乘驿车从纽约到巴尔的摩去。他在旅途中观察到，邮车每到一个驿站就要更换拉车的马。他产生了一个想法：在电报线路沿途设若干个转发站，不断放大信号，这一想法终于解决了电报信号长途传输的衰减问题。阿基米德用液体测量不规则物体体积的发现，是一个大家熟悉的顿悟思维的例子。他将如何测量皇冠体积的问题与他洗澡时水溢出来的现象建立了联系，从中受到了启发，解决了问题。

三、实践性能力形成的心理学基础

斯腾伯格将这种能力称为"实用—情境性思维"，并把它分为两类：一类是社会智力，主要体现为人际关系能力；另一类是实践智力，体现为应用正规和非正规知识处理日常生活问题和日常工作问题的能力。

1. 社会智力

社会智力是人生的一项重要能力。具有人际关系智力的人，富有远见与善解人意，能够考虑自己行动的结果，预期他人的行为，确定可能的得失，并成功地处理周围的各种人际关系问题。美国心理学家坎贝尔（Campbell，L.）在《多元智能教与学的策略》一书中，列出了人际关系智力发展良好的人的一些特点：

（1）与父母关系亲密并能与他人交往。

（2）能建立并保持社会关系。

（3）能认识并使用各种方法与他人联系。

（4）能察觉别人的感情、思想、动机、行为与生活方式。

（5）能参与团队合作，在群体活动中能够承担下至组员，上至领导者的各种适当角色。

（6）能影响他人的意见或想法。

（7）能以书面及非书面的方式进行有效的理解与沟通。

（8）能根据不同的环境或团体及别人意见，调整自己的行为。

（9）能洞察各种社会或政治议题的不同观点。

（10）能发展以下的技巧：调解、为特定目的组织他人或与不同年龄或背景的人一起工作等。

（11）对教学、社会工作、咨询、管理或政治等具有人际交往取向类型的职业表现出兴趣。

（12）能形成新的社会化的程序或模式。

斯腾伯格认为，人际交往智力的形成是个体的元认知成分在与人际活动环境的相互作用中形成的。这一问题我们将在后面讨论。

2. 实践智力

所谓实践就是应用已获得的正规和非正规的知识去完成具有某种实用性目的的任务的活动，实现个体对环境的适应、选择和改造。

实践智力可以表现为，应用知识和工具完成一件具有个人或社会文化价值的作品的能力；生活自理的能力，如：管理个人或家庭的财物、家庭投资、个人卫生、个人健康、家庭手工制作、生活用具的简单维修等；使用和选择社会服务的能力，如：看懂各种指示牌，街区地图、会填写表格和邮政通信的书写格式，能看懂各种商品标签上的内容，电子产品的使用说明，产品广告等，以及选择消费和娱乐设施的能力。

斯腾伯格认为，与人们在学业和实践方面表现出能力差异相对应，在知识上也存在两种不同的类型。一个具有学业智力的人通常有这样的特点，容易获得和运用正式的学业知识（书本知识）；与之相反，具有实践性智力的人，其标志是易获得并使用"未明言的知识"（Tacit Knowledge）。所谓未明言知识指的是以行动为导向的知识，它的获得一般不是通过间接的方式获得的，未明言知识的内部表征是以特定情境为触发条件的程序性知识（IF / THEN 形式的编码）。例如，"如果一个公司职员需要向上司通报一个坏消息，而且如果这是一个星期一的早晨；而且如果前一天老板的高尔夫球赛因下雨泡汤了；而且如果员工们好像都如履薄冰、战战兢兢，那么等以后再告诉他这个消息吧。"可见这种知识的表征往往是情境性的编码系统，不是语义性的层级结构，它是某一特殊情境与相应的实践活动和活动结果之间的编码。与社会智力一样，实践智力的形成机制也是由个体的元认知成分与上述实践活动的环境相互作用形成的。

斯腾伯格指出，每个人的智力都是认知能力、创造性能力和实践性能力按不同比例合成的产物。我们需要培养所有类型的能力，而不是仅重视其中某一种。此外，我们还必须承认，真正聪明的人应该知道自己擅长什么，不擅长什么，怎样才能尽可能发挥自己的优势，纠正或补充自己的不足。

四、各项能力发展的心理学机制——斯腾伯格的元成分智力理论

按照斯腾伯格的智力三元理论，人的经验智力形成的一般机制是主体的元成分智力与环境相互作用的结果，当人的元成分智力与不同性质的环境相互作用时，就会形成不同的经验智力。在学校教育的环境条件下，个体的元成分主要与书本知识的环境相互作用，所以学生形成的是分析和理解书本知

识的智力；当个体的元成分在日常生活中经常与实际社会的环境(人际的和实践性的环境)相互作用时，形成的经验智力是实践智力；当个体的元成分经常与具有新异性的环境(学术的或社会的)相互作用时，形成的经验智力是创新智力。

斯腾伯格指出，实际上认知能力、实践能力和创新能力背后的思维元成分只有一套。这里"成分"是指对物体或符号的内部表征进行操作的基本信息加工过程。所谓"元成分"是用于计划、控制和决策的高级执行过程。元成分是人在与环境的相互作用中最基本的智慧因素。斯腾伯格提出的元成分共有八项：

1. 确定问题的存在

问题解决过程中最重要的一步通常是确定问题的存在。这是解决问题的第一步。在学校条件下，总是让学生解决单纯化的已经定义好的问题，并不能帮助他们意识到埋伏在生活表层下的问题。

在教学中，我们会经常发现，一些学习能力较差的学生往往提不出问题。老师给他补习功课时，问他哪儿不懂，学生只能笼统地说都不懂，而不能对某些具体内容提出问题。由此可见，不能发现自己学习中的问题所在，学习活动将无法进行。

在这个元成分中所表现出来的创造性，主要体现为对问题的敏感性，以及发掘有更高价值的问题的能力。若个体在学术性的领域中，能够敏锐地发现有价值的问题，则表现出来的是较强的学术创新能力；若个体在实用领域能够发现有价值的实用性问题，则表现出来的是较强的实用创新能力。例如不干胶的发明过程，原来的目的是要研制一种最牢固的胶，结果却做出了不干胶，但由于研制者对于这种胶的实用价值的敏锐察觉，使得这一产品十分畅销。

具有较高创造性的问题是那些涉及范围广泛、重要性程度高的问题，或是性质更为基本的问题。例如，第一个吃螃蟹的人表现出了对事物的敏感，具有创新性，但这一发现的意义并不很大；哥伦布发现美洲新大陆，也表现出在确定问题的存在方面的创新性，与吃螃蟹的发现相比，后者的重要性程度显然要高，所以具有高创造性价值。通过确定问题存在的创新，意义在于有价值的问题被发现，往往问题的解决并不难。例如，当哥伦布回国后，许多人对他的发现并不服气，说这种事任何人都可以做到。哥伦布没有直接进行反驳，在酒馆中，他要求大家用鸡蛋的尖端将其立住，当时谁也办不到。这时哥伦布将鸡蛋在桌子上一磕，稳稳地将其立住了，然后说，这的确不难，人人都能做，但你们没想到而我想到了。

2. 定义问题

定义问题就是明确问题的实质究竟是什么的能力。在日常的问题解决中，找出问题的实质是什么比找出问题的解决办法更难。例如，一个经理会很容易地意识到公司的利润在下降，但是说不出造成这一问题的原因是什么。在学生的学习中，学生不能很好地完成教师所交给的任务的原因，往往是不能理解任务的实质是什么。例如，语文教师要求学生把课文分成几个大段，某些学生不能理解这项任务的实质。他们不能认识到通过给课文分层，可以体会作者为了表达中心思想是如何组织文章的这一问题的本质，不明确任务的性质，所以也就不能形成完成任务的有效策略。再如，在物理学习中，有些学生不知道将问题定义为某一物理知识范畴中的问题，而是自觉不自觉地将问题当作生活中的问题去对待，沿用生活经验的直觉判断，将其视为一个孤立的新问题去研究。这同样是不能理解问题本质的表现。

3. 较低阶成分的选择

当问题明确后，就需要在这个元成分的支配下，选择与问题相关的信息、知识、技能、策略等解决问题所必需的较低阶成分。选择不恰当的成分会导致不正确或不充分的任务操作。例如，学生要搞一个"美国世界警察的角色在不断上升"的专题研究。学生首先必须确定从哪些地方可能找到与主题有关的信息；然后要在图书馆或因特网上找到这些信息；排除那些无关的信息，再分析各种信息的可信度。解决真实性的问题，往往需要哪些信息并不明确，通常也并不清楚从何处可以搞到这些信息。在传统教学中，解决学科问题时，往往所需要的信息(已知量)不多不少都给学生准备好了，学生所要做的是依据这些信息，去激活所需的知识技能，并采用正确的策略去整合这些知识技能，形成解决当前问题的图式。所以在传统教学中，选择较低阶成分的能力发展受到了一定的限制。

4. 选择信息的一种或多种表征及组织

表征或组织的选择可以促进也可以阻碍问题解决的有效性。小学生在做算术应用题时，就需要用线段来表征数量的大小，这可以使学生更容易地看清数量间的大小或倍数关系。再如，学生在进行研究性学习时，对他所收集的资料，可以用作者的姓名来表征各个资料的属性，也可以根据资料的题目来表征信息，还可以根据文献的观点来表征各个资料的属性。事实上，人们总是根据任务的目标，决定对事物采取何种表征。如上面的那个学生若已经要开始写论文了，则正确的表征和组织应该是按论文的观点来表征收集到的资料；若他仅仅只有一个大意向，还没有明确的目标，则可能会按作者姓名或资料题目来表征和组织，以便今后查阅。

大脑对任何思想都赋予某种具体的代码形式。这些形式包括形象(视觉和空间形象、声音形象)、符号(语词、文字符号、数字)和情感。不同的人运用各种形式的能力各不相同。例如,画家善于运用视觉和空间形象,音乐家善于运用声音形象,数学家善于运用文字符号和数字,演员善于运用情感等。可见,发展创造能力不仅要不断地积累和扩大惯用代码的数量和范围,而且还必须懂得哪种代码适合于哪种对象。例如,在 19 世纪 40 年代,法拉第根据他在实验中发现的电磁感应现象,在自然科学中第一次提出了除实物之外的另一种物质形态——"场"的概念。这是一个具有深邃的物理洞察力的科学思想,它将使物理学孕育着一次大的综合——建立关于光、电和磁现象的统一的电磁理论。但完成这一任务的不是法拉第,因为他的"场"的概念是用空间力线形式表征的,这使得这一概念停留在自然哲学的范畴,不能将光、电、磁现象统一起来。而麦克斯韦不仅具有法拉第的空间物理图景的表征能力,同时还具有杰出的数学才能,更重要的是他能将两者紧密地结合起来,构成表征电磁理论的麦克斯韦方程组,使得他终于完成了这个大业。

在综合实践活动中,学生往往无目的地对信息进行表征和组织,而且在对信息的表征上没有花精力,这对问题的解决是很不利的。斯腾伯格认为:"优秀的问题解决者往往在问题解决的开始阶段投入更多的时间来表征和组织信息,这样在后面的问题解决阶段就可以化更少的时间。"

5. 选择结合较低阶成分的策略

在解决问题时,不仅需要找到所需的较低阶成分,人们还必须把这些成分有机地整合起来。

在解决非新异性的问题时,领域中的专家所采用的策略是对问题进行分级加工,表现出高能高效的自动化水平。专家的知识是经过高度结构化组织的。他们将该领域中的知识技能按照类别进行了划分,每一类别中的知识技能的组织是程序化的,执行时可以达到自动化的水平;在知识类别之间又形成了广泛联系的意义网络,构成了知识群的二级组织。专家在解决问题时,首先将问题放到具有较高概括性的二级知识群网络中,采用正向推理的方法,进行非定量的概念原理间的推理,从网络的最高层开始进行并行的搜索,寻找可以解决问题的较低阶知识类别组块,在找到了这些知识组块的同时,也就完成了这些低阶知识类别间的组合;接下来的信息加工将在各知识类别的组块中进行,这种局部的加工几乎是自动化的。在专家的选择结合较低阶成分的策略中,由于首先在概括性程度高的知识群网络中搜索,所以心理视野宽广,可将远距离的知识整合到一起,而且方法灵活,不会死钻一个牛角尖。

学生在解决学科问题时,所采用的选择结合较低阶成分的策略,往往是逆向推理的策略。例如题目的要求是求出摩擦系数，则学生首先考虑与摩擦系数直接有关的公式，然后再从公式中的未知量寻找另外一个公式，直到所有的未知量都可以从找出的公式联合中解决为止。学生之所以采取这一策略，是因为学生的知识不是像专家那样按语义的层级结构组织的，而是按语义的激活联想方式组织的。

显然在解决学科领域中的非新异性问题时，专家的策略是优越的。但在日常生活中，或在具有新异性的问题情境中，激活联想的策略往往是产生思想火花的重要源泉。心理学的研究表明，在人的长时记忆中所贮存的信息类型可以分为两种，即情景记忆和语义记忆，语义记忆又有层级组织结构和激活联想结构；从信息编码的角度又可将长时记忆分为两个系统，即表象系统和言语系统。选择结合较低阶成分的策略的创新性，就表现在通过激活联想，使长时记忆中不同类型的记忆和不同编码形式的信息形成有效的结合，产生出具有创新意义的解决问题的办法。从前面创新能力的讨论中可以看到，像阿基米德和莫尔斯等人的科学创造，就是将长时记忆中不同类型、不同编码方式的信息联结在了一起，构成了解决科学难题的有效办法。

6. 资源的分配

执行任务时，最重要的决策就是如何恰到好处地把时间、精力和财力分配给各个部分。人们总是按照产生整体质量最优化的方式将这些资源分配给任务的不同成分。一个问题或一件任务可能连接着种种矛盾，毛泽东主席所说的"抓主要矛盾"、"纲举目张"、"学会弹钢琴"，就是指的这种元成分的决策能力。某些学生在复习考试时，不能有效地分配资源，一本接着一本习题集地做练习。结果许多会的内容又重复了好几遍，不熟悉的内容却没有得到充分的练习。有的研究生在做学位论文时，将大量的时间都用在搞研究上了，却来不及写出高水平的论文报告。

7. 问题解决过程的监控

在问题的解决过程中，主体需要监控任务执行的过程。监控表现在明确已经历的步骤、正在做的事情，以及还需要做的事情。以免重复已做过的工作，计划当前及未来工作所要进行的投入；主体还需要随时检测问题解决的过程是否像原来想象的那样进展，是偏离目标还是接近目标。当执行的过程越来越偏离目标时，主体需要做出相应的解释和决策：一种是认为原有目标无法实现，常常会形成新的更现实的目标；另一种决策是认为虽然现在的情况不妙，但再坚持一下可能会出现转机；再有一种决策是不改变原有的目标，但放弃执行当前的策略，重新审视问题，扩大搜索范围另找出路。

8. 问题解决的评价

对问题解决的阶段性结果或最后结果，主体需要主动地对其进行检验，通常需要进行外部检验和内部检验。能够察觉从检验中获得的反馈，并且把反馈转化成实际行动，是这一元成分的主要功能。内部的反馈源自个体的主观感受，例如，当前所得到的认识结果与内部的原有目标进行检验并获得反馈，诊断任务完成得怎么样，或与原有内部逻辑进行检验，获得反馈，看其是否与原有逻辑矛盾。例如，对命题"吃维 C 可以增加白细胞"所进行的内部检验：白细胞可以杀死病菌，感冒是由病菌引起的，吃维 C 可以预防感冒。将新的知识命题与原有知识逻辑进行了检验，发现符合逻辑，则新知识就被内化了；如果检验结果与内部逻辑不协调，主体可能会改变原有认知结构，顺应新知识的要求；或是重新认识这个命题，看其是否可靠，由此去进行外部的检验。

外部反馈来自于主体按现有的认识对外部环境所进行的操作，操作后环境发生的变化就是反馈信息，并解释这种环境的变化信息是否符合预期的效果。科学实验就是典型的通过外部反馈验证理论假设的例子。外部反馈还可以来自别人的看法，在教学条件下直接来自教师的反馈，往往替代了学生对自然反馈的敏感性和对反馈的意义解释能力。在学生间的合作学习中，不同理解的讨论也是一种外部反馈，这种反馈可以互相促进，使认识不断深入。

在学生应用原有认知图式去解释新信息时，运用检验和反馈发现矛盾，并分析产生矛盾的原因，是学生获取新知识，实现认知结构的建构的一条有效途径。例如，学生原以为铁比木头重，当教师拿一大块木头与一个小铁钉比较时，这一外部检验所提供的信息，与学生的原有认识发生了矛盾，通过认真分析原有逻辑失败的原因，发现两者的体积不同，不能这么比，则解决的办法也就有了——用相同的体积去比。通过这样的检验反馈，学生便可以改变原有认知图式，获得关于物质密度的概念。

如果通过检验和反馈出现的矛盾是一个全新的问题，则这个问题的解决就是一种创新。例如，亚里士多德说重的物体比轻的物体下落得要快，对此谁也没有产生过怀疑，但是伽利略却将它与内部逻辑进行了检验，发现若将一个重的物体与一个轻的物体绑在一起，则合成后的物体比原来较重的物体还要重，则合成物体应该下落得更快；但另一方面，重的物体与轻的物体绑在一起后，由于轻物体比重物体下落的速度小，它应该拖拉重的物体，则合成后物体的下落速度要比原来较重的物体下落得慢。内部检验出现了矛盾，于是他就到比萨斜塔上去做实验，寻求外部检验的反馈信息，获得了确凿证据后，推翻了亚里士多德的理论，创立了自由落体运动的理论。

综合实践活动中的研究性学习虽然具体内容丰富多样，但一般需要经历一些基本的活动环节。分析这些活动环节中的元成分智力的信息加工特点，将为在教学中创设促进这些能力发展的学习环境提供了可操作的理论支持。这种对应关系如下表所示：

研究性学习、探索性学习的活动环节	斯腾伯格的元成分智力
制定研究课题	确定问题的存在、定义问题
制定研究方案	较低阶成分的选择、选择组合较低阶成分的策略、选择信息的表征及组织
资料搜集/实施实验	较低阶成分的选择、选择信息的表征及组织、资源的分配、问题解决过程的监控
分析论证、形成结论	问题解决过程的监控、问题解决的评价
评估与交流	问题解决的评价

从斯腾伯格的理论中可以看出，元成分智力在智力结构中处于核心的地位，在各种具体的综合实践活动中都离不开元成分智力的定向和控制作用。所以元成分智力是发展其他各项能力的基础。研究和实践都表明，规定性和被动接受性的教学环境，使学生失去了许多发展元成分智力的机会；但开放性和绝对独立建构的学习环境，虽然给学生提供了发展的空间，但并不能保证大多数学生都能得到发展。所以在综合实践活动中创设一个有援助的开放式学习环境，依据学生的实际发展水平，围绕各项元成分智力的操作，既提供自主发展的空间，又提供必要的帮助，使这些元成分智力操作在不同程度上得以发生。在课程改革中，只有使综合实践活动具有实实在在的心理学内容，才能将这一课程的教育理念落在实处。

第四章　综合实践活动课程中的研究性学习

本章学习要点

　　作为综合实践活动课程的核心，研究性学习的含义和课程目标是怎样的，研究性学习的基本过程怎样，又是怎样确定的；在综合实践活动课程中，实施研究性学习都有些什么途径，又有哪些方法；指导过程中应该注意些什么问题？这将是本章学习的重点。

　　20世纪90年代以来，世界各国都推出了适应21世纪挑战的课程改革，各国国情不同，教育的发展水平也有很大差异，然而教改的共同趋势却都是倡导课程向儿童经验和生活回归，追求课程的综合化。在这样的背景下，设置研究性课程，关注学习方式的转变，强调培养儿童主动探究和创新的实践能力，便成为迎接新的信息时代到来的基础教育课程改革的必然选择。设置综合实践活动课程，并将研究性学习内容纳入课程的指定领域，即是我国基础教育课程改革回应这一国际潮流的重要举措之一。我们必须从这样的高度认真研究和对待研究性学习开发和实施出现的各项问题。

第一节　研究性学习的含义和课程目标

　　设课伊始，对研究性学习的理解众说纷纭，至今仍难统一。理解不同，导致对课程不同的实施策略和方法，进而影响到课程的实施效果。为凝聚共识，统一步调，推动课程的健康发展，没有比统一认识更重要的事情了。所谓统一认识，当前就是要将人们对综合实践活动课程和研究性学习的认识和把握，归结到教育部为指导教改下发的各项文件上来。

　　迄今为止，见之于教育部文件关于研究性学习的概念或定义主要有两处：一个是课改初期教育部下发的《全日制普通高级中学课程计划》，该文对研究性学习作了如下界定："研究性学习以学生的自主探索学习为基础，从学生生活和社会生活中选择和确定研究专题，主要以个人或小组合作的学习方式进行，通过亲身实践获取直接经验，养成科学精神和科学态度，掌握基本的科学方法，提高综合运用所学知识解决实际问题的能力。"这一段文字针对的是高中研究性学习课程的内容，用特点列举法，扼要地阐释了高中研究性学习的基本特点。

另一个教育部文件是《基础教育课程改革纲要（试行）》，文件明确指出："从小学至高中设置综合实践活动并作为必修课程，其内容主要包括：信息技术教育，研究性学习，社区服务与社会实践以及劳动与技术教育。"文件进一步为其中的研究性学习作了明确规定："强调学生通过实践，增强探究和创新意识，学习科学研究方法，发展综合运用知识的能力。"这一段文字是针对整个基础教育阶段施于全体学生的综合实践活动课程中的研究性学习的，没有讲具体内容和实施办法，重点强调的是课程的目的和要求。

一、"研究性学习"的两种含义

同样讲的是研究性学习，对高中和中小学的提法是不完全一样的。对高中独立设置的研究性学习，明确了学习方式、内容选择和目标要求等各个方面，而对中小学综合实践活动课程中的研究性学习，只是强调了设课的目的。学习和领会教育部文件的精神，不难发现，研究性学不仅是一种学习方式，而且是一种课程类型。课程对于高中生和中小学生的要求是不同的。

1. 研究性学习是一种学习方式

将研究性学习理解为一种学习方式，是将其理解为与学校中经常使用的"接受式学习"不同的另外一类学习方式。这种学习方式特指在学习过程中，教师或其他成人无须把现成的结论告诉学生，而是由学生自主发现，主动探究，获取知识和应用知识解决问题的学习活动。

考察个体人的认知发生和发展的过程，不难发现有两种学习方式——"接受性学习"和"研究性学习"的作用和影响。人们正是通过接受式学习了解前人的优秀文化成果，掌握人类既存的人文和科学的系统知识；同时又通过探索、发现、实践等研究性学习，掌握相关技能、方法等经验性知识的。两种学习方式，反映了两种认知途径，两者的综合作用，最终形成了人们独具特色的认知风格和知识网络。"实践性学习"与"接受性学习"这两种学习方式对于人们知识的形成和人的全面发展都是必要的，在人的具体活动中，两者常常相辅相成、结伴而行。

研究性学习是实践性学习的一种类型，作为学习方式它强调的是主动实践、探究和发现的过程，当然可以应用于各个学科学习和各种不同的学习活动之中。凡强调学生主动探究、自主学习和解决问题的学习过程，都可以视作研究性学习的范畴。例如，教师重视在课堂教学中创设问题情境，引导学生尝试着提出问题，并想办法解决；善于引导学生就书本或讲授的内容质疑问难，甚至设问引导学生猜想；在课堂教学或课下辅导的过程中，引导学生就一定的问题进行讨论和争辩，甚至选择同学们感兴趣的问题进行多种形式的合作探讨等等。凡此种种，教师们都是在有意无意地运用研究性学习的方式。值得指出的是，作为应用于学科课程的研究性学习的开发，一般都是基于或主要基于学科的逻辑体系进行的，掌握必要的体现于学科知识中的间接经验，加深对学科知识的理解，是这一类研究性学习的直接目的。这样的学习对开发学生的潜能，实现学生创新精神和实践能力当然是有益的。然而受到学科知识体系的局限性，这样的研究性学习的应用，只能作为主导的接受式学习方式的补充，其教育功能的发挥也就具有一定的局限性。这也正是为什么要倡导转变学习方式，一定要设置独立的综合实践活动和研究性学习课程的重要原因。

2. 研究性学习是一类新型的课程

一种学习方式的掌握和运用，需要依托相应的课程作为载体，作为主要采用研究性学习的方式进行的学习活动，因此便具有了课程的意义，成为可以排入学校课程表按计划实施的新型课程。之所以称其为新型课程，是相对于传统上以接受式学习为特点的学科课程而言；研究性学习作为课程，也具有一些新的特点：

(1)研究性学习以学生自主探究为基础。与传统的学科教学不同，研究性学习不是以掌握前人积累的文化成果为目标，也不是由课本或教师的主导作用作为获取知识的主要渠道。这是一种以学生的主动参与、身经亲历探究活动为基础的过程性学习。"活动"是有研究性学习基本的呈现形式。如果说教师在这一过程中也需要发挥自己的作用的话，也只是帮助学生设计和开发多种形式的学习空间，引导他们通过操作、考察、实验、探究等活动形式解决问题，并通过这样的活动过程获取知识，感受生活，积累经验，积淀智慧罢了。

在学校里以课程形式展开的，以自主探索为特点的研究性学习，本质上是一种基于实践的综合性学习，即为了解决实际问题而进行的一种学习活动。届时学生需要在开放的情境中，通过多种渠道主动地获取知识，包括实践知识，也包含书本知识，用于问题的解决，并在解决问题的过程中发现和获得新知识。虽然新课程背景下的各科教学也都强调开放性，然而只有研究性学习的开放性程度是最高的，无论学习的内容、学习的方法和手段等，都享有充分的开放性，这便为学生的自主性学习提供了无与伦比的条件。

学生在教师指导下自主地发现问题、解决问题，是模拟科学家进行科学研究的过程。一个完整的研究性学习过程，每一步又都会有一些具体的要求，正因为如此，经历研究性学习的完整过程，学生将会全方位地接受科学研究的训练。

（2）研究性学习以问题解决为基本内容。研究性学习是通过探究和解决问题的过程呈现的。研究性学习作为一种课程形态，不同于学科课程的另一个显著的特点，是它要求"从学生生活和社会生活中选择和确定研究专题"进行研究，以问题的解决作为课程的基本内容。换句话说，它是在教师指导下，从自然、社会和生活中选择和确定适宜的问题进行研究，并通过研究和解决问题的过程获取知识、积累经验、增长才干的。

既然研究性学习要以问题为中心，并在问题解决的过程中实现其教育功能，自然能够发现和确定需要解决的问题，便成了进行研究性学习的先决条件。因此，开发和实施研究性学习，首先就要帮助和引导学生面对自然、社会和自己发展的实际，选择自己感兴趣又力所能及的问题作为研究的对象。

从几年来研究性学习开发和实施的经验看，适用于学生研究的"问题"，大体上可以划分为课题研究和主题设计两种类型。

所谓"课题研究"，即是指模仿或遵循科学研究的一般过程，选择一定的问题作为研究课题，并通过观察、调查、实验、文献检索等手段，收集研究资料或事实材料，运用实证的方法展开研究、解决问题，最终需撰写研究报告或研究论文。这一类型的研究性学习，基本方式是观察、调查和研究，一般需经过选择和确定研究课题、制订研究方案、实施研究过程和总结与交流等几个基本阶段。

所谓"主题设计"活动，也称为实际应用的设计学习，这是一类要求学生在综合运用所学知识和技能的基础上，以解决现实问题为目标，进行操作性学习的活动。具体实施时又可以将其细分为两种情形：其一，科技类项目设计，特指学生针对自然、社会或生活中出现的技术运用方面的现实问题，运用所学的知识和技能，通过理论研究和技术实践开展的探索性设计和制作学习活动。如"节约型太阳能热水器的设计与制作"、"抽吸式高洗净度洗衣机的设计"等；其二，社会性活动设计，也称应用学习，主要是指组织学生运用知识和技能，为了解决学生生活和社会生活中面临的实际问题而开展的学习活动。如"特定区域的交通现状和改进措施的研究"，"学校食堂浪费现象的调查和对策建议"等。这一类活动更注重针对性和可操作性，将提高学生解决实际问题的技能和能力作为追求的目标。开发和实施各类主题设计活动，一般需要经过调查研究、确定主题、综合分析、确定方案并加以实施等几个环节，最终多以实物成果、设计方案或工作总结等方式呈现活动的结果。

无论是课题研究还是主题设计，都要求综合应用多方面的知识和技能解决问题，其学习过程具有明显的综合性特点。

(3)研究性学习的基本组织形式是小组合作。研究性学习虽然也可以由个人独立完成，但是作为课程形态的研究性学习，其学习任务大多是由小组同学共同完成的。可以讲，小组合作是研究性学习的基本组织形式，这是由研究性学习所具有的实践学习的特点决定的。

学习靠自主，做事靠合作。研究性学习超越了学科课程的知识体系，不再是对学科知识的理解和接受，不是仅靠个人自主学习就可以完成得了的。这一学习的过程需要到现实生活中发现和确定研究的选题，需要多渠道广泛地收集各种信息和资料，特别是需要走出学校到自然界和社会上进行调查研究，或在实验室里进行多种实验，广泛地收集必要的证据，以便得出正确的研究结论。这样的学习本质上是一种通过做事进行的学习活动，仅靠单枪匹马的个人的钻研是很难完成的，要想取得较好的研究成果，最好也是最现实的办法，就是和同学们结合起来，组成小组进行合作学习。合作学习是研究性学习的特点，也是它的优点。这是因为合作学习的要求，既与当前科学技术进步的特点相一致，又和社会发展的要求相适应，通过小组学习的过程，学生在与他人共同学习和分享知识和经验的基础上，便会较好地养成合作与分享的个性品质，形成尊重他人、尊重集体、为集体负责的行为和习惯，而这一切，正是进行科学研究和适应和谐社会发展的最重要的品质和素养。

研究性学习小组一般由3～6名同学组成，通常采用自愿结合的原则结组。具体操作时，可以先选题后分组，也可以先建小组而后选题，还可以将两种办法结合起来进行：在活动之初，还可以作适当的调整，一旦稳定下来，就不要随意变动了。每个小组内要有明确的分工，但分工不宜过细，以便使小组同学依研究内容的需要，尽可能得到全面的锻炼。原则是不仅要确保研究小组内人人有事做，事事有人做，还要做到能互相协调，彼此照应。一般讲，同一时间内，班级中每一位同学只能选择一个主题，参加一个小组的活动。

研究性学习小组需要确定指导教师，教师可以由学生根据需要聘请，也可以由学校指定。指导教师可以是校内人员，有条件时还可以聘请校外专业人员。

需要指出，研究性学习尽管强调小组合作学习，但无论任何类型的合作学习，都要以个人的研究为基础。要充分发挥每个学生的主动性和积极性，确保每个学生都能通过活动得到各自应有的发展。

(4)研究性学习的根本目标是促进学生各具特色全面发展。作为独立设置的研究性学习课程，其教育目标的设计，在教育部《普通高级中学课程计划》中明确规定为："通过亲身实践取得直接经验，养成科学精神和科学态度，掌握基本的科学方法，提高运用所学知识解决实际问题的能力。"对目标的叙述相当清楚，具体锁定在经验、方法、能力、态度和精神等几个方面，集中地反映了课程设置对完善学生素质结构和促进学生全面发展的诉求。

将高中研究性学习的课程目标与中小学综合实践活动中研究性学习的目标相比较，不难看出二者有许多相同或相似之处，这是因为两项为不同年龄段学生设置的课程，性质相同，内容相近，都属于实践性学习的原因。然而，作为综合实践活动课程中的研究性学习，毕竟是课程内容的四个指定领域之一，大多数情况下需要与其他指定领域或非指定领域的内容综合实施。在此种情况下实现的研究性学习，常常表现为"学习形式"可能达到的水平，还不能完全展现研究性学习的全部优势，即便是以课题研究形式呈现的施于中小学生的研究性学习内容，限于学生的年龄特点和认知水平，也不会像高中学生进行的研究性学习那样完整，那样"专业"，多数情况下也只是表现为某种"准"研究的水平。换句话说，施于中小学生的研究性学习，在多数情况下还达不到高中学生那样完全自主选题、具有完整的程序和规范的研究过程、其时间和空间又相当开放的研究水平。尽管如此，作为与高中研究性学习相衔接的中小学综合实践课程，连同作为课程核心组成部分的研究性学习，在促进学生全面发展中的作用仍然是不能低估的。

二、研究性学习的教育目标

综合实践活动课程中研究性学习的开发与实施，突破了中小学生以单一的接受性学习获取知识的常规性，加强了与自然和社会的联系；体现了自主探究和主动学习的主张；更彰显了学生是教育的主体和自我发展的主体的理念；彻底改变了基础教育旧的育人模式，有利于培养学生创新精神和实践能力，形成学生良好的世界观、人生观和价值观。

研究性学习注重对知识的运用，注重学习的过程，及其实践过程中形成的经验和体验。这些特点，便形成了它既与学科教学相联系，同时，又有其显著特点的教育目标。

对中小学综合实践活动中研究性学习的目标定位，大体上可以概括为以下七个方面：

1. 激发探究学习的兴趣和好奇心

兴趣是构成青少年学习积极性的最重要的心理因素，也是推动人们认知活动的内部机制。传统教育单一使用接受式学习获取知识的办法，最大弊端就是泯灭了学生求知的兴趣和对新事物的好奇心。

针对传统教育的问题设置的研究性学习，解除了单一学科知识学习的羁绊，把学生的手脚和大脑从教室和书本中解放出来，学生可以凭自己的兴趣和爱好选择课题，主动尝试自主探究，便造就了使学生心理得以自由发展的环境。强烈的兴趣，必将催生出学生学习的好奇心和求知欲，并为"比知识更重要"的想象力的发挥创造条件。

开发和实施研究性学习，一定要珍视这一来之不易的教育环境，从学生的认知特点和知识水平出发，精心组织各种活动。小学中低年级，要重在启蒙，注意从儿童的情趣出发，诱导学生尽可能地广泛接触自然和社会；中高年级是发展学生兴趣的最佳年龄，需要注意采用多种形式和内容的活动项目，适应多方面兴趣发展的需要；初中阶段是学生一般兴趣向志趣转变的关键时期，更要注意提高活动的质量和水平，进一步明确活动的专业特点和要求，着重引导学生兴趣向志趣和志向的健康发展的过程。

2. 获得参与实践、探索研究的积极体验

综合实践活动课程中的研究性学习，属于过程性的实践学习，重参与、重过程、重体验是它的本质特征。它主张以实践求真知，以参与求体验，在活动过程中求发展。一般来讲，中小学生研究性学习的所谓成果，也仅仅是他们在成长过程中，在有限知识和阅历的基础上取得的，即使是一些所谓骄人的"创新"成果，也多是相对自己的过去或周围同龄人而言，很难说得上是真正的发现和发明。正因如此，作为中小学生的研究性学习，并不着重那些眼前的成果，这些所谓"成果"最终都将还原为成长的过程，成为人生长河中的浪花。研究性学习关注过程，重视体验是着眼于未来，关注的是学生未来的发展。这是因为他们参与了实践和研究的过程，通过自主探究，有机会接触和探索自然的奥秘，了解和发现社会的热点问题；通过对发生在自己周遭的各种自然和社会现象进行积极的观察和思考，激发了他们发现问题、分析问题和解决问题的兴趣；了解了自然和社会现象的复杂多变和丰富多彩，会提高他们关爱自然、关爱社会的情感和参与自然和社会问题解决的积极性。活动中取得成功固然会使人获得成就感，就是活动中遭遇的任何挫折和失败，只要处置得当也会锻炼勇气，激发智慧，成为人生发展的动力。总之，活动过程中耳濡目染，渗透于心的感受，无不会丰富学生们的内心世界，促进他们情意的提升，无不具有极大的教育价值。

3. 发展探究问题的能力

所谓探究问题的能力就是发现问题、分析问题和解决问题的能力。

确定和选择研究课题是实施研究性学习的第一步。然而现实中的问题都是隐蔽的，并非会现成地呈现出来，必须通过观察或调查，以及对得到的材料加以连贯起来的思索方能获得。为此，开展研究性学习必须从学生的实际出发，引导和帮助他们采用多种办法，对特定情境中的事物进行仔细的观察或调查，并对取得的结果加以科学的分析，从而确定需要并可能予以研究的课题。这就是所谓发现问题的基本过程。

确定了研究的课题，要想解决它，并得到预期的结果，还必须掌握科学的研究方法，具备一定的科学研究的能力，也就是说要能够针对需要研究的问题提出符合逻辑的假设，制订比较明确和清晰的研究思路，运用科学的方法实施具体的研究。届时，学生们还必须学会使用各种不同的工具或设备，多渠道地收集信息，采集数据，学习对信息和数据进行深入分析和研究的方法，直至对问题做出合理的解释，得出明确的结论，进而和同学们进行交流和分享。

上述发现、分析、解决问题的全过程，既是进行科学研究的基本程序，也是处理日常事务和社会事务的一般过程。获得信息和知识固然重要，然而更重要的却是人们处理和使用信息和知识并使之发挥作用的思维能力。为了有效地提高学生的发现和解决问题的能力，尤其需要注重加强思维能力的培养。

4. 培养合作与分享的意识和能力

现代科学技术高速、高水平和综合性的发展态势，使科学研究告别了以往个人奋斗的时代；构建和谐社会更需要以人的合作与分享为基础。因此，合作意识和能力已然成为现代社会人们必须具备的基本素质，培养学生合作与分享的意识和能力也已经作为重点目标之一，体现于新课程改革各门课程之中。

综合实践课程中研究性学习的课程特点和实施过程，极其有利于对学生实施合作与分享的教育。

研究性学习是一项立足于个性基础之上的群体性学习活动，小组合作的学习方式，天然有利于实施合作与分享的教育。共同完成的研究课题，本身就是体现合作与分享理念的无须雕琢的自我教育过程。这样的学习，有着共同的目标，必须做合理的分工，每个人完成的分内工作，即是共同任务的有机组成部分；个人要对集体负责任，完成任务就要克服依赖心理，不仅要自觉地完成分给自己的任务，而且要敢于和善于为了搞好集体的事情提出自己的意见和建议。研究性学习为人们提供的有利于进行人际沟通和合作交流的良好平台，最终将会使学生形成乐于合作的团队精神，学会与同伴交流分享信息、创意和研究成果的意识和能力。

5. 培养科学态度和科学精神

从现实生活中挖掘问题、主动探究，是一项充满困难和艰辛的学习过程，也是培养学生形成科学态度和科学精神的有效途径。科学求实的态度是进行科学研究的基本要求。在组织学生实施和开发研究性学习活动的时候，要不失时机地、切实地引导学生学习和理解世界是物质的，物质是运动的，运动是有规律的，规律是可以认识的，而认识是没有止境的，这样一些基本观点。教育学生做事情，搞研究，一定要从客观存在的事实出发，而不是从某种观念或本本出发。凡事要认真思考，不盲从、不迷信、不弄虚作假、不人云亦云。说话要有证据，任何时候都要尊重事实，尊重规律，探究的过程只要是严肃认真、脚踏实地，纵然无法保证寻求到最终的绝对真理，但仍然会日益向真理迈进。

为此，在研究性学习过程中，既需要学会从实际出发，脚踏实地，持之以恒地进行研究；又要学习从事物内部以及事物之间的联系中，寻找事物发展和变化的原因，实事求是地得出研究的结论；同时还要学会自我反思，善于择善而从，培养尊重他人的观点、意见和研究成果的行为习惯。

科学发展的历史昭示我们，挑战已有结论是科学发展的常规，培养和造就引领科学和社会潮流的一代新人，从小就要培养学生具有见贤思齐，不断追求和进取的精神，以及不畏困难、勇往直前的意志品质。发挥研究性学习"做中学"的优势，充分挖掘其教育功能，学生的科学态度和科学精神必将会在研究性学习的过程中得到有效的锻炼和提高。

6. 尝试相关知识的综合运用

实施以问题的解决为中心的研究性学习，只要注意寻找和挖掘，总会在我们的周边发现需要解决的问题，而这些问题的解决又需要灵活运用各种知识，这就为激活各学科知识储备，发挥知识的作用创造了条件。

人们常说，"知识就是力量"。其实知识只是一种潜在的力量，只有知识被使用才有力量，知识只有处在被激活、被使用的状态，才会发挥其帮助人们认识世界和改造世界的重要作用。

学生在学校里使用继承性学习的方法，从书本或教师那里接受了大量的学科性的知识，这些知识即使全部是真理，让它们长期处于互相分割和备用状态，也不会发挥任何作用，最终被遗忘掉，这是许多人都有的经验和教训。而在进行研究性学习时，为了解决问题，学生们就会主动地尝试将以往学过的各科知识运用于对研究问题的解决。这样的学习，知识真正地被激活了，不但会体现知识本身的价值，而且在问题的解决过程中还会帮助人们加深对各科知识的内在联系的理解，有利于对各科知识融会贯通地把握，推动学生的学习进入良性循环的状态。

7. 形成关爱自然和社会的责任心和使命感

新一轮课程改革主张突破学校和社会的藩篱，沟通学校和社会的联系，为学生提供更多开放的学习空间，为培养学生关爱自然和社会的责任心和使命感创造良好的条件。研究性学习是最能体现这一要求的课程形式。

了解自然、研究自然是研究性学习的重要内容。学生们在对各种自然现象的观察和研究过程中就会发现，看似孤立的自然现象，原来是一个互相联系着的有机整体，任何因素或环节遭到破坏都会产生难以估量的后果。当前，令人瞩目的环境问题、生态问题以及时有发生的灾难性的自然事件，都直接或间接地与人为因素有关，或与人类生存和社会发展息息相关。通过研究性学习的实践，无疑会帮助学生加深对这些问题的理解。

人与社会是研究性学习的另一个重点，当学生走出教室，来到社会的大课堂时，他们就会在了解社会，研究社会的过程中，学习并逐渐认同制约社会发展的各项游戏规则，通过反求诸己，确定个人在社会生活中的地位。

总之，通过研究性学习，学生们将会有条件也有可能深入思考自然、社会和个人之间的内在联系，深入理解科学对自然、社会和人的意义与价值。在学会关爱自我的同时，学会关爱自然、关爱社会，学会关心国家和社会的进步，关注并思考国家的命运和人类的前途，逐步地将自己的理想和自然与社会的可持续发展联系起来，形成积极的价值观念和人生态度。

第二节　研究性学习的基本过程和实施途径

研究性学习是综合实践活动课程的核心内容，它是在教师指导下，学生以个人或小组的形式展开的，应用知识和技能，通过自主探究解决实际问题的一种学习活动。

实施研究性学习，是将科学家行之有效的科学研究的方法，经过改造引入教学过程。与科学家研究的不同之处在于，学生们的研究性学习，并非一定要探索人类尚未知晓的事物，也不承担创造新知识的责任。只要他们能够主动参与，积极实践，在解决问题的过程中，有意识地培养研究问题的兴趣，学习研究问题的方法，只要增长了才干，就达到了预期的课程目标。因此，正确地理解和把握研究性学习的过程的特点，依实际情况灵活地选择和确定研究性学习的实施途径，便成为实施研究性学习的关键之一。

一、研究性学习的基本过程

研究实际问题，求取其中答案，是科学研究的基本要求，也是人类认识世界的主要途径。将科学家认识世界的过程进行概括和总结，形成一种有目的、有计划的课程形式，引进学校教育，组织全体学生从小在学校里就能够像科学家研究问题那样学习，是在中小学综合实践活动课程中设置研究性学习的初衷。为了能够迅速普及这一新型学习方式，充分发挥它的教育功能，就必须研究这一学习方式的基本过程及其特殊的要求。

1. 研究性学习的基本程序

新课程伊始，当推出综合实践活动课程的时候，许多一线老师就曾提出，倘若能够有一套与学科教学相比拟的研究性学习的模式，不是为有效地实施研究性学习，提供了可以操作的办法吗？基于这样的愿望，不妨循着科学家认识问题的思路，先来研究一下研究性学习的基本程序：

（1）提出问题。所谓提出问题，就是帮助学生选择和确定研究的题目。要求学生联系自己的学习生活或者周边社会生活和生产实际，选择自己感兴趣的，并有一定价值的问题作为研究性学习的起点。

研究性学习的载体是"问题"，没有问题就无从研究。适用于中小学生的研究活动，通常都是围绕着"为什么"和"怎么样"两个方面展开的。前者如"为什么生西瓜在水里会沉下去，熟西瓜会浮上来？""为什么要禁止一次性塑料袋的使用？"后者如"怎样将沉到水下的铁浮到水面上来？""在野外不用罗盘怎样识别方向？"等，许多施于中小学生的"为什么"的问题，常可以转化为"怎么样"的问题，不但会深化学生研究的内容，还可能收获更高层次的教育效果。如前述西瓜问题的研究，可以导致学生习得选瓜的技能；对一次性塑料袋的研究，可以帮助学生形成环境保护的意识等。

然而，并不是任何问题都可以作为中小学生研究使用，也不是所有问题都是他们力所能及、能够研究的。从问题到选题还有一个依一定的条件或标准对可供研究的问题进行评价、比较和选择的过程。一般讲，对中小学生而言，主要应关注学生的兴趣以及问题本身的价值，特别是它的教育价值，以及研究者本身的主客观条件，尤其是学生的认知水平和智能结构是否有条件进行相关问题的研究。只有对研究者讲是适切性的选题，才有可能实现预期的目标。

（2）收集证据，即要求研究者使用各种手段和办法，采集与解决问题相关的事实材料。当问题被发现以后，人们自然会产生一个"为什么？"的问题，"事物为什么是这样的，它形成的原因是什么？"然后就会"猜想"，猜想就是"假设"，只是一种可能，要使其变为现实的答案，则需要求证。科学要求证据，需要用证据说话。这就要求研究者收集充分而必要的证明材料，以便对选定的问题进行研究。根据研究需要收集证据是科学研究的基础性工作，也是研究性学习获得成功的基本保障。

研究性学习要求的证据，主要是来自实践的，包括实事材料和相关数据在内的"一次信息"。这样的信息，通常需要研究者用肉眼或借助工具或仪器，对现象进行观察；通过自然条件或人工环境下的实验、测量；走出教室对事物进行调查和访谈等办法才能获得。

能够为研究所用的证据材料，要求真实、客观、系统、全面。为此就需要研究者掌握和学习观察、调查、实验、测量、取样、记录等科学研究的方法，用科学的方法保证收集证据的质量和水平。

为了实现上述要求，不但要有方法意识，切实加强方法的学习，还要树立责任意识，以确保收集的证据是真实的而不是虚假的；是客观的而不是臆想的；是全面的而不是片面的；是系统的而不是零散的。只有这样的材料才能成为论证问题可靠的依据。

（3）提炼解释。科学是逻辑和想象力的结合。对收集到的证据经过去粗取精，去伪存真，由此及彼，由表及里的加工过程，为事物形成的原因或现象产生的结果提供理由，获得对所研究问题的结论，即是提炼解释的基本含义。提炼解释是实施研究性学习的核心环节。

提炼解释通常需要研究者综合利用已有知识，融会贯通地处理收集到的各种证据材料，这是研究者在收集的材料和已有知识之间架设桥梁的过程。既是综合地运用已有知识的过程，也意味着新知识的形成，集中地体现了研究性学习创新过程，和培养学生创新精神和创新方法的教育价值。

从证据到解释，体现了研究者对所研究的问题从无序到有序，从现象到本质的认识上的飞跃。这一飞跃过程的实现，不仅要尊重证据，还要借助分类、分析、推理、预测等一般的认知方法，以及逻辑推理、批判推理等常规认知过程，有时还要经由新异性信息加工的过程才能完成。为此，既需要帮助学生学习和掌握科学的思维方法，还需要激发他们丰富的想象力。

见前人之所见，思前人所未思，是进行科学研究的基本要求。在中小学生的研究性学习中，更要秉持这一原则，鼓励学生从收集到的看似平常的信息中，发现新异的线索，大胆地提出新的意见和见解。长此以往，就自然而然地锻炼和培养了学生独立解决问题的能力和主动的探索精神。

（4）做出评价。从收集的证据中提炼出相关的解释后，还需与其他可能的解释进行比较，对取得的成果进行价值判断，并本着科学的态度和负责任的精神，精益求精，不断完善已有的结论。如果发现新的、更有说服力的证据时，甚至可以变更已有结论，直至弃之不用，重新提炼。

对提炼的过程和结果作评价时，应着重从以下几个方面考虑：使用的有关证据是否能够支持现有解释，采用充分而必要的原则，检查使用的证据是否无懈可击，真实可靠，已然无可挑剔；从证据形成解释的过程是否合乎逻辑，是否严谨合理，已然不存在疏漏；解释的内容及其过程是否存在偏见或失误，是否已经实现了客观与公正。须知偏见比无知离真理更远，由此可能会产生重大失误；解释的表述是否严谨，行文是否准确、简洁，条理是否清晰，并确保不会产生歧义。此外，还应注意，看相关的证据是否还能够推演出其他的解释，等等。

评价是研究者不断提高和积极进取的过程，研究者既要敢于坚持真理，又要勇于修正错误，要以平和的心态，听取来自各方面的意见和建议，集思广益，努力使提炼的结果不断完善。

（5）开展交流。科学研究的成果需要交流，交流是促进科学发展的重要条件。可重复性是检验科研成果真实性的重要依据。通过交流，经由同行验证，科学研究的成果才会得到确认。交流又是宣传，通过宣传，科学知识才会得以更迅速的普及。学生研究性学习虽不要求像科学家那样接受严格的核查，但却提倡通过交流，实现分享。

研究性学习的交流，一般都要求研究者使用直观手段、简练的文字或语言向同学们介绍自己的研究过程和研究成果；反思研究中存在的问题；明确今后努力的方向，因此而有机会得到同学们质询和审查。交流过程中，同学们可能会对研究的过程和结果提出这样或那样的意见，研究者也可以为捍卫自己的成果和同学们展开讨论或辩论。无论哪种情况，对研究者都是一次宝贵的锻炼机会，都有可能从同学们的意见中汲取营养，获得进一步完善成果的机会；对于全体参与交流的同学们，也会从中获得启迪和教益。总之，通过交流，彼此分享研究的成果和研究的快乐，不但会培养交流意识和交流能力，更会整体推动研究性学习向更高层次的发展。

上述提出问题，收集证据，提炼解释，做出评价，展开交流五个环节或五个步骤，相互衔接，构成了研究性学习的完整过程，也可以视作实施研究性学习的基本程序。

2. 正确理解和把握研究性学习的基本程序

采用上述五个环节形成的基本程序，组织学生开展研究性学习活动，无疑会帮助学生判断问题的价值，提高研究性学习的能力。然而，任何事物都有两面性，研究性学习的基本程序亦然。将这一程序模式化，施于中小学生的任何研究性学习，都要机械地照搬五个环节，也可能会削弱甚至会危及研究性学习本身，造成不应有的损失。当前，在综合实践活动课程中研究性学习开发和实施过程中出现的某些不当之处，大多即与此有关。因此，正确地理解和把研究性学的基本程序和活动过程，便成为推动综合实践活动中研究性学习健康发展的一个重要因素。

（1）研究性学习的基本程序反映的是人的认知过程。研究性学习的概念，有两个关键词："研究"和"学习"。"研究"是过程和方法，"学习"是目的。将两个关键词顺序颠倒组合就是"学习研究"，这恰恰反映了研究性学习的本质所在。将研究性学习作为一种以问题解决为中心的学习方式，介绍给中小学生，其基本诉求就是要他们"学习研究"，帮助他们形成像科学家那样善于发现问题、分析问题和解决问题的能力。

那么，由五个环节组成的研究性学习的基本程序，是怎样反映科学家研究问题的特点的，又该怎样理解和把握这一基本程序，并将其运用于开发和实施具体的研究性学习活动的实践呢？

研究中外科技史的发展历程，总结近年来国内外科学技术迅猛发展的经验，人们不难发现这样两个明显的特点：其一，科学发现具有偶然性。古往今来，经由偶然的过程实现的伟大的发现或发明不胜枚举，科技史上许多光辉的研究成果，都是科学家冲破习惯性的思维羁绊，挑战时尚的权威和既有结论，通过不断探索才取得的。其间实在具有很大的偶然性。对这一类的研究活动很难做出预测，也不便在程序和过程上做出硬性的规定；其二，科学发展可以有计划地组织实施。"二战"以后，许多重大的科学创举，如美国的"阿波罗登月计划"，国际上"人类基因组计划"以及中国的"863计划"等，由于组织得当，都取得了丰富的研究成果。这些计划，连同旗下每一个研究项目，事先都要制订明确的目标和翔实的计划，并有具体的步骤和要求。

有关研究性学习五环节基本程序的概括，即是对上述两类看似不同的研究过程的本质性的总结，它关注的是科学家研究问题时的认知过程，并非研究过程的组织形式。遵循科学家的认知过程组织中小学生的研究性学习活动，学习的也是从实际问题出发，如何观察，如何质疑，如何提出假设并加以论证，如何组织实验验证的过程和方法等。总之，学习的是探索和发现新事物及其隐藏其后的规律性的方法和技巧。换句话说：作为研究性学习本质的"学习研究"，是要帮助和引导学生掌握研究问题的智慧，不是机械地模仿五个环节，形式主义地堆砌所谓研究性学习的完整程序。

当然，形式和内容，现象和本质是相互联系着的。认知过程和操作程序可以有某种对应的关系，人们可以根据认知过程组织操作程序，用前后关联的操作过程完成对应的认知任务。为了方便理解，前述关于研究性学习五环节的基本程序，就是依这样的思路概括的；新课程施于高中学生的独立设置的研究性学习，计划每一个高中生，在三年学习期间要完整地完成3～5个研究课题（实际上能够完成 2～3 个研究课题就完全可以了），在许多地区基本上也是按照这样的思路实施的。

　　然而，在研究性学习过程中，学生的认知过程和研究性学习操作环节毕竟不是一码事。实际上，作为中小学生的研究性学习，其操作过程完全可以作不同的归纳，使用的环节亦可以有多有少。例如一些地区便将高中研究性学习的完整过程分为确定主题—制订方案—实践研究—表达交流等四个阶段而不是五个环节。至于当前各地普遍采用的用于中小学生的短周期、小主题的研究，其操作环节就更是仁者见仁，智者见智了。但形式无论怎样变化，作为研究问题时的内在的认知逻辑却很少改变，甚至无须改变。这一切无不给我们以启迪：如果看不到研究性学习过程中本质和现象的区别与联系，甚至误将课程外在的操作程序视做研究性学习的本质要求，必将会本末倒置。须知课程的性质不是由课程外在的形式决定的，而是由其内在的本质决定的。忽视了研究性学习内在的、本质的要求，退而求其次，将其外在的、形式的完整作为诉求，便有可能使研究性学习遭受不应有的损失，甚至将课程的发展引向歧途。

　　（2）研究性能力开发要符合人的认知规律。研究性学习的本质是"学习研究"，在中小学设置综合实践活动课程，倡导研究性学习，目的就是要不断提高学生研究和解决实际问题的能力。人们解决实际问题的能力是逐步形成和发展的，适应不同年龄段的学生认知水平和发展的需要，研究性学习的过程及其对各组成环节的使用，也应具有一定的灵活性和层次性。例如，同样是提出问题，既可以是学习者独立发现的，也可以是从教师提供的问题中选择的，还可以是由教师或既有的教育资源中限定的；同样是收集证据，可以是学习者独立收集的，也可以是在教师或其他人指导下收集的。对收集的要求也可以表现为不同的水平，既可以是一张收集资料的卡片，也可以是一份系统或不系统的剪报，还可以要求做资料综述等等，其他环节也可以依此类比，表现出不同的研究程度。

　　高中是基础教育的最高学段，其独立设置的研究性学习理应呈现基础教育研究性学习实施的最高水平，此前施于小学和初中的综合实践活动课程中的研究性学习，作为同一类性质的课程都应瞄准高中研究性学习的需要，从各自的实际出发，致力于基础的开发和实施，以便实现与高年级课程的无缝对接。循着这样的思路考虑问题，研究性学习也可以像学科那样，实现分层实施，系统开发，从整体上发挥作为课程的研究性学习独具的教育功能。

　　研究性学习的分层实施，是指施于不同学段的研究性学习，应与该学段学生心理特点和认知水平相适应，又要符合学生发展的需要。例如，施于高中的研究性学习，要求学生经历完整的研究性学习过程，并提出具有规范性质的较高要求是完全必要的；而施于初中和小学综合实践活动课程中的研究性学习，同样具有实践学习的课程的性质，中小学生的学习过程就无须简单地照搬高中学生的办法，从小学三年级起，就一定要使用"大主题、长周期、慢节奏"的办法，也无须经历从选题、论证、再计划等诸多环节齐备的全过程。一切视情况的需要，选课可大可小、环节可多可少，特别是对小学生而言，选题更一定要以"小"为主，其关键在于一定要使每一项研究活动都能为学生所喜欢，使师生好操作，做到每一项活动都使学生确有所得，通过活动的实践过程，帮助学生向研究性学习追求的目标迈出实质性的步伐。

所谓系统开发，是指要将研究性学习真正作为一项系统工程实施开发，不仅要关注研究性学习的总目标，还要研究和制订适用于各不同学段的具体目标；目标的制订不但要有明确的要求，还应设计可以操作的措施；要善于将研究性学习的各项要求分解与细化，并以此为依据，使用最近发展区的理论和循序渐进的原则，开发运用于不同学段学生使用的符合研究性学习特点的课程资源，用作研究性学习的参考。

人的研究能力的形成和发展的过程是有规律可循的，以研究性学习为核心的综合实践活动，是人们能力发展的助推器和催化剂，认真研究认知规律，研究认知规律在综合实践活动和研究性学习中的应用，将会有效地推动人们研究能力的迅速发展。

二、研究性学习的实施途径

前述有关研究性学习的目标和学习过程，基本上都属于课程的理论问题。课程实施没有理论不行，但光有理论也不行，还必须解决一系列具体的问题，其中实施途径即是首先需要解决的具体问题。

途径，也可以理解为渠道或路径，那么，作为综合实践课程中的研究性学习，又该通过怎样的渠道和途径予以实施呢？

1. 研究性学习的独立实施

这里所谓研究性学习的独立实施，并非指研究性学习的独立设置，而是指作为综合实践活动课程四个指定领域之一的研究性学习，可以作为一种独立形态的活动类型，在综合实践活动课程中单独实施。

内容决定形式。在综合实践活动中实现研究性学习的独立实施，说到底是一个活动选题问题。有了可做独立研究的选题，便有了研究的载体，其他问题也便容易解决了。

研究性学习倡导以现实的问题为载体，然而又怎样才能从现实中，寻找可以作为独立研究的问题呢？不妨尝试如下策略：

(1)理性怀疑。学成于思起于疑。科学的进步大多以怀疑为开端。怀疑鼓励人们去探索，去学习，去观察和发现新事物。没有怀疑，没有批判性思维，就难以发现现实中存在的问题，更难以实现知识和理论的创新。

一批中学生从杂志上读到一条消息：国内某赛事活动一获奖项目，证明了"黄粉虫(吊鱼用的鱼虫)可以靠消化塑料维持生命"，难道真会是这样的吗？这引起了他们的怀疑。于是几位同学便选择"黄粉虫能够靠塑料为生吗"作为课题进行研究，结果证明黄粉虫可以靠噬食同类维持生命，所谓食用塑料维持生命只是一种假像。又如山东一些小学生在老师带领下到农村收获萝卜，发现许多叶基处头部遭受虫蛀过的萝卜的个头一般都比较大，这是什么原因呢？难道遭虫蛀的萝卜头会长得更大些吗？他们在老师的带领下组织了研究小组，第二年萝卜长成后，便仿照"虫蛀"的办法，为萝卜做了适当地去叶手术，果然促进了萝卜的生长，秋后萝卜得到了好收成。两个案例都说明理性怀疑对于选题是有效的。

(2)转换思考角度。专家指出：思维活动中最困难的是重新编排整理。对熟悉了的现象从不同的角度去认识，就可能另辟蹊径，对事物形成新的认识。挖掘可以研究的问题。例如，蚊子是人所共知的多种传染病的传播媒介，许多同学都想对蚊子做一番深入的研究，然而，成蚊活动能力很强，行踪诡秘，很难对付。如果转变一下思维的角度，既然成蚊难以捕捉，为什么不能从它们的幼虫开始研究呢，设计一个完整的试验，观察从孑孓到成虫的发展过程不就是一个很好的选题吗？进而通过研究为不同的灭蚊方法的时机选择提供依据，不是会很有新意吗？再如，随着生活水平的提高，野菜越来越受到人们的青睐，许多人想到的是到野外去寻找和采摘野菜，为什么不转变一下思维的角度，把"种植"野菜，实现野菜的驯化，作为一项研究的课题呢？由此思考，许多野花、野草、野果以及某些小动物的驯化不都可以作为研究性学习的课题加以实施吗？

(3)类比与移植。通过对不同学科对象进行比较，可以借鉴其他学科的思维工具和研究方法，发现和选择研究的课题。例如，当前建设节约型社会和环境友好型社会逐渐成为社会的共识，借助这些理念及其研究思路用于学校生活的研究，同学们不是也可以把"建设节约型学校"和"对建设环境友好型学校的观察与思考"作为研究的选题吗？

(4)对象的深入研究。直面自然、社会和生活中的各种现象，最常见到的还是那些司空见惯的问题，甚至许多都是在人们面前反复出现却一直未能解决的"老"问题。对这些现象本身的观察、调查和思考，更是中小学生研究性学习寻找和挖掘课题的重要的资源。例如：农村地区某些名优特产品形成原因的生态环境调查；围绕生产和生活环境的水系水质和土壤流失的调查和研究，农村中由于人口迁移造成的房屋空置情况的调查和利用的研究；城区农民工子女上学问题的研究，小区环境建设的调查和研究等等，都可以作为综合实践活动课程中单独开展研究性学习选题。

当然，作为中小学生独立开展的研究性学习，课题也可以是直接由学科课程自然派生的，上述选课策略也完全可以适用这一类问题的挖掘。

2. 与其他领域的内容结合起来实施

研究性学习与课程其他领域的内容结合实施，是综合实践活动课程开发和实施的重要途径。研究性学习的内容和形式和劳动与技术教育、信息技术教育以及社区服务与社会实践等各领域内容的有机结合，不仅会丰富研究性学习的内容，而且会提升各领域活动的技术含量和教育功能，形成相得益彰的效果。

(1)研究性学习与劳动与技术教育结合实施。当代社会，科学与技术的交叉与渗透已成必然趋势。在中小学设置的综合实践活动课程，将研究性学习和劳动与技术教育的内容同时纳入课程的指定领域，构成课程的主干成分。发挥课程的综合优势，在研究性学习过程中加强对技术的学习和动手能力的培养；在劳动与技术教育的实施中渗透研究性学习的要素，用研究性学习的理念指导劳动与技术教育的学习，引导学生主动地采取"问题解决"的办法完成劳动与技术的任务，获取知识和技能，体验和尝试创造的乐趣，激发对技术探索的兴趣。

经验证明，综合实践活动各项内容，青少年最喜欢的就是那些有着较高技术含量的研究性学习内容。研究性学习和劳动与技术教育的有机结合，有着广泛的发展前途。

(2)研究性学习与信息技术教育的结合实施。在综合实践活动的开发和实施中实现研究性学习和信息技术教育的结合，不外乎从两个方面着手：其一，以实践学习的方式学习信息技术的内容；其二，在开展研究性学习的时候，充分发挥信息技术"提供丰富多彩的教育环境和有力的学习工具"的优势。信息时代，一切决定于效率。信息技术则有可能使人们以最有效的手段获取最新的知识。故此，综合实践活动课程的开发和实施，要努力创设一种类似科学研究的情境，以问题为载体，学习计算机和网络技术，开展基于网络的研究性学习，学会利用计算机和网络技术收集、分析和处理信息的能力，培养利用信息技术的创新精神和实践能力。

(3)研究性学习和社区服务与社会实践的结合实施。综合实践活动课程设置社区服务与社会实践的内容，目的在于"增进学校与社会的密切联系，培养学生的社会责任感"。实现研究性学习和社区服务与社会实践的结合，即应遵循这一精神，引导学生从社区环境和社会实践中，提出问题，展开研究，深化对社会的理解，在服务社区的过程中融于生活，认识自我，提高对社会的责任感。

以上从三个方面，一般性地分析了研究性学习和课程内部各领域的综合实施，意在说明研究性学习是可以与课程中各领域的内容结合起来开发和实施的。然而，这并不说明研究性学习就只能和必须分别与三个指定领域结合实施。实际上，在开发和设计研究性学习项目的时候，凡是从现实中提取的真实的问题，每一项都会是实实在在地综合的，只要坚持从问题的特点和实际需要出发，力求最佳的教育效果，就无须刻意追求所谓结合或综合；而在开展各领域内容的活动时，又要关注研究性学习方法的运用，尽可能取得综合实施的预期效果。

第三节 研究性学习的主要方法

人们常说，"事必有法，然后可成"。毛泽东同志就形象地把方法比作桥和船，认为"不解决桥或船的问题，过河就是一句空话，不解决方法问题，任务也只是瞎说一通"①。实施综合实践活动，组织学生开展研究性学习，像科学家那样解决现实存在的问题，也需要有一定的方法作保证。

方法是分层次的，就综合实践活动课程中的研究性学习而言，依概括程度和适用范围不同，有适用于不同类型或个别活动的特殊方法，如设计类主题活动中经常使用的绘图法，制作法；生物类主题的研究性学习活动中涉及的作物栽培，动植物标本制作等。也有从整体上指导各级各类活动的哲学方法，即通常所讲的科学方法论。这里所介绍的是以科学方法论为指导的，适用于各学段研究性学习中最常见的方法或称为一般方法。如观察法、调查法、实验研究法等，这些方法在研究性学习中经常被使用，很容易影响研究性学习的质量和水平，故而更需要引起人们的关注。

一、观察研究法

观察是人类最早使用的认识事物的方法，更是任何研究性活动的起点和基础，可以说，没有观察就没有研究。观察作为人类最早认识世界的最基本

---

① 毛泽东选集［M］. 第一卷. 北京：人民出版社，1991：125.

的手段，如今已经独立地形成科学的观察研究法。同时，观察又常常会作为基本的要素成为构成其他科学研究方法的有机组成部分。因而，在中小学生的研究性学习中观察研究尤其具有特殊的重要性。

1. 观察研究法的概念

观察"是就现象在自然状态下所发生的形态，通过感观认识现象的方法"①。观察不同于一般的"看"或"观看"，这是人们对事物"有目的、有选择，积极主动的反映过程，常同积极的思维相结合"②。观察过程要全面地把握事物的各种属性，常需要借助一定的手段，按一定的要求进行。理解了观察的基本特点，就不难理解：所谓观察研究法，是以人们的感观活动作为先决条件，与积极的思维相结合，就事物在自然状态下，通过系统地运用感观或借助工具或仪器，对事物进行感知、描述的一种科学研究方法。

观察研究法，具有下面的一些基本特点：

(1)观察是在自然状态下感知对象。观察是在不对研究对象进行干扰和控制，也就是说在观察对象与生存、活动环境不相分离的条件下感知事物，以便反映事物的真实面貌。观察不仅要用眼睛看，用耳朵听，而且要充分调动身体的官能和大脑，对所要观察的事物进行充分的感知，以便全面地把握它们的各种属性。

(2)观察是有目的、有计划、有系统的科学活动。观察不是人们随意进行的、被动的认知行为，而是对所研究的事物积极主动的反映过程，体现了研究者认知过程的能动性。科学的观察是带着问题进行的；观察对象和内容都有明确而具体的要求；事先即已做了充分的准备，并按既定的方法和程序实施；收集研究对象的尽可能全面和系统的材料。

(3)观察需要借助一定的手段和方法。作为科学的观察都是有目的、有选择地收集信息，把握观察对象的各种属性，通常需要一定的方法和技巧，并按一定的程序按部就班地实施，以便获得研究对象的现状或变化过程的第一手资料。离开了头脑的思维和科学方法的使用，所谓观察就失去了任何科学的意义。为了更清晰和准确地把握事物的属性，必要时还应借助一定的工具，完成既定的观察任务。

(4)观察研究法具有一定的局限性。由于观察本身关注的重点是研究对象的外部现象或外部联系，是对事物的直观的认识结果，因而"不宜用在对问题内在的核心或事物之间内在联系方面的研究"③，又由于该方法常需要使用较

---

① 作者不详. 逻辑学辞典[M]. 成都：四川社会科学院出版社，1985：18.
② 作者不详. 逻辑学辞典[M]. 成都：四川社会科学院出版社，1985：18.
③ 叶澜. 教育研究及其方法[M]. 北京：中国科学技术出版社，1990：106.

多或持续较长的时间，因而不宜用于大范围或大规模的研究工作。

2. 观察的几种方法

观察是人们有计划的认知活动，通过观察敏锐、准确、全面地把握事物的特点，除了必要的知识备用，还需要掌握科学的观察方法。

观察有许多不同的分类方法，如直接观察和间接观察，参与观察和非参与观察等。用于中小学生的研究性学习的观察，主要是不使用仪器的直接观察。在对自然现象的研究中只能使用非参与观察的方法，只有在对社会现象的研究，有时需要参加到观察对象的活动中达到观察目的时，才有可能涉及参与观察的范畴。

下面根据研究性学习的需要，重点介绍几种常用的科学观察方法：

(1)整体观察法。人们认识事物大体上演绎着从整体到局部的认知过程：先看到事物的外观面貌，进而认识事物的局部的和具体的特征。例如，到野外观察一片森林，首先从远处看到的就是森林的整体的特点，还看不到林中的具体情况；及至近前，才发现林中树木的分层等林相特点；再到下面才看到每一棵具体的树木。及至每一棵树木的观察，也常会先是看到树高、树幅，然后才是树干、枝条等树木的细部特征。总之，要想整体上认识事物，就应该抓住事物的特点，有条理地进行观察。多数情况下可以循着先宏观后微观，先大后小，先远后近，先外后内的顺序观察和认识事物。当然如果需要，也可以考虑先局部，后整体地安排观察过程，这里的关键是要达到对事物整体的认识。

(2)重点观察法。重点观察通常是在对事物有了基本的了解之后，再对事物的关键之处进行的更加深入、细致的观察。"察之者尚精"即是指这样的观察，说观察要避免表面化、形式化，其要意也在这里。重点的观察通常是为了把握事物的核心和本质的东西，除常会使用反复观察的办法外，一般还会用到许多专业的知识和专业的方法。如利用植物的花的特点确定植物的种属，就要了解花的构造以及花冠、花萼、花瓣、雄蕊、雌蕊等植物学知识和植物观察的方法和技能。重点观察常常需要处理许多细节的问题，是丝毫马虎不得的。

(3)比较观察法。比较观察是对两种或两种以上的事物就其外部特征用对比的方法予以研究，探索其相同或相似之处的一种研究方法。一般讲，事物的差异性可以是事物间本质特点的不同，也可以是细枝末节的区别。相似之处找不同，是在共性中寻找个性，重点用分析法；相异之处找相同，则是在个性中寻找共性，重点使用归纳法。比较观察法也可以看作是前述重点观察法的实际应用，因为多数的比较，都是需要在对事物进行重点观察的基础上进行的,因此在实践过程中需要对专业知识的灵活应用。例如,花是用作植物分类的重要器官,比较毛茛科和蔷薇科植物花的特点,即可对之进行分类,没有相关的植物知识,比较就无从做起;没有岩石学的基本知识,也便没有办法对岩浆、岩沉积岩和变质岩做任何区分。

(4)顺序观察法。实际上,对事物的任何有效的观察过程上都是有序的,这里所指的有序观察法,是特指按时间进程或空间排列的顺序进行的观察活动。前者如对动植物成长过程的观察、四季物候的观察,以及一天三次的气象观测等;后者如对野外环境或市内公园的考察活动,由于地点的转移和变动,实地的场景、景物均会随之改变,观察的内容和相应的要求自然也需跟着加以变化。

前面谈及的观察方法都是从不同的角度对观察方法的某种概述,在现实中诸多方法常会是融会贯通、交叉使用,对观察方法千万不要机械地理解。

3. 运用观察法的要求

通过观察既能收集信息,开阔视野,从收集的材料中选择和确定研究的选题;又可以使用通过观察获得的材料检验研究的成果,因而观察法在研究性学习中具有重要的作用。

那么,使用研究法开展研究性学习,有什么要求呢?

(1)观察要有明确的目的性。研究性学习中的观察,都应有明确、具体的目标和要求。为完成特定的任务,围绕一定的目标,为着一定的目的进行观察,就可以集中精力,容易收到效果。中小学生好奇心强,自制力差,稳定性不足,极易给有目的的观察形成冲击,事先即明确观察的目的和要求,使每个人都知道该观察什么,不必观察什么,就容易将注意力集中在需要观察的目标上;讲清楚当下的观察与正在进行的研究的内在联系,更可以调动学生的学习积极性,将观察活动变为学生自觉的要求。为了解决中小学生知识不足和经验欠缺给观察带来的困难,还可以适当地组织他们学习与观察有关的知识和方法,事先了解观察的要领,以便投入活动能专心致志地进行观察。否则目的不明确,要求不清楚,到时就会东张西望,漫不经心,甚至使注意力离开了观察中心,混淆了观察的对象与背景的界线,导致观察的失败。

(2)观察要真实地反映客观事物:观察法最根本的要求就是实事求是地反映客观事物。首先,要坚持观察的客观性,观察者要对观察的结果负责,有就是有,无就是无,不能无中生有,也不能指有为无,尤其要防止因为成见和偏见造成对客观事物的歪曲,犯主观主义的"误观察"错误。

其次,要注意观察的全面性,即需要多侧面,多角度,多层次地审视观察对象,切忌把局部当成整体,一叶障目,由片面性导致"未观察"的错误。

再次，把握观察的典型性，也就是说要使观察事实材料能够反映事物的本质特征，保证观察的结果具有典型意义。

观察强调客观，但并不否定人的主观能动性，观察得到的客观结果，是观察者积极主动的认识获得的。观察过程中观察者不能守株待兔，期待观察对象会呈现什么，而要力争主动去发现什么，这样才能从观察中得到有价值的东西。

(3)观察需要掌握正确的方法，形成良好的习惯。客观翔实的观察材料，是通过科学的方法获取的，为了搞好研究性学习，需要对中小学生进行观察方法的训练，帮助学生掌握各种观察方法的要领。观察有时会使用一些仪器或工具，更需在观察之前或过程之中予以讲解或训练，务求学生能够掌握，以便他们正确地使用这些工具或仪器进行科学的观察。

组织观察法的研究活动，事先需拟定观察提纲和明确观察的程序，就观察的时间、地点、范围、方法和形式做出明确的要求，以便使观察活动能够有条不紊地进行。

观察收集研究的资料，需要加以记录，记录内容要详细、准确，有些专业性的内容还要使用规范化的格式予以记录。中小学生在观察时最容易出现的问题：一是懒于记，二是不会记，教师有责任帮助他们解决这些问题。

学习和掌握观察研究法，中小学生也要严格要求自己，抓紧每一次机会，在实践中提高自己，不断总结经验，注意培养自己勤于观察，乐于观察，精于观察的良好习惯。

二、调查研究法

调查作为了解情况的方法之一，在日常生活中是经常用到的。正如普通的"看"并非科学的观察法一样，一般的了解也不属于调查研究。使用科学的调查研究法，广泛地收集第一手材料，不仅为解决特定的现时问题提供依据，还可以突破时空的界限，将其用于比较研究和纵向发展研究。

那么，什么是科学的调查研究法，它有着怎样的特点，又该怎样实施呢？

1. 调查研究法的概念

调查研究法是通过一定途径，采用一定办法，有计划、有目的、有系统地收集资料，认识和了解自然、社会和生活中的各种问题的科学研究方法。

使用调查研究的办法，可以有针对性地在较短的时期内取得第一手材料，为解决问题提供事实依据，同时又能较好地培养青少年收集信息、分析问题和解决问题的能力，因而在中小学生的研究性学习中得到了广泛的应用。

调查法与观察法有许多相似之处，但又有本质的区别，调查法的特点表现在如下几个方面：

（1）突破了时空的局限。与观察法需要将目标集中于正在发生的事物，取得的是直接信息不同，调查研究的内容和方法都发生了很大的变化。它以收集难以直接观察的材料为重点，突破了观察的时空局限。从时间上，调查者可以于事后从当事人那里了解已经过去的事实材料，也可以通过访谈和资料查询，了解事发当时及其后社会大众的反应；从空间看，只要研究需要，研究者更可以摆脱地域的局限，极大地扩展研究的空间。

（2）具有广泛的适用性。调查研究作为一种科学研究的方法，具有广泛的适用性：凡是地理、生物、农业、环境等与自然有关的项目；抑或是政治、经济、文化、教育等社会领域的问题，都可以采用调查研究的办法加以解决，只是对待不同的研究对象和研究内容，应分别选择适用的调查研究的方法。

（3）便捷和高效。调查研究法另一个特点，是它操作便捷，且效率较高。调查研究操作简便、实用，且成本较低。换而言之，只要人们能迈开双脚，张开嘴巴，就可以比较方便地获得一定的材料或信息，即使使用工具和材料，较之观察和实验也相对成本较低，操作也比较容易。

正因为便捷高效，调查研究才受到广大师生的青睐，许多学校最早开展研究性学习活动时，往往就是使用调查研究的方法实施的。然而，正因其便捷高效，其科学和规范便常常会为人们所忽略，以致会影响研究的效度和信度，必须引起人们的重视。

2. 调查研究的实施

无论哪一种类型的调查研究，一般程序多经由确定调查任务、选择调查对象、划定调查范围、制订调查内容、组织实施过程、分析调查资料、撰写调查报告等几个环节。

为了比较深入地了解研究对象的特征，对于较小的选题自然可以进行全面调查，对于涉及面较大的选题，则可以从总体中抽取部分作为"样本"做详细调查，并用统计学的方法对调查结果加以分析，用样本所具有属性反映总体的属性。

实施调查研究不仅要确定明确具体的目标，通常还需要审慎地设计适用的调查提纲，在社会调查中则常会使用调查问卷。

样本的选择和问卷的编制，在调查研究中具有特殊的意义，且技术性较强，要求较高，需要认真学习和对待。此外，访谈和文献调查也是调查研究中经常使用的方法。

（1）样本的选择。对自然现象的研究，样本的选择目的在于"解剖麻雀"，一般需要选择典型；对于社会问题的研究，样本需保持其与总体属性上的一致性。

选择样本的方法有概率抽样和非概率抽样两种形式。

概率抽样，需保证被研究的对象中的每一个体，都有可能作为样本成为直接的研究对象，样本要在总体范围内用随机方法取得。例如，使用随机编制的花名册，隔一定间距连续抽样，便可以得到一组随机样本；又如，将异质整体按一定标准区分为一些内部同质，而彼此并不包容的类别，分别计算各类别在总体中所占比例，再按比例从各类中抽取单个样本的个数，便可以得到一份分层的随机样本。

非概率抽样不要求样本必须代表总体，也不企图将研究答案推广到总体中去，这种方法更适用于中小学生的研究活动，例如小学生在街上向大众随机发放的环境意识调查问卷，在商店对顾客进行的商品需求调查，以及在阅览室对读者的抽样调查等，都属于这一类抽样。

无论是概率抽样还是非概率抽样，对于涉及较多个体单位的研究，抽样均需达到一定的数量要求。

(2)编制问卷。问卷是由一系列经过设计的问题组合的书面形式，它反映了研究者希望获得的信息。一份完整的问卷由导语、问题和结束语三部分组成。

导语置于卷首，内容包括研究者的自我介绍，简要地说明研究项目的意义，以及答卷的要求和作答的规则。

问题是问卷的核心内容，集中反映了研究者的意图，需按一定的准则予以选择和确定，这些准则一般是：

①内容要与研究的问题直接相关，且应包括研究中需要用此卷解决的全部问题；

②设问要简单、明确，不能模棱两可，不能产生歧义的理解；

③一个设问只包含一个意思，并可做明确无误的回答；

④防止使用导向性语言，不要引导答卷人回答问题的方向；

⑤防止给答卷人产生职业或社会压力，避免使用可能引起答卷人不满的问题；

⑥避免涉及隐私和其他微妙问题，以保证答卷的信度；

⑦题目设置应与答卷人的信息背景相适应，保证答卷人能够回答；

⑧题目的选择答案应具排他性。为避免答卷人违心地选择答案，必要时可设置中性选项。

问卷题目分为选择回答型和结果开放型两种情况。前者在设问后边为答卷者提供两个或两个以上的选项供选答；后者则由答卷者自主填写答案，对作答也不作限制；问题的编排需兼顾内容与逻辑的统一，通常须将选择题放在前面，开放题放在后面；选择题需按一定逻辑组织，将同一回答形式的题目放在一起，便于答卷者作答。

结尾语置于卷尾，文中应对答卷人表示感谢，也可请答卷人对答卷本身提出意见或建议。

总之，答卷设计整体上应力争做到醒目引人，通顺流畅，吸引答卷者乐于做出真实回答。问卷制成后，根据需要可在小范围试用，再依使用情况做出修订，定稿后才能在研究中正式使用。

（3）访谈和文献调查。利用抽样法获得的信息，了解得多是一般"面"上的情况，许多反映事物历史和发展动态的鲜活材料从调查问卷中是难以得到的。另外，从问卷中可能发现的典型的人和事，也需要进一步的追踪和了解，这就需要运用访谈和文献调查的方法。

访谈即访问和交谈，既可以用开调查会的办法，请当事人或与研究内容相关的人开会调查，当面收集情况，征询意见，集思广益；也可以请个别人作深入交流，两种情况事先都要作认真准备，制订适用的调查提纲，邀请适宜的访谈对象，访谈过程还须认真记录。

作为直接调查的补充，或者对某些难于直接调查的内容，或者为收集相关问题的背景材料还可以采用文献调查的方法。通过检阅报刊、文献资料、记录档案等，收集与问题相关的资料。

总之，无论采用哪一种方式，调查都是为了解决问题，对学生来讲都是一个学习的过程。要想在调查研究中获得真知，没有正确的态度是不行的，正确的态度，一是好学，二是科学，二者缺一不可。好学，就是要有对解决问题的求知欲和好奇心，学习没有激情是不行的；科学，就是按规律办事，不仅有科学的态度还要掌握科学的方法。总之，东张西望、满足于道听途说，是了解不到真实情况，学不到真知识的。只有认认真真，踏踏实实照科学的道理办事才行。

3. 调查资料的整理和调查报告撰写

调查研究的目的是收集材料，解决问题。通过实地调查、问卷调查和访谈得到的大量的材料需要收集、积累、整理、分析，才能从中得出必要的结论。

（1）调查资料的整理。对调查获得的资料的整理，通常包括对材料的及时整理和材料综合整理两项内容。

调查过程中随时获得的各种文字、数据和实物材料等，如实地调查收集到的标本、样品，观察和测量的记录等；社会调查回收的问卷、访谈记录，以及调查过程收集的照片和录像等等统称为即时资料。对这些即时资料的整理关键在于及时。

为了将获得的即时资料较快地整理出来，整理最好在调查当天进行。当天记忆清楚，材料整理起来省时省力，否则把材料积压起来，整理时需要重新阅读和熟悉，既劳神费力，又容易因遗忘造成不应有的损失。为长远计，即时材料的整理，需要根据研究问题的性质和要求，形成整体思路和建立必要的制度。如需要对收集到的材料分门别类地编制目录，记录材料的收集时间、内容和收集人；各种材料要放置于固定的位置，实行借阅登录制度等。为此，日积月累，材料逐渐丰富，也就不会发生紊乱和丢失了。如果必要，还可以分阶段地对已经收集的材料进行综合的整理，既可以对现有的材料去粗取精，也有利于发现问题，确定今后工作的重点和努力的方向。

（2）调查报告的撰写。调查工作结束后就可以在综合分析各项材料的基础上，完成从感性到理性的飞跃，撰写调查报告了。至于调查报告的规格，不同内容的调查研究的项目会有不同的要求。一般讲，对于较正规的调研报告，可以从以下几个方面考虑：

①问题的提出和内容界定；

②调查过程和使用的方法；

③研究结论及其主要观点；

④课题研究的价值及自我评价；

⑤研究中存在的问题；

⑥今后的设想与建议。

当然，对于中小学生的调查研究活动的总结，还要根据实际情况区别对待，对不同学段的学生分别提出不同的要求，逐步提高他们撰写报告的能力和水平。上述内容和要求则可以用做参考。

三、实验研究法

实验研究法是随着自然科学的诞生和发展逐步形成和发展起来的，目前不仅在自然科学而且在社会科学领域得到了广泛的应用，成为与观察法和调查法一样从现实中获取信息，发现科学真理的基本手段之一。

英国近代伟大的哲学家弗朗西斯·培根在其名著《新工具论》中反复强调："科学的任务在于发现自然规律，光依靠人体的感观和头脑的思维能力是不够的。因为人的理智会受到感情、意志和感官迟钝的障碍，受到各种偏见、常识和已有理论体系的干扰，因此，真正的科学应该是实验与理性紧密结合的产物"。与观察和调查相比，科学的实验方法，更能够揭示事物的因果关系，受到人们越来越多的关注。

1. 实验研究法的概念

实验研究法是人们根据研究的目的，运用一定的手段，主动控制、干预或模拟事物发生发展的过程，获取科学知识，揭示因果关系，探索事物规律的一种研究方法。与观察法和调查法相比，实验研究法具有下面一些不同的特点：

（1）在对事物进行控制下进行研究。与观察法和调查法不同，实验研究不是被动地收集事物在自然状态下可能提供的东西，而是研究者在对事物有选择地进行控制的条件下，提取"所愿望的东西"。实验过程使用人为控制的办法，排除自然状态下各种偶然因素和次要的干扰，去掉了各种假象的隐蔽作用，把现象的本质从非本质的背景中凸显出来；或者使在自然状态中难以出现或不易观察的现象人为地引发出来，使之反复出现，处于容易观察的条件之下，从而强化了研究对象的特点。主动地干预和控制研究对象，使研究者更能发挥自己的主观能动性。

（2）有效揭示事物的因果关系。调查和观察，虽然也可以发现被研究的事物中存在的诸多联系，但对其中什么是因，什么是果却常常会难以确切判定，研究得出的结论也多是以纯粹思辨的办法获得。实验法通过人为控制作用，简化和纯化了自然事物发生、发展的过程，把人们抽象的分析，综合等理性思维活动，通过有目的的实验设计和有效的操作过程，及其实验呈现的必然的结果，变成了人们可以看得见、摸得着的物化形式。因而实验研究的实证结果，比之在观察和调查的基础上通过思辨取得的结果更具有说服力。

（3）严格的规范和操作确保结果可靠。实验的目的是为了提供更多、更理想的认识事物的机会，以揭示其内在的规律。实验要求科学的假设和缜密的验证，有必要的仪器和设置的支持，有严格的规范和具体的操作要求，保证采集数据的精确、完整和研究结果的客观、准确。而且采用相同的条件，重复同一实验，还能得出同样的结论，这样的结论便由不得人们不信服。

2. 实验的设计与实施

影响事物发展有许多因素，科学实验时特别给这些因素以一定的含义，称为变量。变量又分为自变量和因变量（二者合称实验变量）和无关变量。

自变量是实验中由实验者操纵其变化的因素或条件；因变量是实验中由于自变量的改变而导致的相应的变化和结果；无关变量则是在实验中会影响实验结果的其他因素或条件。这里所谓无关变量，并非与实验无关，它们还是会对实验产生影响的，只是不是该实验所要研究的内容。科学实验本质上就是一个操作自变量，控制无关变量，关注因变量变化的研究过程。三者结合得越好，实验的效果也会越好。我们将会从下面的案例中深入理解三种变量的概念及其科学研究的实验设计的过程。

案例：设计一项实验，探索小球沿斜坡滚动，抵达坡角时，其在平面上滚动的距离远近与斜坡坡度的关系。

（1）实验中变量的分析。经验告诉我们，小球在斜坡上会自然地沿坡向下滚动，到达坡角后还会因惯性继续向前滚动一段距离。坡度的大小会影响小球在平面上的运动距离，案例要求探索小球在平面上滚动的距离与斜坡坡度之间的关系。实验时斜坡坡度就是自变量，因变量即是小球在平面上滚动的距离。除了坡度，还有哪些因素会影响运动的结果呢？人们可以从斜坡、平地和小球三个方面加以考虑。如：斜坡的长度、坡面和平地表面的质量（如平滑和粗糙）、小球的大小和质量等。这些因素都是无关变量，虽无须进行研究但它们都会影响实验的结果。基于上面的分析，实验要探讨坡度和运动距离的关系，既要准确有效地控制坡度，又要控制各种无关变量，使它们不要对实验产生影响，还要能够清楚地了解因变量的变化情况，这些便成为进行实验设计时必须解决的问题。

（2）自变量的操纵设计。实验设计必须考虑如何方便有效地操纵自变量的变化。作为实验自变量的坡度，由坡面长度（坡面）和坡降（即坡顶和坡底间的垂直距离）决定，为了消除无关变量坡长的影响，取其值为定长，坡度的大小则直接受制于坡降：坡降大，坡度大；坡降小，坡度小。在实验时，坡度为坡面和水平面的夹角，其值大小可直接由量角器测得。操作时，只需将实验装置中的坡面的坡度大小按一定间隔保持住，即可完成对自变量的控制。

（3）因变量的观测设计。因变量的观测设计，要解决三个问题：测量的指标、测量的方法和测量的次数。从案例看，小球从装置斜坡底端处作水平运动，其滚动距离是为实验因变量的数值，使用皮尺逐次测量每一次小球滚动的距离，四舍五入，精确到厘米。测量时将皮尺顶端置于坡脚处，直线测量坡角至小球停后的间距，将测量结果记录在事先准备好的记录表中，即得到实验结果。

实验过程如果仅用一个小球做一次实验，显然没有消除偶然性。如果用同一质量的小球做多次实验，结果只能是说明某一质量小球的运动的规律，仍然不是普遍性。只有用多种质量的小球分别做多次实验才能得到令人信服的实验结果。通常情况下，至少应选择三种不同质量和重量的小球，每一种至少重复三次，即可以满足实验的要求了。

（4）无关变量的控制设计，对无关变量的控制是实验设计中经常会遇到的一个困难问题。本案例涉及诸多无关变量，如果不对之做有效控制，实验将无法进行，为了将实验中自变量（坡度）和因变量（平面滚动距离）之间的相互关系凸显出来，就需要通过对无关变量的控制，尽可能使实验过程"纯化"。具体办法是：第一，消除。不使无关变量的内容参与到实验中来，如前述坡面长度采用定值，使用同样的长度的坡面做实验，就消除了坡长的影响；又如小球在坡面上的滚动速度会影响其在平面上运动的距离。为解决这个问题，操作时，统一将小球置于坡顶处，从静止状态开始试验，即解决了速度不同对现象的干涉；第二，把无关变量变为常量，也就是使这些无法排除的无关变量，在实验过程中都使之处于恒定不变的状态，如坡面和平面的质地，分别用同样的材料，问题也就顺利地解决了。

按照上述思路，完成案例提出的要求：用硬纸板折成一个凹槽，想办法架成一个斜坡；使斜坡顶端可自由开启，坡度可自由变化；控制并逐步改变凹槽的坡度用量角器测定其角度大小。届时，将小球置于斜坡顶部，使其自动下滚；从斜坡底部起测量并记录小球在平面上的滚动距离；记录和整理记录结果，分析并做图，便可发现斜坡坡度和小球在平面上滚动距离间的关系了。

3. 实验研究应注意的几个问题

任何实验研究都会涉及指导实验的科学理论、实验的物质设备和实验的技术操作等三个方面的问题。而中小学生研究性学习中之于这三个方面的问题又有其特殊要求，需要引起人们的注意：

（1）实验项目的选择和设计要有理论依据。中小学生研究性学习中科学实验活动，不外乎三种情况：验证科学知识、探索科学道理和总结科学规律。无论是从现实生活中选择的问题，也无论是从学科教学中派生出来的题目，其选择和设计都要遵循科学原理，首先就要弄清楚实验的理论依据是什么。科学研究是需要假设的，但假设有待检验，必须检验，而且只有通过检验才能称其为科学。假设反映的是人们对某些问题可能原因或结果的一种猜想，但绝非胡思乱想，其验证的过程，要仔细认真地分析各种因素在实验过程中所起的作用，通过实验排除干扰，揭示其内在本质的规律。任何时候都不要做那些一时心血来潮，考虑不周或可能危及人身和财产安全的事情。

（2）对实验技术和方法的学习要高标准要求。实验研究的内容不同，其目的、方法和要求也各异。自然科学性质的研究，无论内容如何，大多需要操作仪器设备，通过实验观察取得研究结果。社会科学研究虽然多数无须仪器设备的支持，也多有程序和方法的规范，通过多种途径收集信息作为研究的基础。中小学生要学习研究，学会研究，就要在实验的技术方法和规范上肯下功夫，高标准地要求自己。

学习技术和方法，不仅要从整体上弄清楚实验设计的基本思路，学习统筹全局，对实验设计从宏观上作整体的把握，而且在实验过程中对各个环节上的技术要求也需精益求精，特别要警惕鄙薄技术的思想作怪，满足于一知半解和纸上谈兵。

（3）加强对实验观察的指导。科学实验的成功不仅在设计，而且在观察，用观察的结果最终保证实验的成功。科学观察是有意识地主动观察，而主动观察恰是青少年的弱点。为此，实验过程中要帮助学生确定观察的范围和重点，观察过程还要特别注意可能出现的偶然现象，倘若出现，则要还原其条件，进行多次重复的观察，并需做全面记录。科学实验是严谨的事业，实验开始，没有对全面的统筹，不事先选定观察的要点，在纷繁复杂的实验现象出现的时候，就可能会不可避免地陷入眼花缭乱、手足无措的境地；但是不及时捕捉实验过程中可能出现的意外现象，也会与可能到来的发现机会失之交臂。

第五章 综合实践活动课程中的劳动与技术教育

本章学习要点

新课程将劳动与技术教育作为一个学习领域整体纳入综合实践活动课程。怎样理解这一课程设置的意义？与传统的劳动或劳技课相比，综合实践活动课程中劳动与技术教育有什么特点，其教育目标如何，课程实施和开发的原则和策略又是什么？这将是本章重点讨论的内容。

这一轮的课程改革，不再要求在基础教育阶段设置单独的劳动课或劳技课，而是把"劳动"与"技术"的内容整合起来，以"劳动与技术教育"这一新的概念作为四个指定领域之一，整体纳入国家规定的综合实践活动这一新型课程，期望通过相关内容的学习，引导学生经历多种劳动与技术活动实践，在动手动脑的操作学习过程中，获得积极的劳动体验，形成基本的劳动和技术素养，为他们将来的生活和发展打下必要的基础。

那么，综合实践活动课程中设置的劳动与技术教育内容，与以往单独开设的"劳动"或"劳技教育"课有什么不同，在综合实践活动课程背景下，对学生实施的劳动与技术教育特点和教育目标都是些什么，在综合实践活动课程整体运行中，劳动与技术教育的实施和开发又该遵循怎样的原则，采用什么样的策略和办法呢？这些，都需要我们认真地加以研究。

第一节 劳动与技术教育的特点和教育目标

就课程的设置和设计而言，首先需要关注课程的目标和内容这两个最基本的因素，通常是课程的目标设计决定课程内容的选择，课程内容的选择又保证课程目标的达成，二者密切相关，须臾不能分割。实施和开发综合实践活动课程中劳动与技术教育，自然也应该十分关注这一课程领域的目标和内容问题。为方便起见，本节将从其内容为重点反映出来的课程特点出发，进而研究课程实施需要和可能达到的教育目标问题。

一、综合实践活动中劳动与技术教育的特点

顺应时代发展潮流，适应课程综合化的发展趋势，新课改将劳动与技术

教育作为综合实践活动这样一门活动类必修课程的指定学习领域，即是宣布"劳动与技术教育"不属于学科课程，作为综合实践活动课程的一个重要组成部分，具有实践学习的基本属性；将"劳动"和"技术"之间加上一个"与"字，以"劳动与技术"整体上呈现课程的内容，即表明课程并非以往"劳动"或"劳动技术"的内容，而是强调了技术的独立性，凸显了课程技术教育的内涵及其重要意义；劳动与技术，两者既有联系又有区别，将二者作为一个整体纳入综合实践活动课程的必修内容，则进一步表明，课程实施更强调二者整合渗透的综合性特点。循着这样的思路进行思考便不难发现，综合实践活动中的劳动与技术教育，具有以下几个十分鲜明的课程特点：

1. 关注学习方式的选择，体现实践性学习的基本特点

将劳动与技术教育纳入综合实践活动课程作为一个学习领域，最清楚不过地表明了新课程对这一学习内容的学习方式的关注，明确宣示，在基础教育阶段对中小学的劳动与技术教育应采用实践性学习的方式。

将劳动与技术教育纳入综合实践活动课程，意在强调它的实践性学习特点，要求学习者主要通过模仿、操作、探究和发现的实践过程获取知识和技能、发展能力、提高解决问题的实际本领。而不是像学科教育那样，主要依赖继承性学习的方式，靠书本和教师的讲授获取现成的结论性知识。如果说以往劳动技术单独设课的条件下，由于各种各样的原因，还可能出现"课堂里讲机床，黑板上种庄稼"这种脱离实际的怪现象的话，将劳动与技术教育纳入综合实践活动课程的学习领域，其教学活动或教学过程，无疑都应遵循课程实施的整体要求，使对劳动与技术教育置于实践性学习这一整体框架之下进行。

实践性学习有多种呈现形式，即使在综合实践活动课程中，内容不同的学习领域，其具体的学习方式和方法也会有所差异。如：研究性学习，因其主要涉及对自然或人文现象的科学探索，多采用探究或研究的方法；社区服务和社会实践活动，由活动内容和性质决定，大量采用感悟式的学习方法；在劳动与技术教育的实施和开发时，通常多会采用操作性学习方式进行。可以讲，操作性学习是实施和开发劳动与技术教育的特点，也是它的优点。

所谓操作性学习，是指人们徒手或运用工具，对特定的实物对象进行操持和运作的一类学习方式，它们是对学生实施劳动与技术教育最基本的手段或方法。学生在徒手或使用工具，通过对客观事物实施操作的过程中，实现了对实物材料的认识，学会了掌握和运用劳动工具的技能，了解了操作的工艺程序和具体要求，同时也逐步通晓了对劳动成果进行评价的标准、程序和一般方法。总之，学生是通过操作实践的过程，逐渐获得了劳动的技能，取得了劳动的经验。与此同时，通过上述操作学习的过程，学生们还真实地体验到劳动中酸甜苦辣的各种感受，较好地形成对劳动和技术所覆盖的情感、态度、价值观的感受与理解。从学习内容的实际出发，上述学习特点为潜移默化地实现课程的教育目标创造了重要的条件。

2. 关注技术教育的重要性，体现劳动与技术并重的课程设计

以往我国基础教育阶段设置的劳动或劳动技术（劳技）课，很容易被人们理解为"生产劳动"或"劳动的技术"，课程实施也多是以组织学生参加各种门类的体力劳动。作为课程的教育功能，或者片面地强调劳动的德育价值，重视的是所谓劳动对人的改造作用；或者只是单纯强调帮助学生掌握一些普通的劳动技能和手段，普遍忽视劳动与技术教育内在的方方面面的教育价值，特别是忽视了课程中技术教育的价值和功能，使课程丧失了时代特色和应有的生命力。

20 世纪 80 年代开始，实施技术教育逐渐成为世界基础教育发展的一股强劲的潮流，1984 年召开的联合国教科文组织第 39 届大会，主题就是"从适当的科学与技术入门教育看普及和革新初等教育"，大会提供的建议书中还进一步提出"进行适当的科学与技术入门教育是革新初等教育中至关重要的内容之一"，"如果要成功地实现我们社会所必需的技术变革，教育投入应被看作是一项优先之事"。20 世纪末，由美国科学促进协会联合美国科学院、联邦教育部等 12 个机构联合启动的致力于中小学课程改革的跨世纪计划，也代表着未来美国基础教育课程和教学改革趋势的《2061 计划》更明确指出："技术是发展人类文明的强大动力，了解其无所不在的技术与他们将来生活和劳动世界的联系。"并且进一步要求，"普通教育应当以神圣的方式，把技术介绍成我们的历史、我们每个人的存在和我们未来的一个组成部分，既要让人们有机会去体验技术，同时又要抽象地学习它。"为了实现这一要求，《2061 计划》甚至提出了将技术教育的内容延伸到幼儿园阶段的办法。上述实例都说明，技术教育和科学教育同样重要，将其延伸到小学阶段已然是基础教育发展的大势所趋。

在科学技术高速发展，知识经济初露端倪的大背景下启动的我国新课程改革，必须适应社会的现实和未来发展的需要。作为中小学和社会联系最直接的纽带和与社会共脉搏最敏感的部位，劳动与技术教育必须对加强技术教育这一基础教育的世界性潮流做出积极的回应。新课程毅然提出了"劳动与技术教育"的概念，确立了劳动与技术教育的内涵，实现了由以往的劳动为基点向劳动与技术并重的课程设计的转变。尽管本次课程改革中有关技术教育的内容在中小学阶段还没有设置独立的课程，只是将"劳动与技术"整合起来作为一个学习的领域，整体纳入了综合实践活动课程予以实施，考虑到我国以往中小学课程从未列入过技术教育内容这一现实，现有的举措在我国基础教育的历史上也已然具有了首创的意义。

3. 关注领域整合，体现劳动与技术教育目标和实施途径的多元化

劳动与技术教育作为一个学习领域或内容要素，置于小学综合实践活动课程中加以实施，自然要从课程本身的综合性以及课程中各领域的整合的特点和要求出发，体现课程教育目标和实施途径的多样化特点。

小学综合实践活动课程劳动与技术教育目标的多元化，主要是指新课程设置超越了以往课程要求形成劳动观念，掌握一些劳动技能和方法的局限，打破了以往课程设计中普遍遵循的"小金工、小木工、小种植、小养殖"等劳动技术的学科体系，这种新的课程设置，为实现更为广泛的教育目标开辟了新途径。正如顾建军教授所指出的那样"综合实践活动中的劳动技术教育应立足于时代的发展，强调劳动教育中学生丰富的情感体验，强调学生劳动观念、劳动态度、劳动习惯的养成；关注学生发展为核心的，以劳树德，以劳增智，以劳健体，以劳益美，以劳促创新的多方面的功能实现和劳动教育的多途径实施"。劳动与技术教育实施的多元化即是指课程的多途径实施，既然将劳动与技术教育置于综合实践活动课程整体框架之内，自然相关的教育就要在课程的整体框架之内多种途径予以实施。实际上，正是综合实践活动课程本身独具的综合性特点，为劳动与技术教育的多途径实施创造了良好的条件。

首先，劳动与技术教育作为综合实践活动课程的有机组成部分，其内容具有相对的独立性，在实现学生全面素质教育方面又有其独特的优势，在课程的整体框架下，依照课程指导纲要，针对全体学生的需要，施以课程规定的劳动与技术教育，如劳动、家政、技术以及职业准备等，无疑应该成为综合实践活动中实施劳动与技术教育的主要内容；其次，多途径实施还要关注将劳动与技术教育和其他指定领域的教育紧密结合，互相渗透，在开发和实施相关活动的时候，注意挖掘其中可能包含的劳动与技术教育内涵。

综合实践活动内在的课程特点，具有综合实施劳动与技术教育的优势。劳动与技术二者的联系或整合自不待言，因为任何技术的学习大都包含着劳动的内容，任何劳动的过程也都有技术的含量。在实施劳动与技术教育时，将劳动过程和技术学习相结合，努力提高各种劳动活动中技术的"含金量"，目前已经引起广大教师的广泛关注。此外，综合实践活动其他各领域内容的开发和实施，无论是研究性学习还是信息技术教育，抑或是社区服务和社会实践的内容，每一项都可能包含有丰富的劳动与技术教育的因素，只要联系实际，充分挖掘，都可以有效地发挥它们对学生实施劳动与技术教育的价值和功能。

二、劳动与技术教育的目标

劳动与技术教育是中小学综合实践活动课程中指定领域的重要内容，其教育目标自然要符合课程的总目标。然而，作为课程中一个相对独立的组成部分，又不能仅仅满足于笼统地将课程总目标作为自己的追求，还必须恰当地确定其可能和必须承担的具体的教育任务，唯有如此，才能有针对性地选择教育内容，规范教育行为，有效指导课程实施。

《基础教育课程改革纲要（试行）》对中小学综合实践活动中劳动与技术教育规定了"了解必要的通用技术和职业分工，形成初步技术能力"的要求，对此，专家们具体地解读为"劳动与技术教育以学生获得积极劳动体验，形成良好技术素养为主的多方面发展目标"。在随后实施的高中"通用技术"课程则明确地将"提高学生技术素养，促进学生全面而富有个性的发展"作为课程的基本目标。考虑到"通用技术"是将综合实践活动课程中劳动与技术教育这一指定领域的内容分离出来，在高中阶段单独设置的一门技术教育课，为实现基础教育各学段同一类型课程相应教育目标的无缝对接和持续发展，中小学综合实践活动中劳动与技术教育的目标，亦应在实现受教育者的技术素养以及促进其实现全面发展两个方面恰当地确定自己的位置。

1. 近期目标：为形成受教育者的技术素养奠基

高中"通用技术"课程，在其确定的基本目标的基础上，还提出了课程的总目标，即"通过本课程的学习，学生将进一步拓展技术学习的视野，学会或掌握一些通用技术的基本知识，掌握技术及其设计的一般思想和方法；具有一定的技术探究、应用技术原理解决实际问题以及终身进行技术学习的能力；形成和保持对技术的兴趣和愿望，具有正确的技术的学习习惯，发展初步的技术能力和一定的职业规划能力，为迎接未来社会挑战、提高生活质量、实现终身发展奠定基础"。上述各项适用高中"通用技术"课程的要求，虽然对指导中小学的综合实践活动课程中劳动与技术教育都有某种指导或参考的价值，但它们毕竟是适用高中阶段的教育目标，并不完全适合中小学劳动与技术教育的具体情况。一般来讲，在中小学综合实践活动课程中的劳动技术教育更着重为受教育者技术素养的形成奠定坚实的基础。为此，在目标的追求上应注意如下几个方面的问题：

（1）注重劳动技能的训练和劳动态度的养成。对中小学生的劳动与技术教育，要从儿童自身的心理与生理特点和综合实践活动课程的特点出发，不能不切实际地提出过高的要求，施于中小学生的劳动与技术教育，尽管也强调

"技术"内容，但这种技术绝不是任何职业技术或专业技术，它只是也只能是施于基础教育阶段普通学校学生的技术教育，是与劳动过程紧密结合的技术教育。劳动，就是要动手，要操作，要在"做中学"，施于学生的劳动或技术大多数都属于基础性和通用性的内容。实际上，也只有这种基础性和通用性的内容在儿童发展的过程中才更加具有教育的价值。要将技术教育作为人人都必须接受和经受的历程，以形成未来社会成员都必须具备的基本素养，就必须从学会劳动开始。因此，课程实施要十分强调基本劳动工具的使用和掌握，以及基本劳动技能的训练和劳动方法的学习，要十分强调在从事各种力所能及的不同类型和内容的劳动过程中，培养或诱发学生萌生积极的劳动态度和劳动思想，并培养他们具有良好的劳动习惯。

(2)将对学生的劳动与技术教育定格在"素质"教育的水平上。传统技术教育重点都是使受教育者掌握某种劳动技能和操作技巧，新课改将通用技术目标定位于培养技术素养，以使受教育者将来面对纷繁复杂的未来世界时，能够具备技术创新的能力。施于中小学生的劳动与技术教育无疑应该成为实现这种技术素养的奠基工程。

为技术素养奠基，就要把对学生实施的劳动与技术教育定格在素质教育的水平上，也就是说无须将重点放在他们日后只要经过一定训练就能够比较容易了解和掌握的那些具体技能和技术上，而应把重点放在那些需要从小培养，而且会不断发展并且终生都会起作用的最基本的要求上。为此，施于小学生的劳动与技术教育，要十分注意激发、保持和发展儿童对劳动与技术问题的兴趣；关注启迪和发展学生的问题意识和质疑能力水平的提高；培养学生能够主动地从现实生活中发现具有实际意义的技术问题的能力；了解并认同对同一问题的解决可能存在不同的方法和思路；确立发展无止境，没有最好，只有更好的技术观念；初步了解技术是实现自然的人工化手段，任何技术的实现都必须符合自然规律；了解技术具有社会属性，技术既是对一定社会面临的实际问题给予的一个有效回答，同时也将为该社会的繁荣开辟新的道路，同时任何技术的实现、发展和使用都会受社会条件的制约；初步了解目的是任何技术活动的起点和归宿，检验技术的优劣，主要看其在社会生活和生产过程中的表现；初步认识技术活动的核心问题是创造和发明，从小注意学习创造发明的技法和思维方法，培养创造的欲望和意识。

总之，综合实践活动课程中的劳动与技术内容，需要将对青少年技术素养的形成这个大目标，放在素质教育的视野下进行分解，将对学生的劳动与技术教育的目标，变为儿童可以接受并愿意接受的过程。

2. 长远目标，为培养全面发展的人创造条件

在人类各个不同的历史时期，教育的内容和目标都不尽相同，只是随着资本主义生产方式的出现，有关劳动教育的问题才被提到日程上来，随之也便出现了培养全面发展的人的教育理想。其间，从资本主义初期空想社会主义者提出劳动教育，到马克思主义创始人提出教育与生产劳动相结合的教育原理，经历了一个漫长的历史过程。

以马克思主义为指导的中国共产党，早在第二次革命战争时期，在当时的革命根据地便把"教育与生产劳动结合起来"的方针纳入苏维埃文化教育总方针之中。新中国成立后，在不同历史时期，对教育方针的表述虽然也曾有所变化，然而"教育与生产劳动相结合"的要求却始终无从动摇。在社会经济和科学技术迅速发展，要求教育质量和教育效率不断提高的今天，实施新的课程改革，在综合实践课程中对受教育者施以劳动与技术教育时，也应当从贯彻党的教育方针的高度，从以人为本，实现受教育者全面发展的要求出发，认真研究和落实课程的教育目标。

(1)学习和领会马克思主义教育与劳动相结合的教育原理。劳动是人类特有的活动和人区别于动物的最本质的特征，也是人类及其赖以生存的社会得以持续发展的重要条件。恩格斯在《劳动在从猿到人转变过程中的作用》中，详细地论述了劳动在这一过程中重大而具体的作用，并做出了"劳动创造了人"的著名论断。

马克思的《资本论》在总结和肯定19世纪空想社会主义者欧文在英国纽兰克建立性格形成学园，推行工厂的生产劳动与智育相结合的经验时，认为："从工厂制度中萌发出未来教育的萌芽，未来教育对所有已满一定年龄的儿童来说，就是生产劳动同智育和体育相结合，这不仅是提高社会的方法，而且是造就全面发展的人的唯一方法"。基于这样的认识，他在《临时中央委员会就若干问题给代表的指示信》中，要求"对儿童和少年工人应当按不同年龄循序渐进地授以智育，体育和技术教育课程"。后来，在《哥达纲领批判》中，他更进一步指出，"在按照不同年龄阶段严格调节劳动时间并采取其他保护儿童的预防措施的条件下，生产劳动和智育的早期结合，是改造现代社会的最强有力的手段之一"。马克思还进一步提出了综合技术教育的思想，主张学习生产的基本原理和使用生产工具的技术。恩格斯在《反杜林说》一书中，在全面复述了马克思关于教育与生产劳动相结合思想的同时还进一步提出，在未来社会中，"生产劳动给每一个人提供全面发展和表现自己全部的即体力和脑力的能力的机会。这样，生产劳动就不再是奴役人的手段，而成为解放人的手段，因此，生产劳动就从一种负担变成一种快乐"[1]。

---

[1] 中共中央马克思恩格斯列宁斯大林著作编译局. 马克思恩格斯全集(第20卷)[M]. 北京：人民出版社，1972：318.

综上所述，不难发现，马克思主义的创始人不是从"抽象的人"，而是从现实的人；不是从一般社会，而是从一定历史条件下的社会考察人的教育和发展问题的。他们既肯定了生产力在人的发展中所具有的重要作用，发现正是大工业的本性需要尽可能多方面的发展工人，是生产力发展的客观要求需要将教育与生产劳动结合起来；同时又强调社会制度与生产关系的革命性变革，才能为全社会人的解放和每个人的全面发展创造条件。这样的教育理论无疑是科学的教育理论，反映了教育本身发展的内在规律。今天，当我们在对中小学生实施劳动与技术教育的时候，一定要把眼界放开，自觉地以这样的理论为指导，为实现学生的全面发展，充分发挥课程的教育功能。

（2）要充分挖掘劳动与技术教育促进学生全面发展的价值功能。1981年第38届国际教育大会，就教育与生产劳动之间相互作用的基本原则明确指出："教育与生产劳动之间应该是有效的、持续的互动"，"在互动中强调理论与实践的相互依存，强调生产劳动在社会的、美学的、文化的、经济的和个人的价值之框架内的地位和意义"。联系上述精神我们清楚地认识到，现代教育的发展，不是要削弱劳动教育而是要强化劳动教育，要强调劳动教育更加适合当今社会生产现实的需要，关注劳动教育多方面的教育价值。一句话，要从实际出发，促进学生全面和可持续的发展，就需要以劳树德，以劳增智，以劳健体，以劳益美，全方位地挖掘和落实劳动教育的价值功能。

劳动可以育德。这是因为劳动是学习的工具和教育的手段，劳动是铸就人生的熔炉。劳动教育的基本任务，在于使学生在学习为社会创造精神财富和物质财富的同时，感受自己存在的价值，从中得到快乐和享受。即使是自我服务性质的劳动也会有效地提高学生的适应能力和应变能力，更何况大多数的劳动都是在集体条件下，为了共同的目标进行的具有统一意志的行动，这对于增强学生的群体意识、合作精神，形成学生的社会责任感无疑具有重要的意义。在当前，教育与劳动的早期结合，对改变我国传统文化中根深蒂固的"视技术为淫技奇巧"，"劳心者治人，劳力者治于人"的传统观念，变革在独生子女环境下儿童和青少年中较为普遍存在的好逸恶劳的痼疾更有独特的作用。

劳动可以启智。在中小学综合实践活动中实施劳动与技术教育，是新形势下实现教育与生产劳动相结合的重要举措。在课程实施过程中，学生既要初步接触现代生产的一些基本原理，又要学习使用简单的工具，这种手脑并用的劳动训练，不仅可以帮助学生尝试使用学过的知识解决现实存在的问题，加深对知识的理解和记忆，更重要的还在于可以激发学生的兴趣，发展学生的思维能力，从而从根本上提高他们学习的能力和积极性。大量的经验表明，劳动是一种发展智力的实践活动，人们常说"心灵手巧"，实际上是"手巧心灵"，"儿童的智慧在他们的手指尖上"，一般来讲，凡是热爱劳动，心灵手巧的孩子，都会在智力上表现得更加聪慧。

劳动可以健体。劳动可以增强体质，促进身心健康发展，是尽人皆知不说自明的道理。然而，道理虽然简单，但真正做起来却不一定容易，从多年的经验看，这里还有一个需要把握适当的"度"的问题，在具体实施时必须从儿童和青少年的年龄特征和实际出发，过少不好，过多也不好。劳动过少，学生得不到锻炼的机会；劳动过多，打乱了学校正常教学秩序不说，甚至还会有损学生身心健康发展，造成负面的影响。

劳动可以益美。人是按照美的规律塑造事物的。人们塑造事物的过程即人们劳动和创造新事物的过程。在中小学实施劳动与技术教育会广泛涉及自然美、生活美、艺术美和科学美的内容，充分享受发现美、呵护美、创造美的过程，弘扬运用美的规律认识和改造世界的精神。

总之，实践以劳育德，以劳启智，以劳健体，以劳益美，就是实现以人为本，以学生的发展为本，把学生学习和理解劳动和技术的过程，变成促进学生德、智、体、美、劳诸方面生动活泼主动发展的过程。

第二节　劳动与技术教育的实施原则与策略

劳动与技术教育是基础教育领域中最容易受科技发展影响，最应该也最能够体现时代特征的开放性学习领域，将其纳入综合实践活动课程开发和实施，既要从综合实践活动课程的整体要求出发，联系综合实践活动所涉及的指定领域和非指定领域的内容，遵循实践性学习的一般规律；又要尊重劳动与技术教育相对独立的特点，发挥其独具的操作学习优势，联系当代科技发展和当前时代的要求，深入研究课程实施开发的原则和策略。

一、综合实践活动中劳动与技术教育的实施原则

课程的实施原则是指人们从课程的基本特点出发，为达到特定的教学目的所制订的在课程实施过程中必须遵循的指导思想和基本要求。一般来讲，学校中任何课程的实施，都要遵循该课程的基本特点和教育教学的基本规律，又要使这一课程能够服务于我们的教育目标和教育方针的要求。

几年来，在执行综合实践活动课程计划的过程中，专家和一线教师总结出一系列可资借鉴的用以指导课程开发与实施的相关原则，如：教育性原则，要求以人为本，以提高学生的综合素质为目标；科学性原则，即坚持活动内

容选择以及活动过程和结果的科学性；兴趣性原则，指活动既要从学生的兴趣入手，通过活动又要不断发展和提升学生的兴趣水平；制宜性原则，即坚持活动的开发和实施要因地制宜和因时制宜，强调课程的灵活性和开放性；创造性原则，活动不但坚持把提高青少年的创造力放在重要地位，而且要有提高学生创造力的有效措施；个性原则，是指活动要尊重学生的个性或人格，不断充实学生个性，使其得以健康和谐的发展；安全性原则，采用各种有效措施，为课程实施营造安全的环境和条件，保证活动的顺利进行，等等。

当然，除了上述几条，还有一些其他不同的表述。实际上，在综合实践活动课程实施过程中，这些原则，都发挥了它们的积极作用。劳动与技术既然是综合实践活动课程的一部分，在指导劳动与技术教育的实施时，上述原则几乎都可以直接予以运用。从当前劳动与技术教育发展的实际情况出发，为了充分发挥这一教育领域的教育功能，提出下述原则，更有其现实意义。

1. 课程开发实施的整体性原则

这里所谓"课程开发实施的整体性原则"中的"整体性"，是特指要从课程层面做整体把握，即需要把国家规定的综合实践活动课程中的劳动与技术教育的要求和校本课程中劳动与技术教育的内容整合起来予以开发和实施。这是由于综合实践活动课程所具有的国家课程性质和课程实施中呈现出来的某些校本特点所决定的。本来，作为一门国家课程的实施和开发，不一定非要考虑学校的特殊性，作为国家课程只需实现国家的教育意志和达到国家的基本要求就可以了，各地学校对于国家课程，有条件要实施，没有条件创造条件也要实施，是没有选择余地的。但是，我国新课改设置的综合实践活动课程，多年以来都倡导学校实施和开发，在许多地区教师们正是从校本开发和实施过程中认识了综合实践活动课程及其基本特点，并在实践中创造了许多可资借鉴的宝贵经验，这就在客观上便为将国家课程和校本课程整合开发和实施创造了先决条件。

劳动与技术教育是综合实践活动的重要组成部分，也是该课程的骨干部分，反映了国家教育意志和对学生的基本要求，无论是培养学生的技术素养还是形成他们动手实践能力，课程内容都需要具有一定的系统性、一贯性和价值逻辑，作为施于中小学生的劳动与技术教育，还要能够与日后高中课程有效衔接，这些都需要放在国家课程的框架下予以考虑，只有从国家课程的高度，将其与学校教育紧密结合起来，纳入学校课程体系，对学生的劳动与技术教育才能从课程计划和课时安排上得到必要的保证，使课程得以常态实施。

但是，以实践和操作性学习为特点的劳动与技术教育毕竟和语文、数学等学科课程不同，正像当前各地实施综合实践活动课程的情况那样，劳动与技术教育的实施，也常常会与学校及其周围环境条件结合起来，选择和设计活动的内容或主题，以致使劳动与技术教育可以明显具有校本化的特点。例如农村学校便常常会选择与种植和养殖有关的内容，如果仅仅考虑以国家课程办法实施，容易忽视劳动技术教育在学校层面的特殊需要；而过分强调劳动与技术教育的校本化特点，也会忽略教育的共同性价值和内容的系统化要求，在许多情况下还会忽视学生日后发展十分必要的前瞻性技能和技术的学习。实际上，无论作为国家课程中的劳动与技术教育的内容还是作为校本实施的劳动与技术教育的内容，其教育功能和直接的目标或者会显示某种不同，然而他们的教育理念是完全相通的，将二者整合，从整体上予以开发和实施，兼顾国家课程的基本要求，又尽可能地与学校实际结合起来，以应对国际上科学技术高速发展对人才素质的需要，选择和设计劳动与技术教育的内容，就既可以克服现有课程开发和实施过程中呈现出来的各种矛盾，又能够发挥国家课程和校本课程两个方面的优势，以劳动与技术教育的整体优势促进和实现学生的健康发展。

2. 活动设计目标的统一性原则

在中小学实施劳动与技术教育，各项具体项目的开发要努力实现传统上"由单一的工具性学科价值转向工具性价值和发展性价值相统一的目标追求，强调在形成一定技术能力的基础上学生共通能力的发展以及学生终身学习能力的形成。追思劳动与技术教育对人的成长和发展的贡献率"这就是活动设计目标的统一性原则和基本要求。对中小学生实施的劳动与技术教育所以要提出这样的原则要求，是因为新课程改革将劳动与技术课程的设计由劳动为基点转向以劳动与技术并重后，增加了课程中的技术要求，并强调劳动与技术的综合实施和多学科渗透的结果；同时又体现了将劳动与技术教育作为素质教育的重要内容，实现新课改主张的三维教育目标的基本要求。

任何课程都会体现一定的价值追求和选择，课程的价值取向之于课程发展具有定向的作用。

一般来讲，所谓工具价值是指事物所具有的对外在于自己的其他事物的价值。学校课程，如学科教育中的语文、数学以至综合实践活动课程中的信息技术教育、劳动与技术教育等内容，学了都会对学生的现在和将来有某种用途，因而这些课程就都具有工具性的价值。课程开发和实施倘若到此为止，显然还是不够的，还需从课程的实际出发，挖掘它们对学生发展的价值。就劳动与技术教育而论，如果仅仅将其教育目标锁定在学习某种技术、技能，掌握某些使用工具的方法，如在农村中小学开展小种植活动，学生们在劳动过程中学会了选种、挖坑、点豆、浇水、填土、施肥、锄草、收获等全过程涉及的各种技术和技能，到此为止，只是完成了课程的"工具价值"的要求。即使在活动中已经注意到劳动在形成学生正确的劳动态度和对世界观的改造等，也仍然是将课程局限于较低层次的、具有某种功利特点的、外在的工具价值的取向上，还有必要对课程作深层次的开发，努力达到课程对学生发展价值的要求。

实现劳动与技术教育的发展价值，归根结底是要激发受教育者自身探索未知，追根求源的精神需求，也即提升人们的求知欲和好奇心；同时又要帮助他们获得在实现这一精神需求时必须具备的，可以应对各种挑战的共通能力。这里所谓共通能力，可以理解为那些超越各门类的技能和技术之上的，又能对把握和学习各种专门技能或技术起重要或关键作用的核心能力。如分析能力、综合能力、理解能力、想象能力和创新能力等。对于前者，多表现为人们与生俱来的某种禀赋，对于大多数人而言，孩提时代其表现常常比较稚嫩，首先需要的是人们精心地呵护，然后才是如何使其得到不断的发展；对于后者，虽然也有先天的因素在起作用，但大多与后天的教育有直接关系，因为分析、综合、理解、想象、创造等过程毕竟有规律可循，有方法可以借鉴，一般可以通过训练加以开发。

劳动与技术的工具价值和发展价值是一个互相作用、互相影响的整体。通过劳动技术教育帮助学生形成一定的技术能力，无疑会有利于他们形成对劳动与技术的兴趣和向往，而技术要领掌握越好，达到水平越高，操作越是娴熟，就越是能够有利于学生自信心和自觉意识的形成和巩固，从而激发他们对科学技术的向往和追求。同理，学生对劳动与技术教育所要求的发展价值达到的水平越高，对课程要求的各项共通性能力运用得越普遍、越深刻，他们对课程涉及的各项具体技术和技能的理解和掌握必然也就会越好、越快。相反，如果对课程的发展价值缺乏认识或疏于应付，自然对与其相关的工具价值也就很难实现了。

二、综合实践活动中劳动与技术教育的实施策略

2002 年，新课程改革伊始，顾建军教授在教育部组织的《基础教育新课程骨干培训者"小学综合实践活动"课程国家级培训》时，即提出了在综合实践活动课程中"实施劳动与技术教育的主要建议"，主张对课程开发和实施要整体规划、综合实施、突出重点、因地制宜。这些建议在当时看来不可谓不中肯，实施起来虽然会有一定难度，但并非不可操作。然而，由于各种各样的原因，综合实践活动课程整体推进并不尽如人意，对其中的劳动与技术教育很少有

学校会按照专家的要求去做，自然也就鲜有落实专家意见的成功经验了。

近年来，随着新课改的发展，人们对综合实践活动课程认识不断深入，综合实践活动课程有效实施、常态运行和区域推进的"三重愿景"以及"课程必修，教师易导，学生爱学，效果实在"等具体要求逐渐被提了出来。这些思路对劳动与技术教育的开发和实施都有一定的指导意义。然而，要应对当前劳动与技术教育实施的难题，还应该对从课程面临的实际情况出发作更加具体的分析，当前尤其应从课程和教学两个层面，提出问题并研究解决的办法。

1. 依法施教，确保劳动与技术教育作为国家课程得到落实

对中小学生实施劳动与技术教育，符合时代需要，有利于学生健康成长和全面发展，事关培养社会主义事业的建设者和接班人，意义重大。新课程将劳动与技术教育纳入综合实践活动课程予以实施，又为在义务教育阶段的劳动与技术教育带来新的转机与活力。然而，从整体看，无论是劳动技术单独设课，还是纳入综合实践课程整体实施，在全国的许多地区，这一课程都还处于一种"讲起来重要，做起来次要，不检查不重要"的尴尬状态，甚至还没有把课程的内容真正变成学校的教育行为。鉴于此，坚持依法施教，确保劳动技术教育作为国家课程的重要组成部分，在城乡所有中小学得到落实便成为课程实施的先决条件。换句话说，各地都应毫无例外地将综合实践活动课程，连同其中的劳动与技术教育的内容，无可选择地纳入学校的课程计划，以确保国家课程的严肃性。

需要指出的是，就目前情况看，即便是综合实践活动课程落实了，也并不等于劳动与技术教育就落实了。为确保劳动与技术教育这一课程领域在综合实践活动课程框架下的有效实施，还需要正确地处理好劳动与技术教育在整体课程中的地位及其相应的比例关系，处理好课程中各指定领域间协调发展的关系，以便确保有足够的时间和恰当的内容和方式完成劳动与技术教育的任务。

课程落实，必须得到相关条件的支持，必须不断地创造或完善这些条件，以保障课程的有效实施和健康发展。

(1)完善制度政策建设。建立和完善相关制度政策是实现综合实践活动课和劳动技术教育健康发展的根本保证。各级教育行政部门和学校领导，需要倾心关注与课程实施配套的各项课程管理制度和激励机制，探索综合实践活动以及劳动与技术教育考核和评价的办法，以及与小升初、中考甚至高考建立良性互动关系的机制，尽快研究和制定课程的实施标准或指导纲要，真正做到使课程实施有法可依。

(2)加强师资建设。课程实施教师是关键。劳动与技术教育专业性是很强的，并非任何教师都可以胜任，必须建设一支专兼职相结合的教师队伍，并确实提高他们掌握课程所需的专业技能和课程的执行能力，才能推动课程有效实施并不断上层次、上水平。当前，各地都应创造条件，建立和健全相应的教师职称系列，改善教师培训制度，稳定教师队伍，提升教师的专业水平，保证劳动与技术教育的可持续发展。

（3）深化课程资源开发。课程实施资源是核心。施于中小学生的劳动与技术教育是国家规定的必修课程，承载着国家的教育意志，具有独特的教育功能，只有为学生研发和提供符合其认知特点的、系统和适切的教育资源，包括教材和与之配套使用的学具和器材、设施，才能保证课程的运行和发展。

总之，劳动与技术教育不是校本课程，其实施与开发不能仅靠校长的良知和教师的积极性，作为国家课程必须有国家课程的实施办法，作为必修课程必然有必修课程的基本要求。劳动与技术教育单独设课也好，放在综合实践活动的框架内实施也罢，要改变目前课程实施的大环境，就"课程"这个层面论，将课程落实做前提，制度建设做保障，师资建设做关键，资源开发做核心，不妨作为当前加强课程建设的重要方向。

2. 项目引领，全面提高劳动与技术教育的教育功能

新课程主张的劳动与技术教育与传统上劳技教育在学习方式上最显著的区别，即是由以往的作品引领转变为项目引领，从而有可能将传统上以简单模仿和机械训练的办法学习劳动技术的被动过程，转变为通过主动的项目引领，形成技术意识、技术能力与提高操作水平和创新能力的综合学习过程。这是因为仅仅以特定的作品为载体的劳动技术活动，尽管也可以引导学生获得对材料的认识，工具的运用，操作程序的认知以及技术要领的习得，但以具体作品引领活动，实施对象明确，目标相对单一，操作也相对简单，一般都可以通过规范性的操作便能完成，对其设计、探究和评价内容和过程的要求也相对较低。而以项目为载体组织活动，同一项目，目标一致，即便是为了解决某一特定具体的任务，而答案也可以是不同的，能够适用于同一用途的实物作品是多种多样的。这样的学习过程，对每一位学生来讲虽然也只是完成了一件作品，但却更容易激发思想，为学生的创造性发挥提供了更加广阔的空间，因而也可以更容易地成为学生主体参与下的劳动体验、技术探究和习得等多元学习方式的结合，从而使劳动与技术教育对人的成长和发展有了更高的贡献率。

（1）转变观念，探索新教法。目前，在中小学劳动与技术教育的教室里，常常会看到这样一种教学模式：教师出示作品，激发学生兴趣；演示制作过程，点明注意事项；学生动手制作，教师巡回指导。"请你照我这样做"的现象十分普遍。如此教学，学生操作的时间确实是保证了，然而动手有余，动脑不足，实质上仍然是在重复陈旧的学习方式。要改变这种状况，教师需要从改变教学观念入手，变革教学指导策略，要从作品引领教学的桎梏中解放出来，不仅要拓宽教学目标，更要从学生的生活经历和制作经验出发，引导学生开动脑筋，思考解决问题的多种途径，即便是从出示作品切入，也要启发学生细致观察，勤于思考，勇于质疑，充分想象，大胆创新，力争以与别人不同的方法完成自己的作品，努力把规范操作和创新意识统一起来，创造性地完成教学任务。

（2）解放思想，发挥两个积极性。从学习的自主性角度讲，学生是劳动与技术教育学习的主人，他们不仅是劳动体验和操作的主体，也是技术探究的主体。然而，学校学习毕竟是师生互动的行为，面对劳动与技术教育中诸多问题，大多数情况下，必定需要教师的参与和引领，这就需要教师充分发挥自己在劳动与技术教育中的主导作用。目前，在中小学实施劳动与教育的现场，常常会出现主体有余，主导不足的现象，教师们大多仅仅关注学生制作中的技术性问题，至于活动中学生情绪的变化，合作学习的效果等技术以外的问题，因教师指导意识的缺失多被忽视了，使对学生实施的综合性教育被简化为技术的习得，劳动课堂被异化为动手制作的作坊。解决这一类问题的关键，是教师首先要明确自己的定位，并敢于和善于发挥自己的作用。作为学习活动的指导者、组织者、参与者和服务者的教师不仅要创造条件，使全体学生能够在活动中进行自主探究，还要在学生学习和问题解决的过程中，适时地引导他们克服困难，创新思维，实现个性的发展。

（3）加强预设，关注生成，活化教学过程。受传统作品引领教学的影响，教师依既定教案，按部就班地组织教学，常会使劳动与技术的教学过程预设单一，生成不足，课堂犹如一潭死水，缺乏生命的活力。这也是当前劳动与技术教育非常值得关注的问题。

劳动与技术教育既然是课程，其实施就一定要有"预设"，也就是事先要对教学活动的目标以及达成设定目标的方法和步骤做必要的设计。用新课程观念组织教学活动，采用项目引领，更需要从把握教育资源的特点和吃透学情两个方面着力，既要在循序渐进的基础上把握项目的典型性，尽量使其有利于学生观察、设计、操作、评价、交流等过程的展开，有利于学生的主动学习；又要关注实施过程，敢于和善于根据学生在学习过程中的即时反映，及时打破预设束缚课堂教学的局面，能够从学生的发展出发，适时调整教学思路甚至改变教学进程，抓住教学过程瞬息即变的从学生中闪现出来的智慧火花，巧妙地将教学过程引向深入。

　　劳动与技术教育教学过程的实施策略，绝不仅限于上述三个方面。教学过程充满辩证法，需要认真总结。综合实践活动和劳动技术教育的任课教师，要坚持从课程发展的实际出发，自觉地运用辩证法的观点，总结自己和周围教师的经验和教训，不断地提高教育教学能力和教学艺术，做好各自的工作。

第六章 综合实践活动课程中的信息技术教育

本章学习要点

信息技术教育是综合实践活动课程指定领域的重要内容。为什么在综合实践活动课程中要加强信息技术教育，又怎样才能"在课程实施过程中，加强信息技术教育，培养学生利用信息技术的意识和能力"，涉及一系列的理论和实践问题，这将是本章研究的重点内容。

随着信息社会的到来，以计算机和网络技术为核心的现代信息技术迅速发展，正在越来越深刻地改变着我们的生产方式、生活方式、工作方式以及学习方式。信息的获取、分析、处理和应用将成为现代人最基本的能力和素质。从小培养学生掌握和应用现代信息技术，是信息社会对人才的基本要求，也是增强综合国力的一项重要措施。

我国中小学信息技术教育的发展从 20 世纪 70 年代末 80 年代初开始，历经三个阶段：第一阶段，重点是计算机学科教学，培养学生学习和掌握信息技术基础知识和基本技能；第二阶段，从 80 年代中后期开始，重点是计算机辅助管理，主要是开发教学软件、课件和教育教学管理软件，把计算机作为一种工具与教育教学相结合；第三阶段，从 90 年代中后期开始，重点是网络教育。30 多年三次浪潮，三个阶段，当前信息技术课程、课程整合、网络教育三大热点齐头并进，且有相互渗透、互相融合的趋势，正面临一个前所未有迅猛发展的大好局面。

2001 年 6 月《基础教育课程改革纲要（试行）》中要求："从小学至高中设置综合实践活动并作为必修课程，其内容主要包括：信息技术教育、研究性学习、社区服务与社会实践以及劳动与技术教育。"并要求中小学不再单独设置信息技术教育课程。将信息技术教育纳入综合实践活动课程，无疑对作为由活动课程规范、发展和提高而来的新的综合实践活动课提出了更高的要求，在为新课程改革注入了新的活力和动力的同时，也为新的综合实践活动课程的开发和实施提出了许多需要研究的问题。新课程、新理念、新要求、新问题，需要我们以积极、主动、严谨、求实的态度认真加以对待。显然，即便在学校教育这一领域，信息技术教育的内涵和外延都是非常宽泛的，鉴于本章下面论述的信息技术教育的内容，仅仅限于与本课程相关的信息技术教育问题，面对综合实践活动课程中信息技术教育的种种问题，从理论和实践两个层面加以梳理和研究，以便推动学校的综合实践活动课程信息技术教育的健康发展。

第一节　信息技术教育的任务与教育目标

教育部颁布的《基础教育课程改革纲要（试行）》明确指出，信息技术教育作为综合实践活动课程的四个指定领域之一，目标就是要"培养学生利用信息的意识和能力"。这是因为当前科学技术高速发展，知识急剧增长，知识作为生产要素，已经成为经济发展的直接资源。知识经济对人的素质提出了新的要求，生活在知识经济时代的人们必须掌握相应的信息技术。虽然把信息技术教育单纯理解为学习计算机知识和运用计算机的技能训练是不全面的，人们现实生活中使用电话、手机、传真机、照相机、电视、收音机以及各种平面媒体……都蕴含着信息技术内容。但是，以计算机和计算机网络作为信息技术的强有力的工具，毕竟已然成为信息技术的主要代表，通常人们正是把认识、使用，并有计算机和计算机网络参与的教育才称为信息技术教育的。正确地理解信息技术教育在综合实践活动课程中的定位和它的教育目标，是实现综合实践活动课程中信息技术教育任务的先决条件。

一、信息技术教育的任务

课程是学校教育的载体，是学校实现培养目标的施工蓝图和组织教育教学活动最主要的依据。学校教育中每一门课程都在课程体系中占有一席之地，都有特定的教育教学任务。只有各门课程都能圆满地完成各自确定的教育教学任务，才能保证国家教育方针和学校教育任务的完成。新课程改革特别强调课程意识，首先即是要求课程的实施者明确相关课程的定位，也即是确定各门课程在课程体系中的位置，进而明确该课程所具有的特点及其具体的教学任务和要求，做到胸中有全局，才有可能做好各自具体的教育教学工作。

《基础教育课程改革纲要（试行）》明确规定，将信息技术教育作为综合实践活动必修课程的重要组成部分，将对学生的信息技术教育的任务，作为课程"指定领域"放在了以实践性学习为特点的这一课程之中，并明确要求"在课程实施过程中加强信息技术教育，培养学生利用信息技术的意识和能力"，即是明确而具体地对综合实践活动课程中的信息技术教育作了清晰的定位，也即是说：当前，在中小学，主要通过综合实践活动课，采用活动的办法，达到使学生获得利用信息的意识和能力这一教育目标。

在中小学设置综合实践活动课程为什么要强调加强信息技术教育内容，而且不再单独设置信息技术课程？单靠综合实践活动课程的实施，是否就可以达到上述信息技术教育的要求呢？这是许多人都在关心和思考的问题。

1. 培养学生利用信息技术的意识和能力

21世纪，人类迎来了信息时代。所谓信息是泛指被赋予一定含义的符号，如声音、动作、文字、图画、气味等等。信息古来有之，其所以现在引起人们的广泛关注，是因为由于科学技术高速发展，知识爆炸，导致人类对自然界和社会的认识达到了前所未有的更高阶段，以及以计算机发明为代表的信息革命革新了人们的思维工具的缘故。诚如安宝生教授在30多年前所做的总结那样，"计算机是信息革命的标志，它的发明使人类的思维工具产生了质的飞跃"。

计算机具有强大的计算能力，曾任美国通用计算机科学部主任的卡尔·莫汉指出：在现代社会中，计算机的智能放大因数达到了2000：1，换句话说，就是一个正常人操作计算机可以使自己处理信息的能力提高2000倍；计算机具有强大的计算和检索功能，使从对信息采集、传递，到检索、分类、统计、纠错等过程都可以全部自动化完成，极大地减少了期间可能耗散的无用功，以致人们常会惊叹："过去知识靠积累，现在知识靠检索"，极大地改变了人们的学习方式；计算机还可以帮助人类进行逻辑思维，"只要逻辑关系清楚的程序，计算机都比人能干"。这就不难理解，计算机与世界顶尖棋手过招，也可以战而胜之的奥秘。钱学森在全国首届思维科学讨论会发言时就曾指出过："一切逻辑思维的东西都可以上电子计算机，都可以利用电子计算机来代替人的劳动。"

计算机和网络技术的广泛使用，使社会生产方式发生了翻天覆地的变化，当前，无论国内还是国外，一些特别恶劣的工作环境(如低温、高温、有毒、有害、高空、深海等)中的作业和特别繁重的体力劳动已经或将要被机器人或自动化生产线所代替，在一些发达国家，一些无人车间、无人工厂的出现，更昭示了未来工业生产发展的方向。当前，信息产业的就业比重已经成为衡量一个国家经济发展水平的重要标志：一方面，传统的工农生产领域正在经历自动化、智能化的深刻变革；另一方面，由信息化新生出来的更多的新兴产业正在为人们提供越来越多的就业机会。计算机发展正在使计算机程序成为人类的第二种语言，网络技术的发展将会使每一个家庭、每一个工作岗位，甚至世界上每一个流动的人都联系起来的梦想变为现实。以计算机和网络为代表的信息技术，代表着人类社会的发展方向。掌握信息技术不仅是生产发展的需要，而且是人们生活的需要，是提高人们生活质量的需要。在这样的背景下的中小学教育，要迎接信息化社会的挑战，培养面向信息化社会的创新人才，就必须引导学生了解信息社会，学习信息技术，形成信息社会必备的生存意识和生存技能。只有如此，才能适应社会的潮流，跟上时代的发展。这些就是对中小学生进行信息技术教育的出发点，也是在综合实践活动课程中必须加强信息技术教育的根本原因。

新课程将信息技术教育纳入综合实践活动课程，作为课程的一个指定领域予以实施，就必须从课程的特点出发，坚持从学生的需要和兴趣切入，以与学生生活和社会生活密切相关的现实问题为载体，以探究性学习为主导的学习方式，在活动实施的过程中，努力实现对学生的信息技术的教育，实现课程所能承担的对学生实施信息技术教育的任务。

2. 学校信息技术教育需要多渠道实施

信息技术发展的一个显著特点，是信息工具的性能和价位组成的性价比令人惊诧的发展态势。一方面，随着信息工具的不断创新和以人为本的软硬件设计与开发，各种类型的信息工具的性能越来越好，功能越来越完备，操作越来越简单，使得人们顺利共享社会涌现的海量信息成为可能；另一方面，随着以计算机为代表的各种信息工具价格越来越便宜，网络技术使用得越来越普遍，信息技术装备已然进入了普通学校和寻常百姓家庭，使得以往神秘莫测的信息技术的操作和使用，变得有如使用电视机和电话那样简单，更使得人们通过信息技术共享社会信息资源的梦想正在成为现实。

既然操作信息工具的技能变得如此简单易行，有关计算机软硬件基本原理、系统控制命令以及软件编程等专业性知识，对于多数信息工具的使用者而言就变得无关紧要了。他们关注的重点正聚焦于在什么时候和在什么环境或条件下，需要或应该使用什么样的信息技术，以及相关的信息工具的操作方法和技术要领，也即是当前人们反复强调的，提高"利用信息技术的意识和能力"问题。

正是在上述信息技术发展的大背景下，《基础教育课程改革纲要（试行）》才特别强调，不应当把信息技术仅仅作为学习的对象，而应当作为学习的工具，要"大力推进信息技术在教学过程中的普遍应用，促进信息技术与学科课程的整合，逐步实现教学内容的呈现方式、学生的学习方式、教师的教学方式和师生互动方式的变革，充分发挥信息技术的优势，为学生的学习和发展提供丰富多彩的教育环境和有力的学习工具"。

无须把信息技术仅仅作为学习的对象，而应当把它作为学习的工具，是新课程改革对信息技术教育的要求，是对以往信息技术要求的一种发展。把信息技术从学习对象转变为学习工具，更强调对信息技术的使用，强调要把信息技术作为提高学习质量的重要载体，需要努力把信息技术教育和各门课程(包括学科课和活动课)整合起来，实现教学方式和学习方式的变革；还要把信息技术从仅仅作为辅助教学的手段，转变为学生的学习方式，尤其要关注建构在网络环境下学生自主学习的方式。信息技术不仅仅作为学习的对象，而且应当作为学习的工具这一要求，不仅是对综合实践活动课程的特殊要求，而且应该是针对学校中所有课程的要求，任何课程概莫能外。然而，综合实践活动课程的确具有与信息技术教育整合的独特优势：信息技术教育的内容既是综合实践活动的研究对象，又是实施综合实践活动的重要工具，以及综合实践活动独具的实践学习特点，在实现信息技术与学生自主学习、主动探究、合作交流等方面的优势和长处是其他课程无可比拟的。正因为如此，综合实践活动在其开发和实施的过程中，自然就需当仁不让，努力实现与信息技术的整合，将其作为一种有效的学习工具加以学习和运用。

新课改将信息技术教育作为四个指定领域之一，置于综合实践活动的课程框架内实施，并要求中小学不再单独设置信息技术教育课程。十几年来的实践结果却是，在全国各个省(市、自治区)中，没有一个是将信息技术教育内容置于综合实践活动课程中，而不再单独开设信息技术课的。相反，大多数的省(市、区)都在中小学校单独设置了信息技术教育课程，并且有相应的教材予以保障。这一现象不能不引起人们的注意。为什么会出现这样一种情况呢？

首先，信息技术教育实在太重要了，为使受教育者适应未来信息社会的需要，必须对中小学生实施信息技术教育，任何一级教育行政官员，任何一位负责任的中小学校长都不敢对此稍有疏失。

其次，将信息技术教育置于综合实践活动课程，依现行的课程主张，实在无法实现对学生进行信息技术教育的全部要求。试想，按专家们设想的办法，课程资源主要由学校教师和学生自行开发，学校教师和学生怎么会有如此大的本领呢？当综合实践活动课程本身在许多地区实际上仍然处于"三无课程"(无大纲，无教材，无专任教师)的状态下，又何谈完成国家规定的信息技术教育的任务呢？

再次，即使在综合实践活动开发和实施较好的一些地区和学校，也仍然发现："鉴于信息技术本身所具有的工具性特点，它的基本训练内容有其内在的系统性，需要假以时日的训练，因而很难将其作为综合实践活动课程的内容自然地融入活动之中去。以至有必要在中小学阶段单独设置信息技术课。"

基于上述实际情况，人们不难得出以下结论：

(1)在综合实践活动中充分使用和整合信息技术的内容是毫无疑义的，甚至将信息技术教育作为指定领域的内容放在综合实践活动课程中加以实施也不无道理。但是，如果到此为止，仅仅指望将信息技术教育的任务交由综合实践活动一门课程全部完成则是不适当的。

(2)把信息技术不仅作为学习对象，更要作为学习工具是正确的，主张在活动过程中加强信息技术教育也是可取的。但又绝不能仅限于此，以为只要完成综合实践活动课程中若干活动就可实现对中小学生的信息意识和能力的培养则是不现实的。

(3)毫无疑问，对中小学生的信息技术教育应该多渠道实施，实行"齐抓共管"。综合实践活动则只能作为对学生实施信息技术教育的主渠道之一，主要从活动独具的实践学习特点出发，发挥自己的优势，通过任务驱动下的学习活动，实现对学生利用信息意识和信息能力的培养。

二、综合实践活动课程中信息技术教育的目标

第四届世界计算机教育会议，根据国际计算机教育的经验以及信息社会对计算机教育的需求，曾经提出过计算机文化教育这样一个概念，作为普及计算机教育的目标。所谓计算机文化教育，是指"为了使一般人了解信息社会，并能在信息社会中有效的进行工作和生活所进行的与传统的读写、计算等文化教育同样重要的计算机普及教育"。它应该成为信息社会基础教育的重要组成部分。

计算机文化教育，可以理解为基于计算机使用的信息技术普及教育，内容主要包括两个部分：其一，使学生掌握必要的信息技术的知识和技能，也即是认识计算机并掌握与计算机相关的技能；其二，培养学生利用信息技术的意识和能力。后者与我国教育部《基础教育课程改革指导纲要(试行)》对综合实践活动课程中信息技术教育的要求是完全一致的。《基础教育课程改革指导纲要(试行)》是将对中小学生信息技术教育的目标要求锁定在培养学生"利用信息的意识"和"利用信息的能力"这样相互联系的两个方面，这是在以互联网和多媒体技术为核心的信息技术正在走进中小学，并将成为我国大多数学校的教学和学习工具的背景下，提高学生信息素养，培养信息化社会所需要的合格的基础教育毕业生的必然要求，各地学校都应该认真贯彻和执行。

1. 培养学生利用信息的意识目标

随着知识经济时代的到来，信息已经和物质与能量一样成为人们生存世界中的一个基本要素。在科学技术高速发展的今天，不仅新知识产生以及将

新知识运用于生产中去的时间正在迅速缩短，而且由计算机信息处理技术和网络技术支撑的信息高速公路，正在迅速地将全世界连成一个统一的地球村，人们的生活、工作、生产、科研……总之，在所有的一切方面都正在或即将受到信息化的洗礼，培养学生利用信息的意识刻不容缓。

培养学生利用信息的意识，不仅仅是要帮助学生树立信息重要性的观念，而且要培养学生积极地选择和正确地使用信息，培养学生对信息的积极态度和价值观念，其具体要求至少应包括以下几个方面的内容：

(1)重视获取信息。大千世界，信息无处不在，要保持对信息的敏感，学会获取信息，不仅面对变化的自然和社会尽可能地做到耳聪目明，在知识爆炸的今天，还必须学习和掌握相应的认知工具和进行必要的技能训练。

(2)学会选择信息。信息不等于知识，有用的信息才是知识。在浩如烟海的信息海洋中获得有用的知识，就要对得到的信息进行加工和处理，进行选择和控制。必须明白，加工和利用信息比拥有知识更为重要。

(3)明辨信息真伪。信息不像实物，可以看得见摸得着，比较容易识别。多数情况下，它无影无形，令人难以捉摸。然而，只有真实的信息才能于人有用，而虚假信息则会贻害无穷。明辨信息真伪常会成为利用信息的前提条件和关键所在。要树立正确的信息意识，就要摒弃道听途说，学会兼听则明，尤其要牢记"实践是检验真理的唯一标准"，要重视调查研究和亲历实践。

(4)树立正确的信息技术活动行为规范。信息技术活动是一种社会活动，它应当有明确的社会目的，并服从于特定的社会规范。美国的科学社会学家默顿把科学活动的社会规范称为科学的精神气质，他提出的科学活动的规范包括：普遍性、竞争性、公有性、诚实性及合理的怀疑性等几个方面。信息技术活动属于科学活动的范畴，上述规范也适于信息技术活动，理应成为支配从事信息技术活动的人及其从事的信息技术活动的行为规范。

2. 培养利用信息的能力目标

有意识就会有行动，有信息意识，就可能导致运用信息的冲动和行为。但是，意识虽然可能会指向活动，却不一定能够保证达到胜利的彼岸，必须具有能力才能实现预期的目的。能力是实力的重要表现。

信息技术不仅是对信息工具的娴熟的使用，其实它本身就是一种工具。将其作为工具，与研究性学习、劳动与技术教育以及社区服务和社会实践活动紧密结合，以各种求知的活动为载体，使用信息技术这一工具发挥其应有的作用，并在这一过程中提高人们使用信息技术的能力和水平。信息能力表现于对信息的获取、分析、加工、创新、利用和交流共享等各个方面。今天的学生必须学会在信息世界里发挥自己的能动性，学会获取那些与自己兴趣和需要相符合的信息，同时要学会排除干扰信息，能够对各种各样的信息进行分类并判断其可信性、可利用性和相关性，同时学会使用适当的信息，形成自己的结论并与他人进行交流。

对于中小学的学生来说，信息能力的具体要求至少应包括如下一些内容：

(1)信息获取的能力。能够根据学习要求，主动、有目的地去发现信息，并能通过各种媒体，如互联网、书籍、报纸、杂志、电视等，或者自己亲自参观、调查、实验、研究等，收集到所需要的信息。

(2)信息分析的能力。能够对获取到的丰富信息进行筛选，判断其信度和效度，并对真实有用的信息进行分类。

(3)信息加工的能力。能够将不同渠道获取的同一类信息进行综合，结合自己原有的知识，重新整理、组织、存储，并能够简洁明了地传递给他人。

(4)信息利用的能力。利用所掌握的信息，使用信息技术或其他手段，分析、解决生活和学习中的各种实际问题。

(5)信息创新的能力。通过分析、综合、抽象、联想、归纳、整理等思维活动，对信息进行加工，找出相关性、规律性的线索，或者能从表面现象寻找出事物的根源，得出创新的结论。

(6)信息交流与协作的能力。能够通过互联网等平台拓展自己的交流范围，面向世界，开阔视野，并能利用信息技术加强与他人的联系或为着一定的目的进行协作。

第二节　信息技术教育的实施策略

现代信息技术，内容广泛，发展迅速，为综合实践活动的开发和实施提供了丰富的内容，举凡信息技术基本工具及其使用要领，计算机文字处理基本操作和数据处理，计算机基本软件和绘图工具的使用，网络基础知识及其简单应用以及简单的多媒体作品制作等，都可以为综合实践活动提供丰富的主题内容；同时，在活动实施过程中充分而积极地运用计算机工具以及多媒体和网络技术，特别是借助网络形成的浩瀚无垠形式多样的资源库，以及由信息工具优势提供的处理信息、交流思想和展示成果的强有力的支持，更可以极大地拓展综合实践活动的时空范围，提升综合实践活动的质量和水平。

充分利用信息技术的这些优势，在综合实践活动的过程中达到培养学生利用信息技术的意识和能力的目标，需要从综合实践活动的特点出发，认真研究信息技术教育的实施策略问题。

一、实现信息技术教育与其他领域的融合

综合实践活动以实践性学习为特点，强调的是"做中学"的理念。基于这一理念的综合实践活动中的信息技术教育，虽然可以将信息技术的内容作为研究的对象，但更强调它的工具价值，在如此条件下实现信息技术教育，无疑应该需要将信息技术教育和综合实践活动其他领域的内容，有机地融合起来加以实施，这对于中小学生是一种理想的信息技术教育形式。

1. 信息技术与研究性学习融合

研究性学习是综合实践活动的核心和灵魂，它强调学生通过问题解决的实践过程，增强探究和创新意识，学习科学研究的方法，发展综合运用知识的能力。在学生开展研究性学习过程中，以计算机和网络为中心的信息技术大有用武之地。在实施研究性学习的各个阶段——确定选题、搜集证据、提炼结论和评价交流的过程中，都会发挥重要而积极的作用，研究和努力实现信息技术和研究性学习的融合，是开发和实施综合实践活动的重要任务。

学生开展研究性学习，可以借助网络收集信息，以便确定研究选题，并围绕需要解决的问题通过网络收集适当的证据。因为许多自然科学前沿的知识在教科书和已有的纸张出版物中常会鲜有所见，涉及人文和社会内容的信息又常会瞬息万变，人们很难借助文字媒介开展即时的研究，最好的办法就是依靠网络进行搜寻。为了达到这样的目的无疑需要有关网络知识的支撑，通过活动的实践建立网页的概念，使用工具软件进行上传下载，最终会使研究性学习的方式和内容与信息技能的掌握实现珠联璧合。

研究性学习是一种过程性学习，它的主要功夫在于实践活动过程中的研究，研究过程可以使用信息工具帮助记录、整理和分析处理各种数据，这便大大减少了人力的投入，从而达到多快好省的效果。例如：当学生研究水在加热时内部温度变化规律的问题时，只要在一定时段记录下即时水温，然后把有关数据输入计算机，使用 Excel 软件就会自动生成折线统计图，得到水温变化图，反映水温越高温度上升速度越慢这一规律。又如，在活动中需要上网，学生们就会去钻研如何上网的知识，需要什么条件，该如何配置设备。如果需要与他人进行联络，接收或发送邮件，则需要去摸索 Outlook。如此等等，不难理解使用计算机辅助研究工作，自然就需要安装和使用某些应用软件的方法和技能，在活动的实践过程中也就自然而然地使对研究方法的习得与计算机技能的掌握有机地整合在一起了。

至于在研究性学习的总结交流阶段，对信息技术的普遍使用就更不待言。我们提倡学生在综合实践活动中要充分地利用信息技术的各项成果，更期待

着有更多的基于学生自主学习的软件问世，促进综合实践活动的实施与开发。

2. 信息技术和劳动与技术教育融合

劳动与技术教育是综合实践活动指定领域的重要内容，劳动技术教育要注重培养学生良好的劳动习惯和劳动人民的思想感情，更要"注重了解必要的通用技术和职业分工，形成初步技术能力"，在这一方面，信息技术与劳动技术教育的融合具有广阔的天地。

首先，随着知识经济的到来，人类的劳动生产方式正在发生深刻的变化，作为劳动技术教育组成部分的信息技术内容，在生产劳动中的地位日显重要，随着计算机及其技术的日益普及，以往许多属于专家们专利的信息技术内容，正在变为人人应该掌握的通用技术。了解主板、CPU、内存、硬盘、驱动器、光驱、键盘和鼠标等硬件的基本知识，掌握计算机组装的要领，选择零件进行实际组装，对当前的中小学生绝非是过高的要求，在学生中开展以计算机的组装、操作和各种工具软件的安装和使用为内容的综合实践活动时，自然也就使信息技术和劳动技术教育全方位地融合在一起了。

在现实的综合实践活动中，设计与制作类活动是实施劳动技术教育的重要形式，在开展这一类活动时，常常可以使用计算机软件提示学生制作的过程和难点。例如，在制作陶艺作品时，可以先通过光盘了解陶艺制作的工艺流程，再进行实际操作；在制作活动感到困难时，也可以通过网络，寻找相关技术和能够启发思维的各种制成品的信息，以拓展解决问题的思路，获得问题解决的办法，从而推动设计与制作活动的开展。

创造发明活动常常是设计与制作活动深入发展的产物，实际上是更高层次的综合实践活动的内容和形式。活动可以用网络进行专利检索，保证选题的科学性和新颖性，避免无效劳动；也可以利用计算机软件创设情境，提出创造目标，指导创造技法；还可以利用计算机工具软件，进行计算机制作设计以及利用网络工具与他人进行研究和交流等等。

总之，施于学生的劳动与技术教育，许多内容都和信息技术的应用有着千丝万缕的联系，信息技术既是劳动与技术教育的内容，又是实施劳动与技术教育的手段与工具，在实施和开展劳动技术教育的时候，一定要认真研究信息技术的特点，主动实现与信息技术的有机融合。

3. 信息技术和社区服务与社会实践融合

将社区服务与社会实践纳入学校综合实践活动的内容，目的在于推进学校与社会的密切联系，培养学生的社会责任感，这一类活动的根本特点在于它的社会性，要组织学生在实际社区和社会情景中开展各种活动，无论是社会调查、社会考察还是社会公益性活动，都应注重对学生社会适应能力、社会参与意识、社会实践能力以及社会责任感的培养。信息技术与社区服务和社会实践活动的融合，要紧密围绕这一根本的目标进行。

首先，是在可供选择的各项以社区为主要内容的主题活动中，充分发挥信息技术的工具价值，实现信息技术与这些主题的融合，也即是说，在以社区实际内容形成的研究性主题活动中，或以社区服务为目的的社会实践活动中，注意选择信息技术作为工具，推动各项主题活动的完成。例如在社会考察活动时，可以使用计算机进行数据的统计和处理，在社会调查活动时除数字处理工作外，还可以使用计算机制作线状图、路线图等各种图件，在社区服务活动中实现计算机管理等等。

其次，还可以组织学生直接参与向社会群众为对象的信息技术的宣传和普及活动。例如向社区群众进行的计算机知识普及；结合取缔非法经营网吧而进行的网络知识普及和宣传活动，以及以打击封建迷信为特色的计算机算命为目标的社区宣传活动等等。这些对于提高学生本身和广大群众的信息意识和能力都会具有重要的作用。

二、综合实践活动中进行信息技术教育需要注意的几个问题

与世界上任何事物一样，信息技术的使用同样具有两面性。信息技术是一把双刃剑。在综合实践活动中忽视使用或排斥信息技术和过分依赖或盲目崇拜信息技术的做法都是不可取的。在开展综合实践活动的时候，信息技术作为手段、工具和教育资源，其地位和作用不容置疑。然而，任何绝对化或形式化的对待信息技术的态度和做法又都可能危及对学生的培养，甚至妨碍其教育功能的发挥。为了综合实践活动课程的健康发展和新课程改革的顺利进行，还需要对综合实践活动中信息技术教育的相关问题进行深入的研究，防止其误入歧途。

1. 全面理解和正确使用信息技术

以计算机和网络为核心的现代信息技术，在综合实践活动实施过程中发挥着重要的作用，它们为活动提供了信息探索、信息加工的技术基础和支持环境，通过自主实践和知识重构，有利于学生创新精神和实践能力的培养。因此，要教育学生充分利用信息技术和网上的教育资源。然而，这只是问题的一个方面；网上的信息虽然丰富，但多是次级信息，且其内容纷杂，并不一定具有真理性。也因此，还要教育我们的学生不要迷信网络，不能视上网为信息的主要来源甚至是唯一来源，唯网上之为听。须知"纸上得来终觉浅，绝知此事要躬行"，在当今信息爆炸的时代，要学会对网上的信息保持警惕和审慎的态度，任何时候都不能丧失理性和科学的良知，以及对自己和对他人

的责任心。在综合实践活动中，任何信息技术手段的设计和运用，都应符合综合实践活动活动课程的基本理念，有利于推动学生参与身历亲为的活动实践，学习迅速收集和正确使用信息的方法，致力于为学生创造反思性的自主合作的探究学习情境和问题情境，防止对网上信息的盲目崇拜和简单化的运用，更要防止将丰富多彩的信息技术教育过程演绎为形式主义的"电化灌输"。

2. 合理利用信息技术手段

综合实践活动过程中，学生的观察、实验、制作等，对于他们的认知过程是第一性的东西。凡是能够直接通过学生自己的感官予以感知的内容就无须用其他方式代替。信息技术作为活动的手段和资源，使用时也需要注意效益，如果能够有其他更加简便易行、效果更好的方式就不要片面追求所谓"技术含量"。例如，在网络上传输视频信号会受到设备速度与线路带宽的限制，一般条件下视频内容在录像机、VCD上使用会更加便捷，效果也更佳。活动过程不要盲目追求计算机网络化，除需要学生相互之间联络、交换信息外，不便于把实践活动都安排在网络教室进行，否则会影响学生的实际操作，产生负面效果。有时使用独立的计算机，通过软件也能成为学生获得信息的来源，在活动中只需要一台或几台独立的电脑，由学生小组合作使用，也能实现学生之间的相互研讨。

教师要明确自己在信息技术环境下活动中的地位和作用。为此，首先要了解综合实践活动的基本规律与特点，明确信息技术在各类实践活动中具有不同的作用；还要知道使用计算机软件和互联网的目的，是为学生营造情境和提供活动资源，如何使用它们，要根据活动目标和学生的实际需要而定；要认真地推敲软件的内容和使用时机，特别要研究软件在教育学生过程中的作用，不能因为计算机的效率高就盲目使用，须知计算机代替不了师生之间或生生间的情感交流；不要片面追求形式上对信息技术的使用，要善于从计算机的特点出发，结合活动需要充分发挥多媒体计算机集声、光、影、像等动态效果对学生多种感官的刺激作用。

此外，操作要简便。无论对学生还是指导教师都需要方便使用，可进行选择、可重复操作等，以便充分发挥人机对话的功能。教师要提高自身使用信息技术的素养和运用信息技术的教学艺术水平，以便在活动中适时和充分地发挥对学生的组织、指导和示范作用；要特别注意不能把计算机的功能代替学生的自主活动，把本来应由学生自己认识的过程，变为计算机软件展示；并不是软件里编到的内容就一定都要在活动过程中使用，要注意根据活动实际需要选择应用的内容，要知道信息技术的应用也有一个使用的时机的问题；由谁来操作，怎样体现人机的交互性等问题，不能只停留在关注软件对学生兴趣产生的作用上，更应强调软件内容的科学性、严谨性和教育性；不要片面追求完美，要提倡简便易行，注意根据不同年龄段学生的认知水平和特点，提供具有不同特点，不同层次的形象材料，以便充分与完善地发挥信息技术教育资源的功能，促进学生自主活动，实现培养学生形成信息技术素养的目的。

3. 创建综合实践活动与信息技术的网络平台

互联网已经深入学校和家庭，其内容丰富，领域广阔，形式多样，迅速快捷，交互性强，具有很强的可接受性。在学生开展自主、合作、探究式的综合实践活动时，对于帮助学生获取知识和经验有着不可替代的作用，的确是综合实践活动重要的课程资源。但互联网内容庞杂，中小学生应用原生态的互联网检索需要的知识时，常会花费过多的时间。网上内容良莠不齐，对于经验不足，涉世未深的中小学生需要具有较强的自我控制的意识和能力，否则极易产生负面的影响和不良效果。再则，面对浩如烟海的众多信息，也需要指导他们分析和选择，否则互联网的优势就很难转化为现实的教育优势。

为了解决上述问题，实现信息技术和综合实践活动的整合，创建基于信息技术的综合实践活动的网络平台，不妨是一项最佳的选择。在校园网上创建综合实践活动的主题网站，便于师生随时了解学校综合实践活动的即时信息，及时查阅相关材料，建立经常性的活动研究性档案，实现师生、生生和教师之间交流和讨论。综合实践活动网络平台为综合实践活动提供了一个优良的信息化环境，其内容包括适度组织的信息资源、互动互享的智慧资源、构建开放学习社区、记录过程性学习活动的网络档案袋、便捷有效的教学管理等，是实现动态学习的物质保障和支持平台。综合实践活动网络平台，还可以汇集各种类型的综合实践活动实施计划、研究成果以及心得体会等内容，充分展示师生的智慧和才艺，有效地促进学校综合实践活动的开发与实施。

综合实践活动是新课改设置的一类崭新的课程，在活动过程中实现对学生的信息技术教育，提高学生利用信息技术的意识和能力也还是一种新的尝试。对这些问题的研究体现出全新的教育理念，对深化教育改革具有深远的意义，无疑需要人们更加关注和深入研究。

第七章 综合实践活动课程中的社区服务与社会实践

本章学习要点

社区服务与社会实践作为综合实践活动课程的指定领域，为学生提供了新的、具有活力的学习空间。它的社会性、开放性、公益性，决定了对这一课程领域的开发和实施也具有诸多特点。本章将就综合实践活动课程中这一领域的基本理念、目标、内容和实施策略等进行必要的讨论。

科技进步和社会发展，对未来人才的素质提出了更加全面的要求，也更加凸显了学校在个人和社会生活中的作用，客观上对学校教育提出了联系生活，联系社会的需要。受教育者不仅需要学习前人的优秀文化成果，掌握系统的文化科学知识，而且还要适应和谐社会发展的要求，形成较强的社会责任感和良好的公民素养。新课程改革设置综合实践活动课程，将社区服务和社会实践纳入其指定领域，即是适应这一需要采取的重要举措。然而就广义而论，社区服务与社会实践，是学校教育的重要内容，学校必须从整体办学的角度，加强学校和社区的广泛而密切的联系，全面规划和指导这一方面的工作，既充分利用社区教育资源，又要发挥学校对社区建设的促进作用。不难理解，学校实施的社区服务和社会实践活动，不单单是作为必修课程的综合实践活动课程的内容，其他如"品德与社会"、"品德与生活"、"历史与社会"、"语文"、"数学"、"艺术"等学科课程也都有许多可以联系教学需要的社会实践内容，至于学校根据整体教育的需要和学生实际情况开展的联系实际的种种教育活动就更不要说了。正是基于这样的认识，人们面对传统教育的种种弊端，人们"急切需要一种更新的、更有活力的、给社区和学校双方带来亲和感，使学生服务社会、体验生活、感受责任的改革性举措"，是完全可以理解的，在课程改革的时候，任何加强学校和社区紧密联系的主张和措施都应当受到赞许，然而以为"这一举措就是新课程改革方案中的社区服务和社会实践"则显然不够全面，因为如果把学校教育中"社区服务与社会实践"的教育目标和内容，全部加到每周只有三节课的综合实践活动课程中作为一门课程的一个领域加以实施则是不适当的，以为如此就可以胜任与此相关的全部教育任务也是不现实的。

即便如上所述，在综合实践活动课程中设置社区服务与社会实践的内容，以课程为媒介，为学生联通学校生活和社会生活的渠道，使学生在参与学校课程的过程中即有机会联系实际、服务社会、体验生活、发展自我，对学生健康成长仍然具有十分重要的意义。为有效地实施和开发综合实践活动课程，必须对这一新的教育领域的理论和实践问题有一个清醒和正确的认识。

第一节　社区服务和社会实践的课程理念和教育目标

社区服务与社会实践作为综合实践活动课程的有机组成部分，"是指学生在教师指导下，走出教室，参与社区服务和社会实践活动，以获得直接经验，发展实践能力，增强社会责任感为主旨的学习领域"。综合实践活动课程将社区服务和社会实践纳入其中，将学校课程和社会生活紧密地联系起来，对培养学生关爱社会，关心他人，提高个人的生存生活能力和社会责任感都具有十分重要的意义。

综合实践活动课程中的社区服务与社会实践活动，倘若只是重复学科课程联系社会的内容，或者仅仅是一般性的校外活动，也会失去其作为学校必修课程的意义，因此认真研究这一课程领域的基本理念，明确其特定的教育目标便成了课程深入实施和开发的先决条件。

一、社区服务和社会实践课程基本理念

社区服务与社会实践是综合实践活动课程的一个有机组成部分，它的课程理念自然要符合综合实践活动课程的总体要求。然而，作为一个有着鲜明社会性和公益性特点的课程领域，自然又有其特殊的要求。

《基础教育课程改纲要(试行)》指出的"增进学校与社会的密切联系，培养学生的社会责任感"，可以被看成是实施社区服务与社会实践这一课程领域的最高理想和最终目标，是综合实践活动课程中开发和实施社区服务与社会实践活动不可须臾背离的指导思想，也可以视为这一个课程的核心理念。对此，可以从以下三个方面予以理解：

1. 增进学校和社会的密切联系

在综合实践活动中设置社区服务与社会实践的内容作为课程的指定领域，使传统上以知识传授为中心的封闭的学校教育体制遭到冲击，使对学生的知识、技能，过程、方法和情感、态度、价值观的教育超越了学校的围墙，得以和火热的社会生活紧密地联系起来。

教育是使受教育者逐渐社会化的过程，加快完成学生从生物的人向社会的人的转变是学校教育的根本任务。在封闭的教育模式下，学生在学校长期接受的都是与个人生活和社会生活十分隔膜的教育内容，又怎么能够有效地实现这一人的社会化过程呢？可以毫不夸张地讲，多少从传统学校中走出来的毕业生，他们涉世之初遭遇的尴尬和诸多不适应，大多都与长期接受的是过于封闭的教育有关。国际21世纪教育委员会向联合国教科文组织提供的报告《学习——内在的财富》中，提出了现代教育四大支柱，即学会求知，学会做事，学会共处，学会做人，得到了世界上有识之士的广泛认同，正在成为引领各国教育改革的思想旗帜。然而，既往的学校教育仅仅或主要是针对"学会认知"进行的，较少会针对"学会做事"进行认真的教育，对另外两种学习则往往会带有很大的随意性，甚至常常被看作是前两种学习的一种自然而然的延伸。教育的目标是由课程实现的，选择了什么课程，就选择了什么样的目标，就选择了什么教育。新课程改革将社区服务与社会实践纳入了综合实践活动必修课程的指定领域，大大地提升了这一教育内容在教育过程中的地位，从而使学校通过这一课程的实施与周围社会紧密联系起来，为学生学会做事搭建了一座有效的平台。同时，学生在社区服务与社会实践的活动过程中，会不断地认识自己生存的世界，在活动过程中，与学会求知、学会做事的同时，也便自然而然地认识了自己，协调了个人与周围社会的关系，从中悟出"共处"和"做人"的道理。

当然，任何联系都会是双向的、交互的。加强学校与社会的联系，一方面学校会从周围社会中吸取教育营养为我所用，根据社会的需要推动学校的工作，另一方面，学校也将会发挥自己在科学和文化方面的优势，实现教育为社会服务的宗旨，从科学和文化角度，促进社区的发展。

2. 拓展学习资源和学生发展的空间

社区服务与社会实践的实施，秉持"以人为本"的教育原则，使对学生的教育不再仅仅限于教室和学校这样一方狭小天地，不再仅是既成知识的灌输。将对学生的教育置身于广阔的社会背景之下，将学习的场所拓展至社区乃至整个社会，学习的内容突破了教科书与教学大纲的约束，学习方式自然也就摆脱了既往传承的模式，从被动地接受学习转向了主动探究式的学习，极大地拓展了学校的教育空间和教育内容。

任何社会实践活动都具有一定的教育价值，参与本身即是很好的教育过程。开发与实施社区服务和社会实践活动，引导学生参与为社区成员的生活服务，家政服务，学校或社区的管理服务，参加社区组织的各种公益活动和义务劳动，参加社区乃至社会的力所能及的工农业生产劳动、商业服务活动，参加部队或少年军校的训练，诸多的社会实践，使学生从小就接触和了解丰富的社会生活，接触工、农、兵和科学技术人员以及其他社会成员，就会使学生接触社会的各种教育资源。把学校生活和社会生活紧密地结合起来，创造了将认知为主的学校生活与体验为主的社会生活结合起来，把接受型的学生生活和奉献型的有责任的社会生活结合起来的良好条件。学校的校长、教师如果能够积极充分利用社区服务与社会实践活动中开发的教育资源对学生施以有效的教育，就一定能够促进学生的健康发展。

人们的社会实践是人们对于外界认识的真理性的唯一标准，毛泽东同志早年在《实践论》中就曾告诫人们："读书是学习，使用也是学习，而且是更重要的学习。"开展社区服务和社会实践活动，有利于在课堂和学校之外的广阔天地获取丰富的感性经验，并推动人们理性认识的巩固和升华。社区服务与社会实践有利于学生知识向能力的转化。人的素质结构中，知识的获得是可以通过灌输完成的。但是能力，特别是人们的社会智能和综合实践的能力的培养却离不开自主建构的实践活动。在社区服务和社会实践过程中，学生必然要和他们周遭的人与事打交道，他们面对的一个个问题都是活生生的现实问题，都或多或少地具有综合的性质，对这些问题的解决过程即是学生能力的自主建构过程，也是促进学生自我发展的过程。正是从这个意义上讲，实现学校教育和社会教育有机结合的社区服务与社会实践是一条有效的育人途径，因为它不仅是帮助学生主动参与社会生活和理解社会的重要途径，而且这一课程形式，还是"学生在为社区建设做出贡献的同时，实现个体自身全面发展的一种公益性、主体性活动项目与方式"。通过这样的途径和方式，极大地拓展了学生的学习资源和发展空间，自然就会有利于学生的健康发展。

3. 增强学生服务社会的责任感

社区服务与社会实践，要求学生作为社会生活的主人进入社区或社会的实际生活，尽管对年龄尚小的学生而言，活动大多都是体验性质，例如参观、调查、访问等等，即使是研究性质的活动，对于中小学生而言，也大多是浅层次的内容，然而这一切都是身临其境的真实的活动，通过活动实践，了解社区民情，感受生于斯长于斯的家乡故里发展变化的脉搏，获得的是从现实生活中所得到的各种生动鲜活的体验，这是在封闭的任何课堂中进行的说教的效果都无法相比的，这将很容易促使学生将自己和他人、和集体、和自己周围的社会联系起来，从而有助于他们积极向上的生活情趣和生活态度的形成。

学校的职责是促使学生健康、和谐地全面发展，毕业以后能够成为社会所需要的合格的好公民，这个过程简而言之就是实现学生社会化的过程。"所谓社会化，是指个人接受其所属社会的文化和规范，变为该社会的有效成员，并形成独特自我的过程"。综合实践活动课程中的社区服务与社会实践在实现学生的社会化，在发展学生的责任感方面都具有其他教育形式难以替代的作用，尤其在形成学生的责任感方面更具独特的价值。这是因为学生在社区服务和社会实践过程中，通过多样化活动的实践检验，体验到社会生活真实图景、切实的需要和发展的远景，就会自然而然地产生一种社会共同价值体系的认同感；同时，通过多样化的社区服务和社会实践的磨炼，他们对自己也会逐渐形成较为客观正确的认识，在将自己实际情况与国家和社会需要联系起来的时候，对其在社会结构中的角色义务也会形成认同感，这种对社会共同价值体系及其在社会结构中特定角色义务的主动认同，本质上就是个人社会责任感形成的标志。

毫无疑问，组织学生积极主动地投入社区服务和社会实践活动，从小加强学习与生活、教育与社会的联系，从社会需要的层面组织学生参与各种有价值的活动，激发他们学习的兴趣和帮助他人、有利社会的欲望，从而获得具有深远意义的体验，感受和内心的满足，极其有利于培育学生的主动精神和服务意识，有利于增强学生的社会责任感。而这正是本次课程改革所追求的最终诉求。

二、社区服务和社会实践活动的教育目标

前面已经谈到，基础教育中社区服务与社会实践是一个广义的概念，它应当通过学校教育和教学多种渠道加以贯彻实施。综合实践活动课程将社区服务和社会实践纳入自己的一个领域，只是表明它是学校实施这一教育的一条重要渠道，为了充分发挥这一课程领域的教育功能，恰当地确定课程目标是十分必要的。

作为综合实践活动课程的一个组成部分，社区服务与社会实践活动的实施，自然应该服从于综合实践活动课程的总目标的要求，从这一课程领域的特点出发，又应确定其特殊性的教育目标。基于这样的认识，我们认为，中小学综合实践活动课程中，社区服务与社会实践这一领域的课程目标，应着重于参与社会、体验生活、服务社区和发展自我等几方面最基本的要求。

1. 参与社会，获得社会经验

参与社会实践，在我国教育特别是新中国的教育实践中并不是什么新鲜的内容，在综合实践活动课程中设置社区服务与社会实践的内容，其新意所在，是以课程的形式呈现了社区服务和社会实践的内容，这就无异于以法定的形式在传统上封闭的教育框架中，为学生打开了一个连通外面精彩世界的

窗口或渠道，从小为孩子们搭建了一个接触和参与社会的平台，引导他们以自主学习的方式，主要以主题探究的方法对社会的实际问题展开研究。将学校教育和社会生活联系起来，学生们不仅在课堂上学习系统的知识、接受书本知识的滋润，而且可以走出学校和课堂沐浴社会的阳光，这就极大地拓展了学生发展的空间，他们通过各种活动接触社会、了解社会，在解决服务社区与社会实践中遇到的实际问题的过程中，感受社会的需要；学会使用研究性学习的方法，从现实生活中寻找和发现问题，用经验和知识参与对现实问题的解决，了解并学习解决社会问题的技能和方法，锻炼和提高自己合作与交往的能力，形成并积累处理社会问题的知识和经验；通过军训、学工、学农等专项活动，学生们还能够学习相关的专业知识，经受各种专业训练和多方面的锻炼。凡此种种，学生们必将对自我、对自然和社会形成真切的体验，获得社会经验，提高合作与交往能力，这对于生活内容单一，生活空间相对狭小的中小学生的成长和发展无疑具有十分重要的意义。

2. 体验生活，培养社会行为规范和社会公德

如果说陈述性的知识还可以从灌输和说教获得的话，作为人们生活和成长所必须的操作性和情境性知识，如：运用知识和技能解决问题的方法能力，与社会上人们的交流和交往的能力以及人们的情感、态度、价值观的形成和发展等就很难通过灌输和说教的办法奏效。在大多数的情况下，它们更需要耳濡目染，渗透于心的实践过程才能达到预期的效果。在综合实践活动中的社区服务与社会实践纵然并非是中小学生在校期间经历的全部实践活动的内容，但是，这一作为课程施于全体学生，目的性极强的实践教育过程，必将对学生成长发挥重要的作用，产生积极的影响。这是因为学生在各项精心设计的活动过程中，通过了解自己生活的社区及其周边的自然条件和人文环境，感受社会生活的丰富多彩，通过与生活的亲密接触，切身感受环境之于人类生存及其持续发展的至关重要性，必将会推动他们树立尊重自然和保护环境的意识；在与社会的人们广泛交流和交往的过程中，会以切身的经历体验和理解遵守社会发展的规律和法则，从而形成尊重社会规范和社会公德的习惯和意识，完成从自然人向社会人的转化过程。

3. 服务社会，树立社会责任感

综合实践活动课程中的社区服务，就其本质而言是一项有着明显志愿性、公益性的教育活动。也正因其志愿性和公益性的特点才使这一课程领域具有培养学生社会适应能力、形成良好的公民意识和社会责任感的教育价值。社区服务通常要求学生以志愿者的身份参加到社区的各项服务中去，服务内容多是社区现实存在着的需要解决的实际民生问题，服务对象是社区里生活着的普通群众，多数情况下还会是人们周围的弱势群体，事无大小，都需要志愿者将自己的时间、体力和爱心无偿地贡献给社区中看似与自己并无相干的人，这一切无疑地更需要人们更多的服务意识和奉献精神。

于无声处见精神。面对他人和社会的需要无须豪言壮语，更不是巧舌如簧，不为私利和虚名所累，能够积极投身于服务他人、服务社会的行动中去，愿意急他人之所急，想他人之所想，帮他人之所愿，是实现和谐社会的心理条件。服务他人和社会的过程，也即是不断提升学生自身的社会参与意识、服务意识和社会责任感的过程。培养学生成为对家庭、对社会、对国家都能勇于负责的好公民，自然也就应当成为社区服务与社会实践课程领域的重要教育目标。

4. 完善自我，促进全面发展

服务并非单向给予，实践也不是简单的付出。服务他人会感到自己力量所在，感受自己的存在对他人和社会的意义，感受个人对社会的价值。因而，服务他人和社会，就会使人们切实地获得满足感和成就感，就会收获快乐。在社会实践过程中，通过自主、合作、探究的过程，更会获得帮助他人奉献社会的直接经验，形成负责任的社会观念和学习服务社会的有效方法。在社区服务和社会实践过程中，纵然也可能会遭受失望、痛苦和挫折，然而这一切都会促使人们对自己思想和行为加以深刻的反思，从错误和挫折中吸取有益的经验和教训，形成自我保护的意识并会生发出新的更好、更有效的服务思路。

无论社区服务还是社会实践，都是学生体现自我、施展本领的机会，无论成功与失败，都会使参与者进一步了解和认识自己，通过实践的检验，他们都会自觉或不自觉地发现自己的长处和短处，在融于社会、服务社会的实践过程中，展示自己的兴趣和爱好，发展优势、磨砺不足，这实际上即是陶冶情操，不断进取，实现学生在认知、能力和情感态度诸方面和谐发展的过程。

上述目标在课程具体实施时，还应依据中小学不同学段的情况，提出不同的要求，以使对课程目标的要求真正地落到实处。

第二节　社区服务与社会实践活动的内容和组织形式

社区服务与社会实践活动的开发和实施不仅是个理论问题，尤其是个实践问题。一般来讲，组织中小学生参加社区服务和社会实践，推动学校和社区的联系，引导学生通过参与服务社区，融入生活，开阔视野的各种活动，形成关心他人、关心社会、亲近自然的思想和情操，促进学生的全面发展，道理浅显，容易被人们理解和接受。然而，怎样从中小学生的身心特点和认知水平出发，将学校教育教学的需要和课程的具体情况结合起来有效地组织这一类的活动，常常会成为现实中的困难问题。这些问题不解决或不能很好地解决，就会不可避免地妨碍教育目标的落实。基于这样的认识，人们就必须具体地研究课程内容的选择和课程实施的组织形式和方法问题，为课程落实提供可操作的措施。

一、社区服务与社会实践活动的主要内容

与其他三个指定领域相比，综合实践活动课程中社区服务与社会实践最显著的特点是它的社会性。大多数情况下，它们都是在特定的社区背景下开展的，学生和自己生活的社区及社区中生活的人们有着密切的接触；许多时候，学校都可以根据自己的实际情况和现实需要自行设计、开发和实施各种活动，因而更能体现学校的办学理念和教育哲学。正因如此，学校在实施和开发综合实践活动动课程时，正确选择活动的内容并确定相应的形式，对实践学校的办学思想，推动这一课程领域的有效实施就显得十分重要。

适用于中小学生的社区服务与社会实践活动是十分丰富的。尽管具体活动内容可能会呈现出许多不同的特点，现实中开展的社区服务与社会实践活动大体上仍然可以区分为以参观、考察为特点的体验性社会实践活动，以服务他人和义务劳动为特点的公益性社会实践活动和联系社区自然和人文内容进行的探究性社会实践活动三种基本类型。

1. 体验性社会实践活动

所谓体验性社会实践活动，泛指组织学生参加的各种访问、参观以及对社会各行业作初步感知和了解的调查活动。新课程实施前，许多学校即已普遍开展了多种形式的体验性实践活动，并积累了相当丰富的经验。如今，将这一类活动纳入综合实践活动的领域，提升到"依法施教"的高度予以审视，更加强调了这一活动在青少年成长过程中的地位和重要性，要求学校能够更有计划、有目的、更加自觉地予以规划和实施。

着眼于儿童发展的需要，组织学生就近参加各种体验性社会实践活动，可以依社区或学校周边提供的教育资源，如自然景观、历史文化遗存、科技园区和科研院所，以及工矿企业、农村场站、部队、机关等进行实地参观学习、调查访谈，还可以引导学生就当地社会生活和社会现象中涌现的典型人物与热点问题展开广泛的讨论。这一类活动，不但会增进学生对其生活背景下的自然、社会和各种文化现象的认识和理解，而且学生通过进入社会情境，

接触社会现实，实地参与社会各种活动，对拓展他们的社会视野，丰富社会经验，发展社会参与能力，形成社会参与意识和公民意识，提高社会适应能力等都具有非常重要的意义。

2. 公益性社会实践活动

公益性社会实践活动主要包括社区服务和各种义务劳动，大多可以通过组织学生参与各类志愿者活动的方式予以实施。活动在加强学校和社区联系，形成学生的良好道德品质和社会责任感方面具有极大的教育价值。

社区服务多属于义工和志愿者服务性质，学校要有意识地组织学生投身于关心和服务身边弱势群体的活动，在敬老、助残和家政服务等活动中，帮助学生学会倾听、学会同情，培养爱心和奉献精神。还应注意通过服务社区的活动，引导学生了解和掌握志愿服务的相关知识和技能，并帮助他们学会综合而灵活地运用学过的知识解决问题，主动地把知识转化为服务社区的本领，形成建立良好的生活环境的情感和态度。在参与社区服务和各项公益活动的过程中，学会交往与合作，懂得理解和尊重，在与那些因为自己的帮助而从中获益的人们的接触中，以及对因为自己的劳动而变得更加美好的环境的欣赏中，获得体验、感受和满足，不断增强服务意识和社会责任意识。

学校需要充分发挥自己在社区内的文化和教育优势，履行超出课堂范围的建设和服务社区的义务，积极地、有意识地组织师生参与社区的科技教育、环境卫生、文化艺术等方方面面的普及和宣传活动，提升社区群众文化科学水平、环境意识和文化素养，促进和谐社区的建设。组织学生切实投身于社区和社会发展的服务性实践活动，对于学生的成长和发展尤具有积极的意义。

学校在组织学生参与社区服务和社会实践活动时，有条件的时候，还可以和劳动与技术教育结合进行，可以安排学生参与力所能及的生产劳动，如组织学生学工、学农和学商等，如果能与学校周边的工、农、商等相关单位协商，制订协作服务方案，由学校组织学生有组织地到协作单位参加劳动和学习，则更容易取得良好的教育效果。

3. 探究性社会实践活动

社区服务和社会实践作为综合实践活动课程的有机组成部分，在引导学生联系社区和社会的实际，开展各种体验性和公益性的社会实践活动的过程中，必然会有学生们感兴趣，而在一般情况下又难以解决的自然或社会的问题，诸如学校所在社区或周边地区的地理环境、人文景观、风俗习惯、历史沿革，以及影响当地人们的生活或当地历史发展进程的某些关键性的问题等。上述问题的解决，大多情况下都不是仅仅通过一般性的参观、访问等就可以解决得了的，这就有必要有选择地对它们分门别类地进行专项研究。开展社区自然或人文的探究活动，不仅会将学生们接触自然、了解社会的实践活动引向深入，帮助和引导他们在了解和探究自然和社会的过程中，深入领略自然的神奇和博大，领悟人类社会发展和自然环境息息相关的道理，形成保护环境的意识，理解社会生活的复杂性和社会规范的必要性，从而增进法制观念和社会责任感。而且，从社区和周边的社会生活和自然环境中进行选题研究，通过自己的思考提出问题，用自己的知识解决问题的过程，实现对社区和社区人群的服务的意愿，更容易激发学生勇于融于社会，主动认识社区，形成人与自然和谐发展的观念，培养尊重自然、服务社会、珍惜环境、关爱他人、善待自己的情操和素养。

二、社区服务和社会实践活动的组织形式

综合实践活动课程实施主张弹性课时安排，学校应根据活动需要，或集中，或分散灵活地安排综合实践活动课程，之所以如此主张，虽然也考虑到某些研究性学习的需要，然而更主要的，也是更现实的，则是因为考虑到社区服务和社会实践这一课程领域的特殊性，是因为这一课程领域内容的实施，通常有着集中活动和分散活动两种基本组织形式的缘故。

1. 集中课时或长时段分散实施的专项活动组织形式

这通常是指那些由学校（或学校指导下的班级）组织的、按计划进行的、用时一天或一天以上的社区服务与社会实践活动的组织形式。活动内容多是前述体验性和公益性的社会实践活动，如组织学生到社区或学校周边的工厂、农村、工地、服务行业参加较长时间的劳动或社会调查，到学校附近的社会实践劳动技术教育基地参观学习、到部队和少年军校参加军训，到青少年营地进行拓展训练，到博物馆参观学习，以及组织青少年野营和远足活动等。

上述各类专项活动，除由学校集中课时予以安排，也可以在相当长的时段内用相对固定的分散时间予以实施，前者如组织学生到附近敬老院、福利院开展的敬老、助残活动，后者如某些学校依据实际情况开展的学生便民服务活动等。山西阳泉市的黄石板小学，附近居民以煤矿工人新迁户为主，当地交通闭塞，又没有邮局，学校在20世纪90年代便挂起"邮政代办所"的牌子，组织学生开展"雏鹰绿色邮递活动"，坚持为矿工和他们的家属服务。他们十几年如一日，以老带新，新老更替，累计送信和邮件达十几万份，收到了非常好的社会效益和教育效果。组织这一类专项活动，无论是集中进行，还是分解实施，通常需要注意做好以下几个环节的工作：

（1）选择适切性的活动内容。针对中小学生组织的主题活动，要符合学生的认知水平和年龄特点，选择对学生有教育意义并能为他们所接受的活动项

目。当前对社会主义新农村的建设、某些工厂的生产过程和节能减排等的新成果、山区资源和环境考察、社区扶危济困志愿者活动等，对大多数中小学生都是比较适宜的活动内容。具体选择和确定活动内容时，还要照顾到不同年龄段学生的智能水平和接受程度，以确保活动的有效性。如活动现场污染较严重，有碍学生身体健康，或学生人身安全难以保障时，不宜组织学生参与。

（2）制订切实可行的计划。各类主题性的实践活动的实施、组织者首先都要制订翔实的计划，必要时还应征得上级领导的批准，以保证活动的顺利实施。计划内容一般应包括：目的、内容、时间、地点、人员，具体要求等。为使计划切实可行，活动的组织者，事先应收集相关资料或信息，进行现场调查或踏勘，各项计划内容务求翔实具体，要求明确，确保活动有效实施，学生切实能够得到具体的收获。

（3）精心组织活动。为确保活动的有效和安全，必须精心地做好各项组织工作，首先要向全体参加活动的学生强调活动的目的和要求，在参加工农业劳动和进行野外作业时，尤其要提出明确的安全要求，必要时应备有安全预案；其次，对于专业性和技术性的活动，事先应根据具体情况对活动涉及的内容进行必要的辅导，使参加者务必于事前做好思想准备和业务准备。倘需外聘专业人员参与辅导或讲解，还要事先向其介绍学生的基本情况，明确讲解或辅导的具体要求；第三，活动过程，宜于按小组进行管理，事先应划分小组，明确负责人及其职责，大型活动还要建立和健全活动的组织系统，各项任务和要求都要落实到人。

（4）进行必要的总结。任何由学校集体组织的主题活动，事后都要进行必要的总结，将活动的收获通过交流和分享即时巩固下来，化为学生成长的助推器和催化剂。总结的方式和方法可以多种多样，一般应要求参加者写出活动收获或感想，在个人总结的基础上，展开小组交流，必要时，也可以召开大会对活动进行全面总结。活动过程涵盖有研究内容时，也可以组织当事人写出调查报告或科技小论文进行宣读和交流。总结的目的在于寻找活动的成功和不足之处，取得经验，对活动过程中涌现出的好人好事或出现的问题与不足，需要实事求是地予以表扬或批评，以利今后工作的开展。

2. 日常随堂实施的社区服务与社会实践活动

这是指不打乱学校正常教学秩序，依学校课程表安排，随堂进行的综合实践活动中的社区服务与社会实践活动，这一类活动是学校实施综合实践活动的重要形式。从近年来综合实践活动课程实施和开发的经验看，这一类的活动完全可以与综合实践活动课程中其他领域的内容结合起来，形成诸如科学探索、设计制作、社会调查等各种类型的小专题加以实施。例如通过节约用水的探究活动，了解家庭和社区用水现状和节水措施；结合家养宠物的探究活动，关注宠物饲养对社区公共环境的影响；开展与鸟儿交朋友的活动，认识家乡鸟的种类及其生活习性；结合环境调查和设计活动，制订社区的环境规划，为社区制作指示牌和提示语；通过做个小导游活动，认识学校和社区周边的文化古迹和其他旅游资源等等。

上述各类活动，既可以对使用现成的资源包等引导性课程资源进行二次开发，使活动更加切合学生生活实际，也可以进行校本课程资源开发，使活动具有校本特点。无论哪一种情况，关键都是要搞好课程设计并加以有效指导。具体要求，可以参见本书第八章的介绍，此不赘述。

第三节　社区服务与社会实践活动的实施策略

把课程理想变为教育的现实，不但要准确地把握课程理念，制订符合课程特点和要求的教育目标、选择适切的活动内容，并精心组织实施，作为具有鲜明地域特点和校本特色的社区服务与社会实践这一课程领域，学校的校长和教师尤其要研究并落实有关课程实施和开发的各项策略，才能使课程得以健康发展。

一、社区服务与社会实践活动的资源开发策略

社区服务与社会实践活动的课程资源具有强烈的地域性。一些教科书、资源包等引导性的课程资源虽然也可能提供一些指导思想、操作规程之类的东西以资借鉴，但绝不能照搬。开展社区服务和社会实践活动，没有现成的教材，必须开发当地适用的教育资源。

不同学校周边自然的和社会的环境都不尽相同，可以用于学生社区服务和社会实践活动的课程资源的内容和丰饶程度也会有所区别，识别和发现这些资源，进而有效地开发和利用它们，需要活动组织者的慧眼，更需要一套行之有效的实施开发的策略。一般来讲，学校对周边地区相关教育资源的开发可按下列步骤实施：

1. 普查论证，对课程资源做到心中有数

从理论上讲，人们都知道可以用作学生社区服务与社会实践的课程资源无处不在，然而，一旦开展活动，当面对大千世界的时候，却很难选定具体的项目或内容。究其原因，常常是活动的组织者对当地可以用以支持相关活动的课程资源还缺乏必要的了解。解决这一类问题的最好办法，就是要肯于

迈开自己的双脚，到周边作一番调查，或者找一些对当地情况比较了解的人作一番咨询。条件允许时，还可以组织师生对当地自然和社会情况作一次普遍的调查，收集相关材料，对当地的山川景物、自然资源、风土人情、历史沿革、文化遗存、经济特点、社会问题等分门别类地做出有重点的分析和论证，对照课程要求和学生的实际情况，便可以从中发现哪些内容能够作为活动的资源以便利用。通过这样的调查和论证，即可以对学校周围能够用作社区服务与社会实践的素材或条件了然于胸，为综合实践活动课程的校本化开发奠定了必要的基础。

北京市平谷区的山东庄学区，地处平原和山区交界的地理环境，抗日战争时期，当地就是著名的抗日根据地，如今在社会主义新农村的建设中，更形成了一定规模的农业科技园区。学校领导十分重视综合实践活动课程的校本资源建设，近年来，他们曾多次组织教师采用实地调查、访问座谈等形式，将当地的鱼子山抗日纪念馆、农业科技园和轩辕庙遗址以及附近的京东大峡谷、京东大溶洞等都列入了学校社会实践活动的课程资源。为建构学校的综合实践活动课程和具有本土特点的课程文化创造了条件。

2. 深度开发，实现课程资源校本化

通过调查和论证得到的各项信息和材料，大多数情况下只是一种潜在的课程资源，还不是能够充分发挥其课程效能的现实的教育资源。例如学校附近有一座收藏丰富的博物馆，倘若学校没能很好地对其加以利用，或是博物馆的陈列和解说并不适合青少年观众的需求，那么，对学校和学生来讲，它再好也只能是一种潜在的资源，这正如深埋地下的矿藏，在没有被开发之前，其有效成分还未能为人们所利用的时候，对人类及其社会也只能是一种潜在的资源一样。

把潜在的资源变为现实的资源，关键在于对资源要进行开发，矿物资源如此，教育资源也如是。要使潜在的课程资源发挥教育的作用，服务现实的教育任务，也需要对这些资源进行课程开发，即要将发现和选择的教育资源与学生知能结构和认识水平相链接，与学生的生活经验和课程目标要求相联系，为学生的实践学习搭建主动参与、探究发现的平台，使学生在利用这些资源开展活动时，能够看得见，摸得着，听得懂，在活动的过程中能够有话可说，有感可发，以便实现有效的学习。上述平谷区山东庄学区领导即是作了这样的课程开发工作，开发出了"走进农业科技园"、"走进轩辕文化"、"走进鱼子山抗日纪念馆"、"走进奇石"以及"旅游新村设计"等多个专题性活动，引导不同学科的教师参加到综合实践活动课程建设中来。例如他们在《走进鱼子山抗日纪念馆》课程开发时，便组织教师对鱼子山附近的地形进行实地考察，亲自走访抗日纪念馆的工作人员和曾经亲历抗日战争的老战士，并到网上查找相关资料。他们以鱼子山抗日纪念馆为载体，细化开发出"亲近历史、了解历史、接触历史、铭记历史、缅怀历史、宣传历史"六个小主题，并具体地确定了各个主题活动的内容和各学科教师的指导目标，最终形成了具有校本特色的综合实践活动课程。

同样是一所名不见经传的农村学校，扬州市湾头中心小学，在利用社区资源开展综合实践活动的过程中，整合了学校周边的社区资源，分别建立了爱国主义教育基地——万福桥大屠杀遇难同胞纪念碑；社会公益劳动和服务基地——扬州福利院和湾头敬老院；劳动实践基地——茱萸湾公园、热爱家乡教育基地——湾头古镇和京杭大运河。这种进社区、建基地的办法，近年来在许多地区已经成为学校实施综合实践活动的成功经验。

上述案例都说明，每个学校都可以从自己的实际出发，开发出适用且独具特色的课程资源，推动学校的社区服务和社会实践活动的实施和发展。

二、社区服务和社会实践活动师资建设策略

社区服务和社会实践活动是学生在教师指导下的社会性学习方式，与学科课程和综合实践活动中其他指定领域相比，这一领域的内容和方法的独特性，对指导教师的要求也表现出某种特殊性，以致课程发展的教师建设策略也应有别于其他课程领域的内容。

就总体而论，实施和开发社区服务与社会实践活动，虽然也要坚持专兼职相结合的原则加强教师队伍的建设，但是在具体要求和做法上又应从这一课程领域的特殊性出发，考虑如下两个方面的问题：

1. 加强校内教师队伍建设

社区服务和社会实践活动，一般都是由校内教师组织和发起的，组织学生参与这一领域的活动，可以不要求他们像学科教师那样的专业背景，看似对教师的要求并不高，其实并不然。长期以来，教师都是习惯于在教室环境下"传道、授业、解惑"，而社区服务和社会实践，将对学生的教育从学校的教室推向社区和社会，教育过程从知识的传承变成了学生的自主体验，在服务和实践的活动中建构学生的服务意识和社会责任感。适应教育思想发生的这一根本性的变化，教师必须树立"以人为本"和"终生学习"等先进教育理念，并自觉地为之奋斗。老师只有充分认识自己的历史责任，并将其化为具体的教育行为，将教育观念的转变和具体方法的学习整合起来，才有可能做好自己的教育工作。

社区服务与社会实践活动的组织者，必须有对社会问题的敏感性。这一

领域活动的教育效果和质量，常常取决于活动选题的社会意义和它的时效性。培养学生的社会责任感，首先要求教师有较强的社会责任感，并保持对社会问题的敏感性，才能善于从纷繁的社会现象中，选择那些具有教育意义的主题，引导学生投入活动之中。此外，学校负责社区服务和社会实践活动的教师，还应具备较强的组织能力，善于借力造势调动校内外各种积极因素，将各种教育资源为我所用，将复杂的活动调理得井然有序，头头是道，这样的组织能力是引导学生投入社区服务和社会实践活动的一项重要的智力资源，是任何愿意献身这一事业的教师都应具备的基本功。

2. 充分依靠校外兼职教师

开展社区服务与社会实践活动，将学生引向学校外的广阔天地，学生学习的时间、空间和内容都发生了巨大的变化，而对新的学习任务和形式，许多时候学校都会感到人手不足，教师也会觉得力不从心。解决这些问题最有效的办法就是要充分挖掘校外人力资源，组织和依靠校外兼职教师的力量。

我国的中小学校大多是按地域设置的，学校与所在社区自然地有着某种天然的联系，学校的办学质量关系着社区内千家万户的切身利益，也关乎当地社会和谐健康的发展前景。因此，学校的各项教育和教学措施都会受到附近相关单位和学生家长的高度关注，凡有利于学校和学生发展的举措更会得到他们的帮助和支持。正是基于这样的情况，学校附近机关厂矿的科学技术人员、农村的种田能手和作业能人、社区内图书馆、活动中心和文化馆的从业人员、民间的工匠和技师、退休教师，特别是学生家长中具有一技之长的人，凡有条件的都可以聘为学校综合实践活动课程的兼职教师。总之，本着"能者为师"的原则，放开眼界，师资问题便不会成为综合实践活动课程开发和实施的障碍。

尤其值得指出的是，社区服务和社区实践活动的开放性，决定了对这一课程实施已经不再是学校一个单位关起门来的事情，社会相关单位，如基层共青团组织，街道妇联，关工委，以及社区的科技馆站、青少年活动中心等，在资金、设备等方面常有一定优势，在人力资源方面也有得天独厚之处，学校如能与这些单位协同合作、齐抓共管、优势互补，形成教育合力，将会更有助于学校综合实践活动开发和实施。

三、社区服务和社会实践活动组织指导策略

社区服务和社会实践活动所具有的开放性，社会性和公益性的特点，要求把相关活动置于历史的、社会的和道德的背景上予以实施，有效地发挥课程对学生的教育作用。为此，学校和教师需要想方设法搞好每一个活动，使

学生通过活动确有所得，必须从活动的实施原则、组织过程和有效指导等方面深入研究活动实施的组织策略问题。

1. 课程实施要加强针对性

任何课程的实施，都要从课程的基本特征出发，追求该课程特定的教育目标，而具体内容的选择，又要切合学生需要，能够为学生所接受才行。具体到社区服务与社会实践活动的实施，既要体现课程的开放性、社会性和公益性的特点，又要从学生的认知水平和年龄特点出发，选择和确定活动的内容，将课程要求和学生实际结合起来，就是要求课程实施一定要有针对性。

所谓课程实施的针对性，包括课程内容的选择和活动内容对课程对象的适用性两个方面。前者着重考虑活动可能达到的具体目标，以及该目标在整个课程目标体系中居于怎样的地位；后者则需重点考虑学生现实的发展状况，活动内容和目标的制订选择是否符合学生发展的要求，以及他们对相关活动是否可以很好地接受等等。二者的整合，通常集中地反映在组织者对活动内容的选择和目标设计的适切性与否，一般来讲，活动设计的针对性越强，活动越会受到学生的欢迎，教育效果也就会越好。

2. 精心组织活动过程

在社区和社会环境中实施学习，较之室内或校内的教学和活动，其对组织工作的要求明显更高。就活动的一般过程而论，活动的组织程序通常都要包括准备工作、拟订方案、活动实施和总结交流等几个环节。每个环节都不能掉以轻心，马虎从事，因为每一个环节的失误，都可能造成整个活动失误甚至功亏一篑。活动的组织者应本着"精心设计、精心实施"的原则加强对活动全程的指导和监控，务必使每一项活动都能获得圆满的结果。

为达到上述目标，活动的组织者要充分考虑中小学生的年龄特征和发展特点，一切从实际出发组织学生的各项活动。一方面，要尊重中小学生智能结构和认知特点。既要贯彻自主性原则，尊重学生的兴趣和爱好，为学生提供自主探究的机会，又要从学生的实际需要着眼，实现教师对活动的指导作用，发挥教师的经验和知识优势，加强对学生在方法上的指导，提高活动的有效性；另一方面，精心组织活动要特别关注活动过程的安全性。活动伊始即应对可能会有损儿童健康的内容予以必要的限制，活动过程中也要适应当前"安全具有一票否决权"的现实，对各项活动，特别是较大型的活动，不仅事先设计好明确具体的安全要求和相应的措施，必要时还应制订详尽的安全预案，以便一旦遭遇紧急情况时也能够予以恰当的处置。活动过程中还应有相应的组织保障，如建立活动小组，设置专门的安全员，以及请家长参与安保指导等。总之，要想方设法，一定在确保参与者安全的前提下，努力提高活动的教育质量。

3. 加强活动评价与管理

社区服务与社会实践，学生要在教师指导下走出教室和学校，进入社区情境参与和亲历各种社会活动，鉴于活动的特点和活动过程中的实际需要，许多时候学生都要独立自主地安排各种活动，用自己的特长以自己的形式参与社会活动，在这样的条件下，如何有效地评价学生在活动中的表现，并对学生的活动实施予以常规的管理常会成为活动组织管理的一个现实问题。

一般来讲，对学生参与社区服务与社会实践活动的评价，应着重坚持主体性、过程性和发展性的原则，具体实施则应坚持多元评价的办法。学校制订学生参加社区服务和社会实践活动的评价方案，既要重视学生通过活动总结和反思做出自我评价，重点反映在活动中的收获和体验，以及对知识技能和方法掌握与运用的实际情况；又要重视来自校内外，涉及活动各个方面对学生参与活动的反馈意见，具体的评价内容则应着重对学生参与活动时的态度，以及通过活动学生在创新精神和实践能力等方面的表现情况，对活动中表现突出的学生应给予表扬和奖励。

几年来，各地实施社区服务与社会实践活动的经验表明，制订并要求学生填写"参与社会实践活动记录表"是一种加强活动管理的有效办法，记录表内容通常包括：活动地点、日期、时间、实践或服务的内容以及活动后学生收获和体会等，并要求有服务对象签名。学生将记录表于事后交班主任认定，然后由学校备案。学期末学生参与社区服务和社会实践的活动时间不足，或过程材料严重缺失以及弄虚作假者则不能认定合格。

总之，中小学生的社区服务和社会实践活动的有效评价，涉及方方面面的问题，目前还不能讲已经有了十分成熟的办法，还需在实践中不断地总结和完善。

第八章 综合实践活动类型及其设计与指导

本章学习要点

综合实践活动以课题研究或主题设计等案例学习为主要形式。课程不同领域的内容呈现不同的活动类型，善于从现实生活中选择研究的问题，从学生的认知水平出发进行活动设计，依据不同类型的活动特点，遵循认知规律指导学生开展活动，实现预期的教育目标，体现了教师驾驭综合实践活动的能力和水平。本章将围绕上述综合实践活动设计和指导的相关问题加以详细的讨论。

《基础教育课程改革纲要（试行）》对综合实践活动四个指定领域的划分及其对各领域内容的要求，为综合实践活动的实施确定了基本范畴，可以作为开发课程资源、选择活动内容的依据，为综合实践活动课程的实施指明了方向。但它并未能为综合实践活动课程的实施提供具体的方法。为使这一课程得以在学校顺利开展，还必须对各个领域的内容，以及各领域之间的关系等问题进行具体的、深入的研究，以具体的活动类型或项目的形式将课程的内容细化为可以操作的形式。如此，综合实践活动课程有了可行可做的措施，也就有可能在学校里站住脚，实现设课的初衷了。

作为实践性学习的综合实践活动课程，与学科课程不同，多以主题探究等案例学习方式呈现。提供给学生的主题或案例，说明的问题越典型，解决问题的办法越科学，学生的体会越深刻，活动的效果自然也就越好。为了追求这样的目标，不仅要解决活动案例的设计问题，而且还要关注教师对活动的有效指导。

第一节 综合实践活动的主要类型

传统的学科教育，各学科都要以自己的学科知识系统为线索，建构并形成具有结构特点的学科体系。综合实践活动课程，以难以形成知识结构的现实问题作为研究的内容，将研究的着力点放在为学生开发不同类型和内容的主题活动上，认真地研究不同类型的活动的特点及其要求，便成为实施和开发综合实践活动课程的重点所在。

从不同的角度审视综合实践活动，可以对综合实践活动的类型作不同的划分。例如，从学生学习的角度，可以将活动类型分为：基于问题的学习、基于项目的学习和基于任务的学习三大类。

基于问题的学习。通常是指从现实生活中提炼出需要进行探索的课题作深入的研究，大体上相当于时下经常提到的研究性学习的内容，这一类的活动通常具有较强的开放性和综合性。

基于项目的学习。通常以实物产品或作品为活动的目标，组织学生融入完成事先确定的目标任务之中，通过完成项目任务的过程，达到预定的教育目标，大体上相当于通常所谓的科技制作活动或狭义的"做中学"的内容。

基于任务的学习。通常指为完成确定的任务目标而开展的实践活动项目，需要组织学生围绕特定的任务，以个人或集体的方式开展活动，使学生在完成任务的过程中得到学习和锻炼。通常进行的社区服务和社会实践活动多属于这一类型。

上述对综合实践活动类型的划分还失之笼统，在具体实施时也不便于操作。为方便把握，利于教师对活动进行分类指导，还可以根据对活动的教育目标、内容、形式和操作方法的综合考虑，抓住活动的主要特点，将常见的不同领域的活动项目，分作几种基本类型，如与研究性学习领域相关的活动类型，科学探索活动、文化探索活动，与劳动与技术领域相关的设计制作活动，二者综合的创造发明活动，与社区服务和社会实践领域相关的，环境保护、社区服务活动，与学生自我发展相关的思维训练活动，心理健康和拓展训练活动等。当然，在实际运作时，根据当时当地的具体情况，还可以将这些基本的类型加以组合，形成更具综合特点的活动项目。下面仅就见诸学校的主要的活动类型，予以简要说明。

一、科学探索活动

人类科学探索活动的核心是探索未知，组织儿童和青少年开展科学探索活动，目的在于引导他们接触自然、科技和社会实践，初步了解科学研究的过程，学习科学研究的方法，并亲身获得科学研究酸甜苦辣的各种体验，享受科学研究的快乐。

青少年和科学家认识世界的方式本质上是一样的，从这个意义上说孩子从小就是科学家，他们可以像科学家那样去探索未知。但儿童和青少年的知识和经验毕竟有限，以至他们的认识过程自然又有其特殊性，因此才需要引导。组织他们有意识、有目标、有针对性地开展科学探索活动，能加速他们的成长过程，因而具有十分重要的意义。

1. 科学探索活动的分类

依探索对象不同，采取的步骤和使用方法也各异，适用于儿童和青少年的科学探索活动可以分为几种情况：

（1）观察—考察型科学探索活动。这是一类置研究对象于自然状态，主要通过观察、考察、访问等形式获得研究材料，进而通过分析和研究，得到对事物的本质或规律认识的科学探索活动。例如对自然现象的调查，对社区自然和社会环境的考察等都属于这种性质的活动，此外，社会人文科学调查类的活动也可以归于这一类。

（2）实验研究型科学探索活动。这一类活动以使用一定的仪器和设备，通过实验研究收集数据为特点。所谓实验研究即是对研究对象进行有效控制，使受控对象的现象得以反复出现，从而更加有效地进行观察和分析其呈现条件及其规律性。例如许多涉及物理、化学、生物等内容的定性和定量的研究多属于这一类型的活动。

（3）综合研究型科学探索活动。这是一类以问题解决为核心的科学探索活动，它常常综合了文献收集、调查研究、科学实验等多种方式和手段，因而真正可以称得上是综合研究，但对于中小学生来讲，这种综合多是初步和有限的综合，研究探索的性质也仅是某种意义上的模拟，是不能要求过高。

2. 科学探索活动举例

下面，参考几项科学探索活动的案例，体会这一类活动的特点。

做个环境小卫士

对住地或学校周围的"白色污染"的状况进行一番调查，并根据实际情况提出治理对策和建议。此项活动的适用年级比较宽泛，对不同年级的学生，活动的要求应当做到有所区别，作为施于小学生的一项典型的调查研究型活动，基本上需要完成下述几个基本的活动环节：

明确基本任务。通过讨论，形成共识，明确什么是"白色污染"确定调查方法及其要求，做好调查的准备工作；

实施现场调查。选择学校周围比较典型的地点或地段（如菜市场、车站垃圾站等），进行现场调查活动，详细记录调查的情况；

分析和交流。现场调查活动结束，需要对收获的材料进行分析和研究，找出"白色污染"形成的原因，分布的规律，进而提出治理的意见和建议。

活动中还可以进一步的拓展和延伸，如：限塑令以后"白色污染"反弹现象的研究；农村同学可以进行农用薄膜使用情况的专项研究等等。

校园树木调查

调查校园中的树木。进行树木调查，将测量结果进行登记，对调查结果进行分析，为校园绿化提出建议。此活动适用于城乡小学高年级的学生。树木调查，内容可参照下述项目进行：

树高的测量：树高是指树木从地面到树顶的高度。假如有一株足够高大的树，能用什么办法知道它的高度呢？（可以使用1/2目估法和相似三角形法，当然也可以用其他的方法进行测算）

胸径的测量：树的胸径是指距地面1.3米处的树干的直径。测量胸径是树木调查中的一项重要内容，想想看，树木调查为什么要测胸径，用什么办法可以测知树木的胸径呢？

盖度的测量：盖度是指树木遮盖地面的面积，也就是树冠部分在地面上垂直投影的面积。能想办法测量出一株树的盖度吗？

调查前，可以在室外选一株足够高的树，分别测量树高、胸径和盖度，在测量的时候要尽量使用课堂已经学到的知识，测后要进行总结，交流收获和体会，明确测量的步骤和办法，然后再行分组调查效果会更好。为统一进行调查结果的分析，事先应准备好必要的调查用的记录表格。

活动结果，可以视情况要求学生写出研究论文或调查报告，条件允许时，还可以拓展成为专项研究，如：学校所在地区的适生树种的研究、学校绿化树种的选择研究等。

双椎体为什么能爬坡

许多人都见过双椎体爬坡的实验装置：它由一个双锥体和一对具夹角的倾斜导轨组成。实验时，将双锥体放置在轨道上较低一端，松手后，双锥体竟然会向高处滚动，多次重复，结果依然。这是什么道理？组织同学进行实验研究，揭示双锥体自下而上运动的奥秘。

活动可按下述步骤进行：

(1)制作双锥体实验装置。实验装置由两部分组成，分别制作双椎体和导轨，再行安装。

制作圆锥体：取两张圆形等大的卡纸，分别剪掉大小相等(圆心角约50～60度)的一块扇形面积，将它们分别黏结成为锥形，再将两个锥形对接，周边用纸条黏结成为双椎体，通过双椎体的两个顶端，穿一根光滑的圆棍儿。待用。为使双椎体更加牢固，可以剪一片比圆锥直径稍大的纸片夹在两个椎体中间做连接片。其边部剪成纸舌状，涂上胶水，分别与两侧的锥形黏牢。

制作导轨装置。取两根光滑、笔直的铁丝或小棍作导轨。导轨两端分别架设在高低不同的两个支架上，以使两个导轨具有一定的坡度。支架制作可简可繁，但要能够将自制的双锥体架放在导轨中间活动。

（2）尝试让双锥体爬坡。实验装置制作完成后，架好导轨，将双椎体置于导轨的低端，看看双锥体是否能自由地向上运动。如果未能实现双椎体向上运动的初衷，则可以尝试着调整轨道夹角和轨道的坡度，直至双锥体能够能沿轨道向上运动。引导同学们讨论：在什么情况下双锥体能够爬坡呢？

（3）设计实验证明自己的想法。引导同学们讨论，双椎体是否真的"爬坡"向上运动了？在尝试让双椎体爬坡的过程中，都发现了什么现象或问题？考虑影响双椎体爬坡的因素都是些什么？请各小组同学就自己发现的问题，分别设计实验，予以证明。

（4）用证据说明问题。通过上述实验，同学们以然发现，双椎体在一定条件下是会沿着轨道向上滚动的。那么，它真的就违背自然规律，由低向高运动了吗？请同学们在实验过程中，通过测量，收集相关的数据，用证据说明自己的观点。活动过后，同学们还可以进一步思考：双椎体在一定条件下是可以向上"爬坡"的。那么，这个"一定条件"到底都是些什么呢？如果实验装置的双椎体足够大，导轨足够长，双椎体爬坡就可以是无限制地进行吗？

二、设计与制作活动

这是对应于劳动与技术教育领域的要求提出来的一类常见的综合实践活动类型，它以设计和制作实物成品为基本特征，重点在于培养学生的技术意识和动手操作能力。

设计与制作活动以活动项目为载体，用作品引导学生从事劳动和技术的学习。活动强调动手动脑相结合，立足学生所处的环境，从现实生活中撷取设计与制作的原型。随学生年龄的增长和知识经验的积累逐渐提高活动的技术含量，努力实现劳动与技术教育的工具价值和发展价值的统一。

1. 设计与制作活动的类型

依活动目标和学生身心发展水平不同，可以将设计与制作活动分为三种不同的类型：

（1）照图施工式的设计与制作。这类活动是指依据现成图纸和制作说明，使用简单工具进行操作的劳动与技术学习活动，其成品可以是工艺作品，也可以是科技作品，活动主要施于中低年级的学生，重点在于培养学生动手操作能力和简单的工具使用能力。

（2）有所改革式的设计与制作。这一类活动虽然也有现成的设计图和说明书，或者仅提供基本的活动器材和参考用图，但都留有供学生发挥的余地，学生在活动中可以对原设计进行改革，也可以提出自己的新设想，使最终成品不具有唯一性。这一类活动多适用于中高年级，不但有利于操作能力的培养，而且能够有效地发展学生的想象力和创造力。

（3）有所创造式的设计与制作。这是介于制作活动和发明活动之间的一种活动类型，它提供设计要求，并提出一定的限制条件，要求学生按要求自行设计并制作出一定的实物成品，例如可以要求学生用方便筷子搭建一座塔或一座桥等等。这一类活动为学生活动留有更大的空间，也提出了更高的要求，受到学生的广泛欢迎，对于全面提高学生的科技意识、思维能力、动手能力和创新能力十分有利。

2. 设计与制作活动举例

适用中小学生的设计与制作的内容十分丰富，下面举几个实例供参考：

用牙签造大厦

尝试用牙签插制一座大厦的模型，是一项涉及结构问题的简单模型的制作活动，适用于小学中年级学生，作为综合实践活动的入门课，可按如下步骤进行：

（1）明确条件与要求。引导学生明确活动给定的条件一共有三样：50 根牙签，5 根塑料吸管及 30 克橡皮泥，要求使用给定的材料插制大厦模型，要求结实、稳定，设计独特。

（2）实施设计与制作。动手制作前，小组同学需要通过讨论，统一认识，形成共识，大家出主意，想办法，确定制作的内容和要求，分工合作，完成任务。

（3）展示与交流。各组制作完成后，要组织班级作品展示，各组展示时，别忘了给大厦起一个合适的名字，并说明它有什么特殊之处。交流各自的收获和体会，同学间还可以进行互相评价。

鸡蛋撞地球

20 世纪 80 年代，英国科促会推出了一项"让鸡蛋撞地球"的活动项目，要求使鸡蛋从 152 米（相当于 43 层楼房的阳台）高处落下后不被摔破。活动一经推出，便风行世界，深受青少年喜爱。组织青少年开展这一活动，不一定非要 43 层的高楼，只要有适当高度，地点适宜活动就可以了。为提高活动的教育价值，建议可以采用下述办法组织活动：

（1）营造情境，提出问题。组织同学做个"拽鸡蛋"游戏：使用窗帘或床单支起一块幕布，幕布下端向上兜起；学生站在幕布前面 5 米左右处，手持鸡蛋拽向幕布，鸡蛋触碰幕布后滚落到幕布下端的兜里，并不破碎。引导同学观察现象并思考原因。

（2）对比分析，寻找原因。对比"拽鸡蛋"游戏和鸡蛋掉到地上两者结果会有什么不同，分析其原因是什么。寻找"鸡蛋撞地球"所以破碎的原因。

（3）针对问题，制作装置。针对造成鸡蛋破碎的原因，制作鸡蛋防撞装置。小组成员经过讨论，统一认识后，进行设计并分工合作予以制作。

（4）现场投放，实践检验。各组的制作完成后，经现场投放进行验证，看谁的设计合理、实用、省材、精致。

本活动用于中小学生，目的在于培养学生分析问题和解决问题的能力，引导学生在自身经验和现场观察中，分析得出造成鸡蛋破碎的原因，从"减速"和"防震"两个方面，有针对性地制作鸡蛋防撞装置是活动成功的关键。

自制小车比赛

汽车是重要的交通工具，汽车工业是现代国家的工业支柱产业。汽车的速度、安全、材料各要素是汽车研究的核心问题。同学们可以通过"自制小车比赛"的活动的过程，研究所有这些有关汽车的重要问题。

（1）制作要求：使用橡皮筋做动力，制作一辆小车，材料不限，可选木板、竹片、塑料板等。要求在车上安置一个乒乓球，乒乓球上方开一个5分硬币大小的圆孔。

（2）比赛办法：比赛时要求将乒乓球里注满水，将小车置于起跑线后待发，跑道要求平坦光滑，起跑线前2米处横放一木板作为终点线。听口令，小车起跑，以小车撞上前方终点挡板，比赛结束。

（3）评价办法：小车未能跑到终点者不记入比赛成绩，小车跑到终点者，乒乓球中的水余存最多者为胜。球中存水使用吸管和量筒计量。

三、创造发明活动

技术的本质是发明，学习发明创造是技术教育的主要内容，在技术教育中引导学生学习发明创造自然是天经地义的事情。

然而，对于中小学生来讲，实施创造教育，不能有不切实际的过高要求。经验表明，通过综合实践活动的学习，掌握一定的创造技法的学习和以典型案例的模仿，激发创造的灵感，常会得到较为理想的教育效果。

所谓典型案例模仿，最理想的可以选择在全国和地方青少年创新大赛或其他赛事活动中涌现出来的优秀案例为蓝本，创编为活动方案设计，供学生进行模仿和学习，青少年心理特点相仿，知识经验类同，心灵更容易沟通，这样的学习自然也容易产生良好的效果。

下面提供几则创造发明活动的案例供参考：

连通器引出的发明

液体装在容器里，表面总会呈水平状态，如果容器形状复杂，且有多个开口向上时，液体表面在各个开口处都会处在同一水平面上，这就是"连通器原理"。运用这一原理，就可以开展创造发明活动。例如，安徽的一位女同学，利用这一原理发明了"带挡板饭锅"。广西北海的一位同学，发明了"U形泡菜坛"。组织学生学习这些小朋友的发明案例，观察我们身边见过的连通器现象，说一说从中得到的启发，进而开发和完善属于自己的创新项目。

发现问题搞发明

世界上许多发明，都是从改进不足开始的。在我们的身边也常有许多不科学、不合理、不方便的东西，运用青少年创造发明活动中涌现的诸如"两头尖的绣花针"、"不淋湿裤脚的充气雨衣"作为案例，引导学生从关注和寻找身边日常用品的缺点开始，把发现的问题记下来，和同学们进行交流，选择一两件用品，针对其缺点和问题，提出改进措施，使它们变得更实用、更方便。

编码杆秤

杆秤作为传统的计量工具，其秤杆和秤砣是分开的两个部件，携带不够方便，还容易丢失，特别是有些"黑血"商人还会用换秤砣的方式骗人，使消费者深受其害。因为它使用起来很方便，也就很少有人想到要对它加以改变，一直沿用了上千年。

四川的一位同学对这一传统计量工具进行了一番改进：在秤杆的下侧挖一条形槽，把秤砣做成条形，在秤杆的末端用活节将二者铆在一起，使两者不能随便分开。秤杆上再刻编码，用时将秤砣从槽中开出，使之下垂，不用时将秤砣镶在秤杆的槽里。这样，上述杆秤存在的问题就迎刃而解了。

编码杆秤巧妙地将秤杆和秤砣这件形影不离的部件组合在一起。该项目荣获了第五届全国青少年发明创造比赛的一等奖。

四、社区服务与实践活动

社区服务与社会实践活动，是小学生走出教室和学校，融入社会生活实际和参与社会生活的有效途径，学生作为社会生活的主人，进入实际的社会活动，在直接参与各项社会生活和社会活动的过程中开展力所能及的公益性、义务性的服务活动和有益于身心健康的实践性、体验性的学习活动，极有利于实现学生社会化的过程。

社区服务活动通常是学校统一组织的，也可以是由学生自行联系的，主要包括家政服务、社区管理服务和各种公益性的义务劳动等。

社会实践活动则是在特定的社区背景下，为着一定的目标而组织学生参加的参观、考察、调查和宣传等活动。

通过社区服务和社会实践活动，加强学校与社区的联系，可以使学生熟悉社区的生活环境，关注周围的人和事以及社区的发展变化，通过活动的实践掌握志愿服务的知识和技能，获得服务社区的本领。在了解和服务社区的实际活动中，所获得的实际感受和体会还很容易自然地生发为对社会的责任感。

下面举几项社区服务和社会实践活动的实例：

创作社区公益标志

在日常生活中，许多标志会以简洁的设计表达明确的意思，为人们的生活提供了许多方便。组织学生说一说自己了解的标志，分组到所在社区作一番调查，了解社区里都设置了哪些标志，设置在什么地方，起着怎样的作用？根据调查的结果，总结标志的基本特点，认识什么是公益标志。在此基础上，还可以组织学生设计和制作"公益标志"。如果将自己制作的标志，安放到社区适当的地方，不就为社区做了一件力所能及的好事吗？

清除社区"牛皮癣"

不少地方都出现有胡乱张贴小广告的现象，其种类繁杂，样式零乱，堪称为恶甚深的市容"牛皮癣"。组织学生分组到社区调查小广告的情况，并根据调查结果，采取具体行动，为净化环境，美化市容，贡献自己的一分力量。

小广告制作材料不同，呈现形式各异，清除起来有一定困难，如能组织学生采用仿真的办法，收集一些木板、硬塑料、瓷砖等，用黏性较大的糨糊或胶水粘贴厚纸、招贴画等作为模拟的"小广告"，再准备一些清除工具（如洗衣粉、洗涤灵、五洁粉、小刀、小铲、抹布等）。试一试，选用哪些工具和用品，能够取得较好的清除效果。再根据实验结果，组织学生到社区实际参与处理小广告的活动，这实际上已经将研究性的学习和社区服务活动有机地整合起来了。

做社区的小主人

从社区设施建设及周边环境入手，了解我们生活的社区，组织学生到现场调查，学会绘制社区建筑物和设施平面图，记录调查中发现的问题；访问社区管理委员会，向居民作调查，了解社区的管理现状和发展前景以及居民对社区的意见和建议。在此基础上，提出社区发展的建议，并力所能及地就社区绿化，垃圾分类，污水处理，节水节能等方面，身体力行做出自己应有的贡献。

五、文化探究活动

这是一类以研究地方文化特点及其形成因素为内容的一类活动，对于提升人们的文化素养，培养人文精神具有重要意义。

我们的先人在悠久的历史岁月中创造了中华民族灿烂的文化,许多文化瑰宝就以地上和地下遗存的形式散布于城乡各地。中华民族的"根"深扎在中华大地上,许多看似普通的风土人情和历史陈迹,很可能就是炎黄子孙在几千年的时间里创造并留给人类的珍贵文化遗产。"身在宝中不知宝"几乎是一种常见的现象。组织学生进行文化探究活动,对于从文化层次上认识自己生于斯、长于斯的故乡,发掘民族文化遗产,以及发扬和振兴民族精神都具有重要意义。

文化探究活动说得上是丰富多彩。举凡历史沿革、文物古迹、民俗民风、城乡环境、人口状况、地方经济和社会发展,都可列入这一探究活动的范围。活动组织可以地域为范围,也可以主题做对象,既可作现场访问了解,也可以作文献调查,还可以用口头或书面汇报的形式分享探究的结果,因而可以全方位培养和锻炼学生分析问题和解决问题的能力,是中小学生非常喜欢的一类活动。

下面是几个文化探索活动的案例:

学做"小导游"

组织学生通过阅读报纸或网上查询,选择一处自己最感兴趣的旅游点,作为了解和研究的对象。收集有关该旅游点的地理、历史、文化、经济等各方面的资料,编制该旅游点的资料目录,通过研究和讨论,发掘该旅游点的文化内涵。

模拟导游活动,可以小组为单位组建"旅行社",每人尝试做一名"小导游",还可以将收集到的材料分门别类加以整理,进行展示。

选择住地附近不同类型的旅游点,通过现场考察和文献分析,进行深入研究,提出开发建议。

走进茶文化

通过采访调查,查阅书刊或上网查询,收集相关材料,研究茶文化。同学们可根据自己的兴趣,自愿结成小组,自选主题,进行研究。其内容可按以下几个方面进行:

(1)茶的起源和发展历史;

(2)茶的种类和保健作用;

(3)有关茶的诗文、典故和传说;

(4)茶技、茶艺和相关的民族风情;

(5)茶具流派及艺术风格。

生肖与民俗文化

生肖也即属相,是指用十二地支纪年的方法,具有浓重的文化色彩,利用生肖，也可以开展许多有趣的活动。

（1）应用生肖排序。了解生肖是怎样排序的，利用生肖迅速准确地进行年龄推算。

（2）属相小调查。许多人以为属相与人的性格、命运等有关系，果真是这样吗？可以组织学生对一些人的属相做一番调查，并得出自己的认识。

（3）感受生肖文化的魅力。收集以生肖为内容的各种民间艺术品（如剪纸、泥塑、青铜器仿制品等），了解生肖在我国传统文化中的表现特点。

六、思维训练活动

思维能力是人的智力结构的核心，人的思维能力的高低是人的智力水平的重要标志。思维是人脑的活动，看不见，摸不着，但它却是按一定的规律，依一定途径进行的。思维训练类的活动，即是为引导学生了解思维的规律，培养良好的思维品质、学习思维的方法，进而掌握思维的技巧而设计的。

综合实践活动归根到底是要培养创造型人才。创造型人才要具有较强的创造能力，自然就离不开创造思维能力的训练和提高，在对中小学生进行思维训练的时候，要把握提高创造思维能力这样一个重点。创造性思维能力需要训练，也是可以训练的。针对影响中小学生创造性思维的心理障碍，激发学生求知欲和好奇心，培养学生的观察力和想象力，努力形成学生思维的灵活性和变通性，从培养学生健康的心理品质入手，设计学生喜闻乐见的活动项目，从而培养和形成他们良好的思维品质是完全可能的。

经验证明，思维不是教出来的，教师的说教很难形成学生的思维能力，创造性思维能力是在参与活动的过程中不断生成的。采用智力美术、棋类活动、科学益智游戏和数学思维训练等方式，常常能够得到理想的训练效果。

这一类活动通常是创设某种情境，引发学生思考，通过思维训练，发展创造思维能力。

下面是几个思维训练活动的案例：

圆是什么？

在黑板上画一个圆圈，要求学生发挥想象力，回答圆是什么？也可以要求学生一口气说出自己想象中的"圆"的东西，看谁说得多，说的新奇。

巧辨轻球

有8个形状、大小、颜色一样的球，其中一个球比其他球的重量都轻，要求使用天平将轻球挑出来，最少要使用几次天平？

组画命题

设有两条直线，两个圆形和两个三角形（即——、——、○、○、△、

△)试用这些图形组成一幅画，并为组画起一个贴切的名字。在指定时间内（例如 10 分钟）画得越多越好。

除上述常见的活动类型外，综合实践活动还有一些其他的活动类型。

综合实践活动的基本特点之一是"综合"，既然是综合，就需要利用多方面的知识、技能和方法参与问题的解决，活动既会涉及科学探索的方法，又会涉及设计制作的要求，活动既渗透思维的训练，也可能兼及创新产品的制作。可以说，真正实施起来，"综合"的项目可能是最为丰富的，也是最具魅力的。即便如此，将活动细分为若干类型，仍然有其实际意义，因为每一具体活动，尽管是综合的，但在内容和方法上仍会显现其重点所在，即便在整体上重点并不明显，但倘若对活动过程分步实施时，在不同阶段上仍会有重点显现出来，反映出活动类型的特点，有了活动类型这一思路，对活动的设计和指导也是会有帮助的。

第二节　综合实践活动的活动设计

人们要办好一件事情，事先总要制订一项明确周详的计划。教师要上好一节学科课，也要根据课程的要求和学生的具体情况，编制教学的教案，综合实践活动同样是教师有目的、有计划地组织学生实现有效学习的活动过程，自然也需要学会进行活动设计。

所谓活动设计，就是要把活动目标、活动内容以及活动过程中师生各自活动的形式和方法，按着一定的原则组织起来，成为一个合理的结构，从而形成一种使综合实践活动得以运行的程式。根据目前各地的经验看，综合实践活动的活动设计，大体可以包括如下几个方面的内容：①活动选题；②活动目标；③活动的形式和方法；④活动的过程；⑤活动的准备；⑥活动中应注意的事项；⑦活动的评价。下面仅就其中涉及的几个重点问题，加以必要的说明。

一、综合实践活动设计的内容

为实现学习的有效性，教师事先要对活动加以设计。但是，需要指出的是，综合实践活动的实施，是教师组织学生进行的有计划、有目的的学习过程，实践活动的活动设计只是教师事先形成的有关活动的构想，或者叫作预案，远不是一份可以照图施工的活动蓝图，只是教师为学生规划的学习过程。在现实的活动过程中，改变甚至完全脱离原有设计的情况也是完全有可能的，所以在活动实施过程中，教师千万不能只顾坚持自己的预设，不尊重活动的生成性特点，以致犯下脱离学生活动实际的错误。即便如此，活动设计，作为活动的构想或教师对活动的预案仍有其积极的意义。

前述关于综合实践活动设计的各项内容中，尤以活动选题确定、活动目标设计和活动过程设计三项，在活动设计中更占有重要地位。

1. 活动选题的确定

活动选题的确定是活动实施的先决条件，是活动设计的核心问题，整个活动的设计，诸如活动的目标、内容、形式、方法等都将围绕这一核心决定弃取。一般来讲，为组织学生开展综合实践活动，首先应该从调查研究入手，结合课程资源开发，帮助学生选择适当的主题作为研究的课题。

以人为本的综合实践活动设计，是为了使学生能从个人的实际需要出发开展学习活动，通过活动的过程得到确实的收获。活动从选题开始，就应特别关注学生的学习兴趣、学习基础和学习能力。为了从学生的实际出发选择研究的课题，就要了解学生，需要对自己任教的学生进行必要的调查研究。传统教学中提倡的"备学生"，在实施综合实践活动，进行活动设计的时候，仍然需要提倡教师在"备学生"上下功夫。

至于课题选择的办法，每个教师都可能有自己的经验，一般来讲，运用头脑风暴法和概念图法，则是每个人都可采用的有效办法。

所谓"头脑风暴法"，就是一种集思广益的收集和确定选题的办法。具体操作时，请参与活动的学生充分发表意见，就自己喜欢的、想到的或者自认为有必要和可能进行研究的课题（或问题）统统提出来，并对提出的问题加以详细的记录。注意：在提问题的阶段，不要打断别人的思路，尽量不要提反面的意见，也不要引导辩论；过程的后期，则需要将记录的问题进行分门别类的整理，集中分析，筛选出可供研究的选题。

"概念图法"是一种进行选题的有效办法，这种办法又可以称为"发散选题法"，例如选择"生活"方面的主题做选题，在"生活"的小事上做文章，就可以请每个学生在纸上写出"生活"两个字，然后将自认为与生活联系最为紧密的五个词写出来，作为"生活"的下位概念。如有的同学会选择衣、食、住、行、玩，有的会选择水、电、钱、粮、煤等。再要求学生就自己提出的二级概念中，希望研究的问题进行第二次发散，如选择"衣"，就可能写出：材料、款式、价格、沿革、装饰。选择"水"可能写出与之紧密相连的生活用水、工业用水、农业用水、水源保护、中水利用等内容，如此推演下去，就有可能找到有价值的研究课题。当然，每一次的发散也可以不仅仅局限于五项内容，例如可以尽可能提出更多的选项，以利于更广泛地网罗可以研究的问题。

至于课题的最后确定，则不仅要关注学生的兴趣、学习基础和学习能力，还应该考虑课题的积极意义和完成选题的其他主客观条件。有一种观点认为，选题一切都要尊重学生的兴趣，恐怕有失偏颇，兴趣本来就有积极和消极的两种不同的类别，只有那种与志趣、志向和理想联系着的兴趣才是积极的兴趣，才是我们所主张和需要的。至于与课题完成相关的主客观条件，主要是指导力量的有无，参考资料和技术支持的能力等，都是为了能够保证课题研究的有效实施。也正是从这一原则出发，我们才主张施于中小学生的综合实践活动的内容，可以大小结合，以小为主，因为这才更符合中小学生的特点，有利于课程的有效实施。

2. 综合实践活动的目标设计

每一项活动都是围绕着一个特定中心进行设计的。活动内容不同，活动的目标也不一样，课题找到后，恰当地确定活动目标，便成为实现活动教育价值的关键所在。

那么，怎样确定活动的目标呢？以下几个方面是值得注意的：

（1）目标确定要准确。要从活动特定的要求出发，为活动确定清晰明确的目标。活动的目标实际上就是通过该活动学生可能取得的收获，而不是教师从观念出发，想当然地为学生制订的活动要求。活动目标本该是从活动中生发出来的，是活动过程水到渠成的结果，而不应该是任何人任意"拔高"的产物。我们常常发现，一些教师在确定某项具体活动的目标时，总是方方面面地罗列许多条条，却了无重点，不得要领。实际上，任何具体活动，学生从中可以取得的收获总是有限的，教师对活动目标的确定应以明确具体、恰如其分才好。但由于各种各样的原因，或是怕人家说"不全面"，或本人缺乏提炼的能力，结果便林林总总"眉毛胡子一把抓"，甚至自己也说不明白活动的目标到底是什么。这种情况是需要引起注意的。

（2）活动目标的确定要具体。也就是说目标设计要实实在在，切实可行。有些教师常笼统地把"提高分析能力"、"培养创造能力"等作为具体活动的目标，殊不知分析能力也好，创造能力也好，都不是一日之功，更不是参加一两次活动就可以奏效的。这样泛泛的提法倒不如从活动的实际出发，将目标分解细化，如"学习某一具体分析方法"、"了解某种创造技法"来的具体，也容易对之进行评估检查。

（3）目标的确定要恰当。需要从活动主体的年龄特点和认知水平的实际出发，恰如其分地制订活动目标。特别是小学生还处在儿童时期，心智发育稚嫩，对知识了解得有限，针对他们的活动设计更要照顾这一特点，不便于提出过高的要求。儿童由具象思维向抽象思维过渡的"关键年龄"大约在小学四年级，四年级以下的活动组织应以游戏和制作为主，目的在于训练学生参与活动的兴趣和加强手指小肌肉群的训练，为将来的学习打好基础。四年级以上的学生，知识学习有了较多的积累，分析能力和综合能力有了明显的提高，在进行活动设计时，就可以有意识地引导他们从观察和调查中发现问题，也可以设计一些简单的实验，组织他们学习一些初步的科学研究的方法。初中生的知识积累达到一定程度，思维能力和操作能力进一步提高，生活空间和视野逐渐扩大，自我意识普遍增强，届时则可以将培养探究能力的综合性活动单独实施，也可以将之与技术要求较高的设计和制作活动结合起来，开展一些较长周期的课题研究了。

(4)活动目标的设计应具有层次性。注重知识和技能、方法和过程以及情感、态度、世界观的全面培养。

综合实践活动与学科课程相比，虽然并不强调系统知识的学习；但也不排斥知识的学习，只是把知识作为完成活动目标的工具，当缺少某项知识就难以完成确定的活动目标时，也是需要将知识的学习纳入活动目标的。

活动课程更强调意识和能力的培养，意识作为人们高级的心理活动，将感知、思维等心理活动提高到自觉的程度，是人们社会实践的产物。综合实践活动为学生广泛交往创设了适宜的情境，极有利于各项意识品质的培养，在活动中尤其应该注意儿童的主体意识、实践意识、合作意识与责任意识等的培养。

关于学生能力的培养，除了一般的心理能力之外，综合实践活动更应关注学生对知识检索和处理、实践操作、社会交往、交流表达等各项能力的培养。

3. 综合实践活动的过程设计

活动的过程设计也称为活动的程序设计。为达到预期的活动目的，需要通过对活动目标分析的基础上，将活动过程分解为几个基本阶段，预先设计好活动的过程，再组织学生按部就班地开展活动。活动过程有如施工的步骤，它是活动目标达成的措施和保证。

一般来讲，一项完整的活动过程应包括：激发兴趣、研究探索、汇报交流、实施评价等几个基本的阶段。

综合实践活动强调学生自主探索的过程，它的选题是开放的，活动是学生主动进行的，但这并不排除对学生活动的组织工作。相反，更提倡对活动过程要精心设计、精心组织。

综合实践活动是以问题为中心进行组织的，如何引发学生对研究问题的关注是活动成败的关键之一。活动之初，教师即应采取有效的办法，引导学生对选择的课题产生研究和探索的欲望，从而兴趣盎然地投入到活动之中去。

综合实践活动的类型有多种，每一种活动常常会有较为适当的导入方法，例如思维训练活动可以用激疑导入法；设计与制作活动，可以用实物演示导入法等。对活动导入的总的要求是通过营造恰当的情境，激发学生的兴趣，对活动进行"预热"，将学生的积极性引发出来，主动投入到活动中去。

活动的研究探索阶段是活动实施的主要阶段。综合实践活动的类型不同，其探索研究的方式方法和具体要求也是不同的，但要形成研究的过程，组织者就要把活动涉及的各种因素（如人员、材料、设备、工具等）合理地组织起来，构成一种便于操作、探索和研究事物的条件。一个好的过程，关键是要能够发挥学生参与的主动性和积极性，一切能够有效地激起学生积极参与并使活动获得实效的办法，都是应该提倡的好办法，切忌刻意追求所谓方法的多样，机械堆积、表演式的强拉硬扯，将简单的问题人为地复杂化，作虚功而不见实效。

我们强调活动过程的设计，目的所在是为学生搭建一个平台，使他们能够切切实实地获得探索问题的感受，学习解决问题的方法。活动的类型和方法各异，某些方法对于某些活动内容具有某种专属性，指导教师要力争把每一具体活动都搞成解决相应问题的范例，这样活动多了，学生积累的经验也就多了，掌握的方法自然也就多了。经验和方法是有迁移性的。学会了方法，就可以举一反三，经验和方法的不断积累，就会有效地促进学生科学意识和科学精神的形成。这正是综合实践活动所追求的重要目标之一。

一个完整的活动要有汇报交流和总结评估。汇报和交流是活动中师生互动和生生互动的具体表现，通过交流分享，收获乐趣，将个人的经验所得变成大家的宝贵财富，可以拓展活动的教育效果。积极的评价是激发人们奋进的催化剂。活动最后，一般讲应进行评价，但是这种评价不应是老师的"一言堂"，它应建立在学生自评和互评的基础之上，教师的结论性的评价应从学生活动中自然引出，水到渠成，画龙点睛，教师也可以补充和完善学生的结论，但是绝不可越俎代庖，更不能强加于人。

二、活动设计应注意的几个问题

综合实践活动设计的能力和水平是表征教师能力和水平的重要标志，能否进行活动设计应该成为考核教师专业能力的重要条件之一。如何进行活动设计，前面已经谈到了一般的要求，此外还有些值得注意的问题，提出来供老师们参考：

1. 从学生的心理需求出发，设计符合学生认知水平的活动

综合实践活动是基于学生经验的实践性学习，只有能够引起儿童兴趣的

活动，才能吸引他们全身心地投入其中。心理学研究表明，每个儿童都有与同龄人一起活动的需求，都有徒手或使用工具折折弄弄的建设动机，都有对新鲜事物的好奇引起的探索欲望以及渴望自我表现的表演动机。依据儿童的这些心理需求，设计他们喜欢的综合实践活动的项目，自然容易取得较好的教育效果。问题是，不同年龄段的儿童的动机水平是不同的，他们的知识水平亦不一样，怎样才能设计出适应不同年龄段儿童的活动项目呢？这就要求人们具体地研究不同年龄段的孩子的心理特点和认知水平，从他们的实际出发进行活动设计。

例如：小学生的观察能力的发展具有一定的阶段性。低年级学生大都处于认识"空间联系"的阶段，中年级学生大部分进入"因果联系"阶段，到了高年级才进入"对象总体"阶段；儿童的注意随年龄增长，有意注意不断代替无意注意；到高年级有意注意逐渐占据主导地位，与此同时，对抽象材料的注意逐步地得到发展。

基于上述认识，在为儿童设计活动项目时，低年级活动重点应把制作、游戏、表演的内容结合起来，逐步增加研究问题的难度。具体单个项目的活动时间也不易过长。随着年龄的增长，逐步引入观察思考活动的项目，引导学生通过活动进行探究式学习。当然，这里只是提出一些考虑问题的思路，操作时还要进行具体的分析才行。

2. 体现基本的教育目的，又要具有恰当、可以达到的具体目标

综合实践活动要贯彻党的教育方针，无疑应该按照党的教育方针的要求，促进学生的全面发展，需要从德、智、体、美、劳诸方面全方位地寻找活动的切入点。但是全面贯彻党的教育方针，促进学生的全面发展，是对综合实践活动这一课程（当然还有活动课程以外的其他教育教学内容）整体的要求，这并不意味着每一项具体活动都要"全面"。这似乎说起来是谁都明白的道理，但是实际做起来却并不那么容易，许多初步接触活动设计的人常常就是因为过于追求目标的"全面"，致使设计归于失败。例如，理论上讲活动要着重学生技能、方法、情感态度和世界观的形成，于是在具体活动设计时，就面面俱到，想用一个活动达到所有的目标，结果是或者这样的理想设计难以达到，或者勉强地拼凑出来，儿童未必喜欢，教育效果也就很难如人愿。恰当地确定活动的目标是实现活动教育价值的关键所在。每一个致力于活动设计的人，对此都应有清醒的认识，因为只有如此，才能把对学生的培养落到实处。

有一种观点认为，活动设计主题一定要大、周期一定要长，每一项活动都要形成一个系列。当然这也不失为一种活动设计的思路，在有较强师资的条件下，也可能会获得较好的教育效果。但是对于小学生，特别是中低年级的学生，我们更主张"课题要小，立意要巧，开掘要深，效果要好"的"四要"原则。这更符合小学生的认知特点，也更便于在实现教育目标大原则下，在具体活动中将培养目标进行分解，从学生可望可及的最近发展区选择切入点，提出挑战性、激励性的问题，采用多种形式和方法，把活动激活。例如，学会从广泛领域用不同的方法检索知识，是活动课的培养目标之一，在不同的年龄段就可以设计不同的活动，分别训练学生从报刊、索引、百科全书和因特网上检索知识的方法。又如，为培养小学生的交往和交流能力，就可以分别创设不同的情境，组织不同年级的学生分别进行采访、咨询、独立或与他人合作对既定对象进行调查，组织专题会议由学生汇报和交流活动的心得、体会等等。总之，每一个活动设计都要有明确具体的要求，每一个活动都要尽可能取得看得见、摸得着的收获。

3. 活动设计要注意过程和方法的研究

综合实践活动属于过程性学习，它追求的不仅是过程的结论，而且是形成结论的过程以及在过程中学到的取得科学结论的方法。因此，综合实践活动的设计应该十分重视活动的过程和方法的设计。

这里讲的过程，是研究和解决问题的过程，也是探索事物，解决问题的程序或步骤。一般来讲，这样一个完整的活动过程，应该包括：

(1)营造情境，激发兴趣。通过对情境内容的交流和思考，引发求知欲望；提出问题，确定研究方向。

(2)实施研究，解决问题。此阶段是活动的主要环节，要求采用与问题相关的科学方法收集信息、编码资料、提炼结论，使问题得到解决。

(3)主动交流，实现分享。使用文字或口头的方法，交流研究成果，互相分享研究过程带来的各种收获和感受。

(4)评价检验，总结成果。通过自评和互评等多种方法对活动成果和过程中的表现做出恰当的评价，必要时或在有条件的情况下，还可以将已有成果付诸实施，接受实践检验。

上述活动过程设计仅是对活动过程的一般性要求，并非一定需要遵循的模式。特别是对于学生大量采用的小主题、短周期的活动尤其如此。此时，活动的设计应尽可能抓住主要环节，帮助和引导学生将注意力放在解决主要矛盾方面。这里讲的注意过程，主要就是要将学生引导到能够导致问题解决的科学的过程上来。我们讲学生通过过程取得的体验，追求的应该是能够激发学生奋进的积极体验。需要说明的是，并非只有取得预期成果的活动才会产生积极的体验，活动失败了，能够找到失败的原因，从失败中汲取了教训，产生了进一步夺取胜利的信心等等，自然也应归于值得鼓励的积极体验。

活动实践充满着各种科学方法的学习和使用的过程。科学方法是科学过程取得成功的保证，无论自然科学还是社会科学和人文科学，科学方法都具有广泛的适用性。活动过程强调学生应以探索者的身份主动进行探索，绝不是不要方法的指导。须知主动的探索不是盲目的行动，更需要正确的方法予以保证。科学的方法既包括观察、思考(分析和概括)、操作等一般方法，也包括调查、实验、测量、统计以及模型设计等具体方法和各种专业方法。活动的内容和目标不同，解决问题的方法和要求也不同。前面曾谈到，活动的设计者应力求把每一项施于学生的活动都搞成解决相应问题的范例。这当然远不是一件非常容易的事，然而有志于综合实践活动实施和开发的人们，都应该深入、系统地研究科学方法问题，将那些行之有效的科学方法，深入浅出地迁移到学生的综合实践活动设计中来。

第三节　综合实践活动的指导

1997年世界教育大会，将教育定义为：教育是能够导致学习的交流活动。教育是学习，无疑应根据学习者的需要来具体地设计教育过程。综合实践活动明显具有自主性的特点，活动的开发和实施过程，实现了封闭学习向开放学习的转化，无疑应鼓励学生自主选择活动的内容、形式、方法等，鼓励他们通过探究去发现他们追求的答案。然而，实践学习并不是一种容易的学习方法，空泛的自主性或独立性的口号，都不能导致学生对这一学习方法的学习和掌握。作为活动指导者和引领者的教师，更没有理由以各种借口，游离于学生活动之外。相反，他们应该要求自己成为活动的内行，要深入研究学生的心理特点和认知水平，研究各种类型的活动内在的规律性，通过自己锲而不舍的工作，充分激发和持久地维持学生参与活动的积极性，运用活动的规律，科学地进行指导，使学生最大限度地从活动中受益，实现综合实践活动最佳的教育效果。我们一直强调的教师驾驭综合实践活动的能力和水平以及他们指导艺术也主要表现在这里。

一、综合实践活动指导的一般要求

综合实践活动的活动过程是一个师生互动共同发展的过程。其中又离不开教师积极主动的参与，教师对活动的指导就是教师作为活动的组织者、参与者和指导者的具体体现，也即教师作为活动中的首席应该充分发挥的作用。

前面已经谈到综合实践活动课程有各种不同的类型，在不同类型的活动中教师的作用虽然各不相同，但作为实践性学习，对教师的指导也有其一般的要求。

1. 营造活动环境，激发探索欲望

组织学生实施和开发综合实践活动，教师的首要任务，就是要为学生营造活动的必要条件。在资源短缺、硬件匮乏的当前，对教师的这一要求显得尤其重要。教师要通过多方面的努力，营造活动的环境，创造活动的条件，激发学生参与活动的积极性和探索的欲望，成为实现课程开发的第一需要。

一般来讲，教师创造的活动环境，又可以包括宏观和微观两个方面的内容。

宏观上的活动环境创造，主要是指课程实施的环境，其中属于政策、制度层面的内容，以及学校管理层面的内容，教师大多处于无能为力的地位，只能积极建议和呼吁。然而，从教师可以作为的方面反求诸己，教师仍然有许多工作可做。当前，在一些学校，某些教师常常仅从自己的特长和爱好出发为学生选择活动的内容。教师喜欢文，就为学生选择接近文科性质的活动；教师对科技活动有基础，就为学生安排科技活动的内容。如果没有特长时，干脆就将学生活动变成了教师所任课程的补充和延伸，殊不知长此以往，便将综合实践活动"窄化"、"异化"了，便从宏观上破坏了课程应有的教育功能。为了改变这种状况，作为综合实践活动课程的教师就要树立全面观念，从整体上实现对课程的把握。

从活动课程进入综合实践活动课程，课程内容发生了根本性的变化，它要求人们更全面地关注儿童整个"生活世界"。这里所谓"生活世界"，不是单指生活环境，也不是指"自然世界"或"社会世界"，而是对人生有意义的，人生在其中的、心物统一的世界。正如哈贝马思所分析的那样，作为整体的"生活世界"可以分为三个世界："客观世界"、"社会世界"和"主观世界"。它们分别对应于三种领域的事物——自然现象、道德、法律和艺术以及人格自我构建。正是基于这样的认识，规范的综合实践活动的设计和内容选择就要遵循学生与自然，学生与他人和社会以及学生与自我这样一种逻辑关系。在活动中既要引导学生认识和理解人和自然的关系（对自然规律的认识就是科学，而对自然问题的解决则涉及技术），而且要认识和理解有关社会道德、法律和艺术，同时还要引导儿童通过与人的交往、交流和反思，达到人格自我构建的目的。只强调教师个人的特点，而不顾及对学生进行完整教育的认识是偏颇的认识，以偏颇的认识为指导思想的活动组织，还自以为是"特点"或"特色"，其实是活动开发和实施的误区。当然，我们并不反对以教师的特长对学生的指导，我们反对的仅仅是只是满足于运用自己特长对学生进行指导，因为综合实践活动作为课程加以实施，在整体上应该是规范的、全面的。而要实现

这样的课程目标，仅靠个别教师的个人特长是难以完成其教育教学任务的。

从微观上讲，营造活动环境，特指对具体活动的环境建设和情境的营造，这是保证任何具体活动成功的条件。

任何具体的综合实践活动都是在一定环境中展开的，对于已有的环境，无论是发现和利用，都属于资源开发的内容，前面对此已经作了比较详细的论述。

还有一些活动，目前没有或学校里暂时尚不具备必要的环境和条件，则需要努力创造，如科技内容活动中的实验设备和操作材料，社会调查活动场所的联系和交通工具的筹备等都属于这种情况。

至于活动情境的营造，大多属于具体的技能和指导经验问题。综合实践活动是以"问题"为中心的探究性学习，在具体操作过程中，一般不要教师直白地将问题本身呈现给学生，更不能将教师对问题的思考强加给学生，一些有经验的教师，常常会根据学生的实际情况，设计出一些有效的办法，如激趣引入、设问引入、实物引入、案例引入等都能很好地达到激发学生探究欲望的效果。

在现实生活中，有一种观点认为，既然是学生的活动就一定要学生提出问题，凡是由老师提出的问题便认为办法是错的；也有人认为综合实践活动一切都要从学生的兴趣出发，唯学生兴趣是从。这样的看法未免过于极端，学生的认识能力总有一定的局限，学生的兴趣也有积极与消极的区别，对学生的学习（包括兴趣在内）加以正确和适当的引导是教师应尽的责任。

2. 关注学习过程，引导研究方向

综合实践活动的过程是一个发现和获得知识的过程，又是一个获得经验、体会逐渐走向人生成熟的过程。在组织学生融入自然，走进社会，探索科技，认识自我的丰富多彩的主题活动中，主动地联系实际，进行探究，学习方法，积累经验，培养素质是综合实践活动的基本要求。综合实践活动是过程学习，教师对综合实践活动的辅导自然就要落实在活动的过程中，落实到活动的各个环节，在活动的各个环节上对活动以适切的指导。诸如选题是否科学、适当；计划是否周密、具体；分工是否明确、合理；人力、物力、财力各种条件运用是否得当等等，自然都在教师的指导范围之内。

不同类型的活动具有不同的特点，然而无论哪一类型的活动，都无例外地涉及相关方法的学习和运用。可以讲，过程是由相关方法充斥着的，过程学习就是学会运用各种不同的科学方法获取知识和经验，并通过经历和反思形成感受和体验的过程。从学生的认知特点来看，缺乏方法、渴求方法，希望得到老师在方法上点拨和指导，是活动过程中教师遇到的最为常见的问题。

所谓在活动过程中教师要努力做到"授之以渔"，道理也即在于此。因此，研究不同类型活动的特点及其要领，了解各种类型的活动中涉及的各种不同方法的具体要求，以及各种方法的适用范围和操作规范，并在活动过程中对学生进行适时、适度的点拨和指导，既不包办代替，也不放任自流，始终保持活动中师生互动的良性发展，无疑是对教师更高的要求。

综合实践活动归根结底是要学生学会探究，学会做人。这是涉及学生世界观、人生观和价值观的根本问题。可以讲，这是比前面所谈的具体方法更重要的问题，也是规范教师对活动指导时提出的更高的要求。

为了上述目标的达成，教师始终要把对活动过程和方法的指导，作为引导学生树立科学世界观的过程。引导学生了解世界是物质的，物质是运动的，运动是有规律的，规律是可以被认识的，认识是无穷的；要使学生了解人们通过观察和实验，认识我们周围的世界，并创立了各种理论。因为新的观察可以对现行的理论提出挑战，因而科学知识的变化也是不可避免的，认识任何科学知识都只具有相对的真理性；还要让学生知道尽管现有的知识都并非绝对真理，但绝大部分的知识又是耐用的，具有持久性的特点。因而，在科学的进程中，修正概念而不是彻底地否定概念是科学的准则；此外，还应该告诉我们的学生，科学并不能为所有问题提供完整的答案。

为了认识世界，人类开始了永无止境的科学探索的历程，为了保证这一进程中不犯或少犯错误，完成自己的探究任务，就要坚持"科学需要证据"的原则，任何时候都要采取实事求是的态度；理解"科学是逻辑和想象力的混合"，不但要引导儿童充分发挥自己的想象力，而且要发展自己缜密的思维能力，用假设和理论一起解决问题；在科学探索过程中，由于对选取怎样的数据，怎样进行记录，以及对数据采用不同的解释，都可能造成对科学探索的结果的歪曲。因此，在组织学生的活动时，也要引导他们像科学家那样努力避免和警惕工作中可能会出现的偏见；此外，还要引导和教育儿童树立"科学不仰仗权威，挑战已有权威是科学发展的一般规律"的思想。以上所述，是科学探究必须坚持的思想原则。

科学要求真，人文要求善，艺术要求美。综合实践活动是综合性的学习，活动要求科学、人文和艺术的统一，也即是真、善、美的有机结合。用这样的精神指导学生的综合实践活动，从知识到思维方式，再到人生信仰，从形而下到形而上，形成青少年丰富的精神世界。总之，就是要有效地引导学生能够用理智的心态面对世界、面对社会、面对生活，这是激发学生产生和保持科学探究兴趣的重要方法，也是开展综合实践活动的根本目的。

综上所述，不难理解在组织青少年开展综合实践活动的过程中，坚持"辅之以方法，导之以方向"该是何等的重要。

3. 组织合作学习，关注个体差异

综合实践活动主张以小组学习为基本形式，因此，组织学生合作学习，便成为教师辅导艺术的主要特点。

实施综合实践活动课程，眼下多没有教材，这给教师的活动设计和实施带来了很大的困难。在这样的条件下，如何将参与活动的学生有效地组织起来，形成统一的认识，选择共同的课题，分工协作，坚持完成各自的研究任务，良好的团队精神，强烈的合作意识，明确的分工，广泛的交流，个性优化互补，交往民主和谐，是合作学习的基本保证。为此，教师就要努力建构具有统一意志，又有个人心情舒畅的氛围，使每一个学生通过活动都能达到确有收获的目标。要充分调动每一位学生的积极性，为每一位学生提供展示特长、发展潜能的平台和空间。活动之初，就要引导学生讨论、交流，甚至争辩，逐步明确活动的目标和步骤，大型的活动还要制订比较详细的计划，使每一位同学都要明确活动各阶段的具体任务和要求。对于某些时间较长的大型主题活动，活动伊始不便确定最终成果的具体形式时，也要通过交流和讨论，使参加者清楚地了解活动的大致轮廓，以便做到心中有数。无论在任何情况下，教师切记不要以自己的思考代替学生的思考，以为自己明白的东西，学生就一定都明白了，甚至以自己的决心代替学生下决心，须知没有思想的统一，就没有行动的一致。

调动和维持学生参与活动的积极性，是贯彻于整个活动的基本的指导策略。在教师对活动实施指导过程中，不仅要教育学生具有合作的欲望或意识，还要帮助学生具备合作的能力，注意引导不同发展程度的学生都能积极投身到活动之中，使具有各种特长的学生都能各尽其才，都能得到应有的发展。在组织小组活动时，以个人的特长进行分工在某些时候不失为一种选择，如善于交际的负责对外联系，计算机较好的负责资料查询，文笔较好的负责总结报告等，这无疑会对最终成果的质量有所帮助。但如此分工，难免使应该得到某种锻炼的学生失去了学习的机会。因此，从长远考虑，从活动的教育目标出发，进行混合编组，甚至针对特长的弱项进行分工也并非不是一种选择；又如对于组内分工，许多人选择使平时关系较好的两位或两位以上的学生分为同一小组，以为如此定能容易合作，任务完成则必然较为容易。殊不知如此分工，感情较好的同学分在一起，却常常会因为从情感出发，能力较强的学生为了帮助能力较弱的同学，而过分地越俎代庖，使能力较弱的同学反而得不到应有的锻炼而背离了活动的初衷。活动和课内教学一样，在群体中常有强势和弱势之分，不同的是，在学科教学中，强势者多是那些平时成

绩较优的所谓"好学生"，而活动中的强势者，大多情况下则是那些性格外向的争强好胜者，他们常常会成为活动中的"语言霸权"者，性格内向的学生则会沦为追随者。面对这种情况，教师就要适当引导，不但要善于根据具体情况审时度势，搞好分工合作，教育学生各司其职，完成自己分内的任务；还应引导他们善于听取别人的意见，借鉴别人的经验，任何时候都要尊重他人，尊重他人的劳动成果；任何时候都不能只看到自己的优点和长处，忽视别人的闪光之处，更不能用自己的长处和别人的弱点相比较，不断提高自己融入社会、融入集体的能力和自觉性。

身教胜于言教。教师在活动中的表现常会成为学生的楷模，教师在活动中的身先士卒的表率作用具有极大的教育功能。教师始终能以合作者和参加者的姿态，从关注学生个体差异，满足个体发展和需要出发，始终以饱满的热情投入活动；在活动的各个阶段，都能从当时的实际出发，多方面地与学生进行沟通和交流，了解学生在活动中可能出现的问题，并根据实际需要施以有效的指导；任何时候都不自以为是，脱离学生实际盲目指挥，无论在何种情况下，对所有学生都要一视同仁，绝不能有冷落、压制、鄙视、讽刺等错误举止。教师在活动中所有这些情感、态度、价值观方面的表现，对学生成长和发展无疑会产生巨大的影响。

4. 推动积极评价，促进学生全面发展

评价是教育的导向，具有对受教育者的"指挥棒"的作用。为促进学生的全面发展，教师在实施综合实践活动进程中，充分发挥评价的导向功能，自然十分重要。

关于综合实践活动的评价，现在谈论的文章实在是太多了，有关评价的"过程性原则，开放性原则，差异性原则，自主性原则，发展性原则"，大多已经为教师们耳熟能详。然而，具体评价起来，却常常会使人们不得要领，到底如何具体评价学生的活动常常成为教师最为头疼的教育行为。目前，在太多的课堂上常常充斥着的是一片廉价的赞扬声："你真棒"，"你是最棒的"，随之便是教师倡导下的阵阵的掌声，在赞扬和掌声之后，却很难听到中肯的分析。对于这样一种情况，有些人还颇有理论根据，据说"好孩子都是夸出来的"。显然，这是一种认识上的误区，实在有拨乱反正的必要。

好孩子是教育出来的，是培养出来的。赞扬和鼓励当然有道理，适当地对学生给予夸奖，也是可以的，但这只是教育的一个方面，是培养的一种手段，远非教育评价的全部内容。有效的教育，是教育全部手段的综合，包括对受教育者从爱出发进行批评和惩戒的方法的运用。基于这样的认识，我们认为，无论在哪一个活动环节上的评价，首先都要中肯，要公正。中肯生情，公正生威。要使学生体会到教师的评价入情入理，使自己能够从中得到启发和教益，从而获得成长的营养。教师的评价对所有学生没有亲疏贵贱的区别，真正做到公正廉明，任何时候都能平和理智，自然会产生评价的权威，只有这样的评价才是积极的评价，才能产生评价的教育功能。

评价要力求全面。综合实践活动从其课程的性质讲，是发现新事物、获取新认识的过程。在发现新事物的过程中，表扬和鼓励常常是重要的，是评价的重要方式。探究就存在着前景的不确定性，因此失败是常有的事，至于造成失败的原因又可能是多方面的，有客观存在的不可抗拒的因素，也会有主观上的原因，甚至有可能是计划不周，操作失误，以至归咎于责任事故。所以，与学科教学不同，如何对待失败，如何对待活动中可能出现的警示或惩戒，便会成为教师指导中经常会遇到的问题，刘京铎教授就曾明确指出："教育惩戒是完整教育的组成部分，有助于未成年人的人格健康和谐发展。"在活动指导中正确地引导学生面对可能的失败，善于从失败的辛酸苦辣中吸取营养，汲取教训，变坏事为好事，也是评价过程中需要特别关注的。

评价要有重点，要重点围绕学生发展这个核心进行。无论哪一种类型的活动，也无论哪一项具体的活动，都有特定的目标和适宜的教育功能，评价不宜过分"泛化"，要结合活动的具体情境进行评价。帮助学生发现和总结在学习过程中看得见、摸得着的收获和提高，哪怕一次活动只有一两点具体的收获，比如学会了一种工具的使用方法、了解了一项创造技法的要领等，假以时日，集腋成裘，对学生素质的提高都是会起到实实在在的作用的。活动评价要切忌任意拔高，杜绝泛泛而论，更不能任意"忽悠"。须知，那样一种所谓评价，对学生发展是有百害而无一利的。

评价是一种高难度的教育技巧，无论是表扬和鼓励还是批评与惩戒，都要做得适时适度，当发而发，当止则止。评价实际上也是一把双刃剑，教育的时机应以有效、有益为原则。这里的关键是教师的能力和水平，为了做好活动实施过程中的评价工作，教师首先要对活动进行深入的研究，不仅对活动的目标、步骤、内容、要求搞得清清楚楚，还要对每一活动的具体的科学性问题，活动关键环节的技术性要求等都要做到心中有数，这样对学生的活动点评起来才能条理清晰，重点明确，问题的分析鞭辟入里，是非清楚，起到以评价促发展的目的。

二、不同类型的综合实践活动的指导策略

前面已经谈到，综合实践活动可以划分为许多不同的活动类型。不同类型的活动，内容不同，特点各异，在具体指导时也有不同的要求。教师无疑

应深入研究各种不同类型活动的不同特点，并据以做好自己的指导工作。下面仅就最常见的一些活动类型，谈谈有关活动的指导策略问题：

1. 科学探索活动的指导策略

科学探索活动是最能反映研究性学习特点的一类活动，也是综合实践活动的重要内容。科学探索活动目的在于引导青少年从小就能广泛接触自然和社会，关注身边出现的问题，并力所能及地像科学家那样去探索未知，体验进行科学研究的过程，培养探索的欲望，初步学习科学研究的方法。当前在学科课程中设有"科学"课，科学课中，也倡导以探究为中心的科学教育。就"探究"这一点来讲，二者并没有本质的区别，其主要区别在于，科学课的内容，以现有已知的科学知识为选题，本身就肩负着学习科学知识的任务，探究的结果必然唯一和正确的结论。而综合实践活动的选题，则是来自现实生活或生产中的实际问题，它要综合利用学生业已掌握的知识；另外，综合实践活动中科学探索的内容较之科学课也要宽泛得多，许多情况下，都会和技术联系起来，成为名副其实的科技活动。此外，综合实践活动实施的探究，结果不一定都能保证成功，得出结论的。

对于这一类活动的指导，一般应注意如下几个方面：

(1)依活动内容不同，确定恰当的目标。施于小学生的科学探索活动，大多属于启蒙性的科学教育的范畴，施于初中学生的科学探索活动，虽然部分可能涉及实际问题的解决，但两者都不能有不适当的过高要求。中小学生的科学探索活动的内容大多属于观察(考察)型和实验型的活动，如果是综合型活动的话，也多是题目较小，内容比较简单的项目。因此，搞好活动的指导，首先要根据活动不同内容，确定恰当的目标。所谓恰当，就是说要恰如其分，适当中肯，对每一项活动都应提出明确具体的要求，以便活动中师生双方都能有所遵循。

首先，活动类型不同，要求亦应不同。例如观察活动是利用感官，或借助辅助器材对自然状态下的事物进行连续的考察、分析、记录以获取事实材料的一种研究方法，指导中自应对观察的方法、观察的内容以及记录和分析的方法等给予特别的关注；实验法是运用一定的人为手段，主动干预和控制研究对象的发生发展过程，并运用观察、测量、比较、分析等办法探索研究对象的因果关系的一种研究方法。这一类活动的实施过程一般应包括实验准备，实施和总结等三个先后承接的环节，活动成败的关键在于对实验控制条件的设计和实施，尽管对施于小学生的实验类活动常常只具有准实验控制条件的设计水平，也要使学生能够真实地体验"研究"的过程。

其次，在同一类的活动中，内容不同，对目标的确定也应作具体的分析，例如前面提到的"校园树木调查"和"做个环境小卫士"两个活动方案，虽然同是以观察（或调查）为主的活动，前者的目标可以锁定在"训练学生掌握几种树木调查的具体方法"上，后者则可以确定为"学习制订调查研究的计划，学会观察和记录的方法"上，两者都不宜将目标设定在"培养学生观察和分析问题的能力和方法"上，因为那样，将目标制订得过于空泛，活动就不便于具体操作了。

(2)依据具体情况，关注科学方法的学习。在综合实践活动中引导学生进行科学探索，无论研究自然，还是探究社会问题，都不宜就事论事，而要在整个活动过程中注意引导学生对科学方法的学习。

人们常说，活动课程"重在过程"。我们理解的"过程"应该包括两层含义：第一是指对过程的体验，即人们对活动过程带来的亲身经历的酸甜苦辣各种经验的体会和感受，这是任何具体的结果都难以补偿的，将作为人们一种精神财富伴其一生；第二则是指活动过程中能够产生积极成果的科学方法的习得和积累。探索的过程处处贯穿着方法，方法的选择和使用是实现科学过程的保证。正确的方法导致了正确的结果，要使科学探索能够开花结果，就不能不注意科学方法的选择，也不能不对学生进行科学方法的教育。

科学探索活动涉及的方法是丰富多彩的。举凡观察、调查、取样、测量、记录、统计、分析、实验等等，都是科学探索过程中经常会使用的具体方法，学习和正确使用这些方法也是科学探索活动的目的所在。为达此目的，活动过程中对涉及方法的训练就一定要严格要求，例如观察是科学探索过程中有目的、有选择的积极主动的反映过程，常要借助一些工具或手段，需要一定的方法和技巧。在对学生进行指导时，就要结合活动，训练学生有目的地进行具体的观察，并根据学生好奇心强、自制力弱的特点，确定明确的观察目标和方法，不失时机地引导他们掌握对事物进行具体观察的方法和要领。在活动中学生对科学方法的掌握，是和活动过程的进行紧密地联系在一起的，从这个意义上讲，重视方法就是重视过程的体现，只有重视方法，才能真正地重视过程。

(3)注重科学精神和人文精神的整合。科学探索活动，不只是组织学生模拟科学的研究方法进行的科学活动，从更深远目标看，要引导学生能够像负责任的科学家那样，对待科学事物，对待人类的前途。因此，活动不仅要培养学生能够从方法层面理解科学，更要从精神层面着重培养学生的科学精神和人文精神，使他们从小就既崇尚科学，又崇尚人文，促进他们全面成长。

科学必须以事实为基础，求实是科学的真谛。要通过科学探索活动，从小教育学生说老实话、办老实事、做老实人。要敢于忠实于事物的本来面目，坚持从获得的真实材料中得出正确的结论，任何条件下都不做假，不骗人，实事求是，光明磊落。指导教师必须率先垂范，要经得住任何功利的诱惑，实实在在地做好自己的工作，坚持从学生的实际情况出发，根据他们的年龄特点和认知水平，不失时机地、踏踏实实地逐步提高他们的工作能力和研究水平，任何时候都不能做拔苗助长、越俎代庖的蠢事。

科学的本质是创新，不断冲破已有的结论是科学前进的规律。要鼓励学生大胆而合理地怀疑，在活动中，要注意保护少数，倡导"追求成功，又容忍失败"的氛围，鼓励学生在确认和怀疑之间建立健康的平衡。

科学的高速度、高水平发展，已经使科学成为人类共同的事业。当今的科学已然告别了偶然的个人天才表演的时代，从小就要培养学生具有勇于合作、善于合作的意识和能力，要鼓励信息共享，反对人为封锁，提倡互相支持与协作。

科学的问题不能仅靠科学的办法去解决。科学从来是一把双刃剑，驾驭人类的未来的航船，科学是桨，人文是舵，只有二者的平衡和整合才能到达光辉的彼岸。

2. 设计与制作活动的指导策略

中小学生的设计与制作活动是从学生生活实际、生产实际和社会实际选择有利学生发展，对未来生活有用，与现代社会和科学技术发展有关联的内容，运用已有知识开展的，以设计和制作实物成品为特征的活动。它以培养学生爱劳动、会技术、能创造的综合能力为目标，在综合实践活动中占有重要的地位。

施于中小学生的设计与制作活动，可以有多种情况，如工艺类的设计与制作，智力类的设计与制作和科技类的设计与制作等。

设计与制作活动与其他综合实践活动类型不同，它是以实物作品为载体的学习活动。活动内容和方式的不同，使对活动的指导策略也便产生了特殊的要求。

(1)实现工具价值和发展价值的统一。设计与制作活动，从根本上讲，应着眼于培养学生"爱劳动、会技术、能创造"这样一个大目标。活动过程在拓展学生劳动与技术的技能和经验的同时，要特别注重学生情感、态度、价值观的形成，实现劳动技术教育对学生教育目标的工具价值和发展价值的统一。

设计与制作活动作为对学生的劳动与技术教育的重要内容，掌握劳动技能和实物作品(产品)设计的本领，对学生的现实生活和将来发展无疑具有工具的意义，对学生潜能开发和人生价值的实现更具有发展价值。因而，活动指导应着重引导学生理解劳动的意义、珍惜劳动的成果、养成劳动的习惯和形成尊重劳动群众的思想感情，培养学生勤劳、俭朴、负责、守法的美德。要注意保持和发展学生学习技术的积极性和投入技术实践的兴趣，并在活动中注意培养学生耐心细致、有始有终、自信自强、坚韧不拔等非智力品质，使之得到健康的发展，使学生的情感、态度和价值观在活动的陶冶下，潜移默化地得到提升。

活动的指导要依学生实际，选择恰当内容帮助学生熟悉各种常用材料的性质和用处，如前面谈到的几项活动设计就是通过活动使学生了解竹、木、橡皮筋等材料的性质和用处，通过活动学习一些常用工具的使用方法，并掌握一定的手工劳动的技能。教师还应不失时机地引导学生们将观察、分析、想象和创造应用到自己的设计与制作的实践中去。例如前述"自制小车比赛活动"的活动设计，就是将当代对汽车研究中的"速度、制动和安全"三大问题融于学生的游戏活动之中的典型案例，具有很强的教育价值。

实现设计与制作活动的整体目标，使劳动与技术教育的工具价值和发展价值统一起来，将会使学生终身受益。

（2）将技术设计的指导和操作能力的训练紧密结合起来。综合实践活动中的设计与制作内容，虽然也融入了以往中小学中的"手工课"和"劳技课"的一些成分，但它毕竟从传统课程中走了出来，与传统课程有了本质的区别。它的主体的内容是设计和制作，已经将动手动脑在更高层次上，更加有机地整合起来了。在确定对活动的指导策略时，应特别注意将对技术设计的指导和操作能力的训练密切地结合起来，使学生又学设计，又学操作，在设计与操作的实践中，达到"了解必要的通用技术和职业分工，形成初步技术能力"的要求。

设计与制作活动，本质要求是强调在"做中学"，提倡在研究中做，在创造中做，通过设计和活动的实践，培养学生的创新意识和实践能力。

加强对学生设计活动的指导，应贯穿于活动的始终。在选择和确定活动项目时，就应选择那些具有一定技术要求，有进行设计余地的活动主题，前面介绍的几项设计制作活动就都是在这一思想指导下开发的。在活动过程中，要有意识地渗透一些设计方法的学习，如活动中引导学生了解诸如三视图、组装图、结构图等简单图件，引导学生运用这些图件进行简单作品的设计。在活动时，可以明确要求先设计，后制作，在制作过程中还可以不断改善原有设计，发展学生的想象力和创造力。活动过后也可以组织学生对自己的和别人的实物成品进行自评或互评，通过讨论发展学生对科技作品的鉴赏能力。

将设计意图变为现实的成品需要操作，操作能力是实践能力的重要表现，也是设计与制作活动重要的培养目标。从小培养学生掌握简单工具的使用方法，学习正确地使用剪刀、刻刀、钳子、手锤、手锯、锉刀、镊子以及电烙铁等常规工具和尺子、圆规、铅笔、乳胶、焊锡等辅助工具和材料进行设计和操作活动的能力。需要指出的是，农村学校更应将作物栽培、动物养殖和农副产品生产加工等作为活动的内容。适应现代技术的需要，各地都应将使用计算机进行信息收集、分析与处理作为重要的活动内容。

(3)在具体指导中应注意良好工作习惯的培养。"少小若天性，习惯成自然"，在设计与制作活动中要注意养成教育，培养良好的工作习惯。为此，应坚持如下"三个坚持"的要求：

第一，坚持要求"看懂了再做"。即使对于最初级的模仿和照图施工的活动，也要先搞清楚其中的道理，切忌匆匆忙忙，草率从事。

第二，坚持要求"想清楚再做"。要认真研究活动项目的环节和要领。首先要对整个活动有一个通盘的考虑，再确定每一个环节的具体要求。切忌走一步，算一步，心中无数。

第三，坚持要求"准备好了再做"。先要做好有关的物质准备，如工具、材料等，各项工具材料还应摆放在适当的位置，以方便使用，并确保工作的安全。切忌丢三落四，以至忙中出错，造成不应有的损失。

此外，还应要求对所设计和制作的成品具有负责的态度，努力提高制品的工艺水平。

3. 社区服务与社会实践活动的指导策略

社区服务和社会实践作为综合实践活动的重要领域，主要是在社区或社会情境中展开的实践性学习活动，最常见的活动内容和形式是社会调查和考查活动以及社区公益性服务活动等。对这一类活动的指导应特别注意如下几个方面：

(1)加强对教育资源的开发。社区服务和社会实践活动领域与其他综合实践活动的领域相比，最重要的特点是其活动内容具有极强的地域性，这就决定了开发这一类活动不可直接使用现成的材料，必须结合当地社区的实际，挖掘适用的教育资源。即便是借助已有现成的方案设计，也只能是利用已有方案的设计思路，真正活动起来必须充实本地区的内容，前面介绍的几则社区服务和社会实践活动的案例，就属于这样一种情况。

实际上，在社区服务和社会实践这一领域，可供选择的活动主题是十分丰富的，如了解社区的参观、考察和调查活动，社区的公益服务、义务劳动和施于特殊人群的家政服务以及对学校和社区公共设施的管理服务等。至于社会实践内容的选择，更可以涉及社区的经济、政治、社会、文化、历史等方方面面的主题。这些方面的内容对于生于斯，长于斯的广大学生都是会感兴趣的，只要活动的组织者迈开双脚，静下心来倾听社会的呼声，是不难发现活动的切入点的。北京市海淀区培星小学的假日小队活动的思路就是一个很好的实例，该小学近年来借助假日小队的形式，开展社区服务和社会实践活动既轰轰烈烈又扎扎实实，受到各方面的好评，有效地促进了学校各方面工作的开展。

（2）活动要着重培养学生的社会责任感。综合实践活动设置社区服务与社会实践活动领域，目的在于增进学校和社会的联系，要引导学生在了解社区、服务社会的活动过程中，培养学生的社会责任感。

社会责任感的形成，归根到底是个人对现实社会生活和未来社会发展的认同，是人作为个体生活主体和社会生活主体的高度统一。社会责任感的集中表现即是人的主人翁精神的张扬，这样一种高尚的精神境界的形成，说教和灌输都是很难成功的。而活动和交往则是一条必要和有效的途径，通过深入社区的实践和与社区人群的交往，通过对活动过程中发现问题的探究、反思和解决的过程，通过活动中实实在在的鲜活的沟通过程，引导学生认识自己的力量和价值所在，进而将自己的志向和理想与社会的发展联系起来，就能够促进学生崇高信念以及人生观、价值观的形成，激发学生自觉地亲近社会。

为了达到上述目标，当组织和指导学生开展社区服务和社会实践活动时，在组织学生深入了解社区的同时，要帮助他们对了解的问题进行辩证的分析，既看到现状，又要看到历史和将来，鼓励学生以积极的态度面对现实，并注意不失时机地挖掘活动中积极的因素，对学生进行启发和引导，以实现最佳的教育效果。

（3）在活动中加强安全措施。社区服务和社会实践活动经常要到校外进行，因此或多或少都会存在某种安全隐患。有些时候，安全成了搞好活动的第一要素，具有"一票否决"权，必须给予特别的关注。一般来讲，活动开始就要注意安全问题，凡是不符合学生安全要求的地点和现场，例如某些化工企业和采掘现场，都应列入不宜活动范围。对任何外出的现场和路线，教师事先都应予踏察，以便发现和杜绝隐患。凡外出活动都应建立小组活动制度，进行严密组织，明确安全要求。活动中凡涉及明火、用电和使用煤气炉灶等，都应有教师或辅导员在现场辅导。总之，要把安全作为保障活动成功的头等大事，一定要做好。

4. 思维训练活动的指导策略

综合实践活动，着眼于培养有创造力的人，而创造性思维能力是创造力的核心，在综合实践活动中，有效地融入创造性思维训练的内容是一种明智的选择。

思维能力包括综合、分析、比较、概括、演绎、抽象等内容，在综合实践活动中进行创造性思维训练，应着眼于这些能力的有机协调、综合发展，在活动的具体操作时，既可以将思维训练活动单独开列出来，正如本章第一节中所述的思维训练活动类型，也可以与其他各种类型的活动渗透与结合，无论采用哪一种方式，都可以采用下述方法予以指导。

（1）以提高创造性思维能力为核心。创造性思维是指以新颖独特的方法解决问题的思想过程。创造性思维是一种综合性思维，正如段继扬教授所指出的那样，"它是发散思维与集中思维的统一，形象思维（含想象与联想）与逻辑思维的结合，直觉思维和分析思维的互补，潜意识思维和显意识思维的融合"。创造性思维具有多端性（广度）、独特性（深度）和变通性或流畅性（灵活度）三种特征，培养学生的创造性思维，一般可以从流畅性入手，抓住思维的变通这一中心环节，引导思维换向，促成新颖、独特的观念、设想和构思。

当然，思维训练活动并不是只有创造思维一个主题，具体到每一个活动，其目标设定都是具体的，活动中教师应根据具体的情况，审时度势有重点地予以区别对待。

（2）以问题的创造性解决为重点。思维训练活动设置的情境有些没有答案，如前述举例中"圆是什么？"就没有答案，"组图命题"也没有标准答案，然而比较各种答案却会有优劣之分。另外，有些活动可以有确定的答案，如"巧辨轻球"，答案是隐藏在许多常规性答案后面的优秀的答案，是人们创造性解决问题的结果。

思维训练活动不以问题的常规性解决为归宿，而是以问题的创造性解决为重点，为此，要鼓励学生多想、多说。语言是思维的外衣，想出来的东西就要勇于说出来，用语言反映思维过程，达到交流和分享的目的。活动中还要有意识地运用"求异——求优"原则，引导学生从尽可能多的不同角度分析问题，提出尽可能与众不同的"新观念"、"新思想"、"新办法"，尽可能从"异"中求"优"。这是创造思维训练中最具有可操作性的一条原则。

（3）以学科知识的运用为载体。思维训练，虽然不以系统的知识的运用为主，从整体上讲它更侧重思维方法和技巧的训练，然而空洞的头脑无法进行思想，正如形式和内容永远是辩证统一的关系一样，思维活动不可能完全脱离知识这一载体。在具体的活动过程中，教师应当积极鼓励学生，充分将课上课下学到的各种知识，主动地用到思维训练的过程当中去，用充满在知识体系中的逻辑关系，去丰富和充实思维的逻辑内容，这样做，实质上也就是"知识运用"。这样，就在这一环节上将综合实践活动和各种知识的学习整合起来，其结果必将会促进学科知识的学习。当与其他类型的活动结合时，思维训练的优势在提升活动的质量中的作用更会显而易见了。

第九章 综合实践活动课程的课程建设

本章学习要点

综合实践活动课程的开发与实施，不仅是一个理论问题，更是一个实践问题，实现课程资源开发，加强课程师资建设，规范课程管理等一系列扎扎实实的工作是保证课程有效实施，充分实现课程教育功能的基本条件，本章将就教师们十分关心的这些实际问题，进行比较深入的讨论。

综合实践活动作为综合性实践学习纳入新课程的课程体系，进入了中小学课程计划和学校课时安排，为全面实施素质教育开辟了一片新天地。然而综合实践活动课程实施，不仅是个理论问题，仅有先进的教育理念还无法支撑新课程的大厦，要把综合实践活动课程真正上好，充分发挥它的课程功能，使学生的创新精神和实践能力得到有效提高，必须选择正确的策略，扎扎实实地做许多实际工作才行，十几年活动课程的历程，特别是近年来各地贯彻新课程，推动综合实践活动课程不断发展的经验告诉我们，深入开发综合实践活动的课程资源，加强综合实践活动课程师资建设，逐步规范课程管理以及其他一些课程实施策略，对综合实践活动课程健康发展都具有十分重要的意义。而没有这些切切实实的工作，新课程的理想，就只能是空中楼阁。本章将就这一课程实施的若干策略问题进行较为深入的讨论。

第一节 综合实践活动课程资源建设

任何教育思想的实施，都要借助于一定的载体，任何教育功能的实现都要依靠一定的课程资源。经验告诉我们，课程实施最终要解决三个问题：要帮助受教育者学习什么；采用什么样的教育活动达到教育目的；怎样组织教育教学过程才能达到预期的教育目的。所有这些有利于课程目标实现的内容、形式和方法等都属于课程资源的范畴。课程资源开发是课程得以实施的先决条件。

综合实践活动是新一轮课程改革设置的新课程，课程资源的开发和利用对于这一新型课程的实施有着更为重要的意义。设课伊始，在没有任何经验可以借鉴的情况下，课程资源的开发，不仅可以适应和指导学生学习方式转变的过程，也将促进和实现教师专业发展与提高。可以讲，综合实践活动课程资源开发的程度和利用的水平，将决定这一课程发展的方向和水平。

一、课程资源与课程资源开发的含义

课程资源是新一轮基础教育课程改革提出来的一个重要概念，为了有效地推进综合实践活动实施，搞好课程的资源开发工作，首先就要对什么是课程资源，及其对课程的重要意义有一个基本的了解。

1. 什么是课程资源

课程资源是指学校课程设计和实施全部条件的总和，它在很大程度上决定着课程实施的范围和水平。

课程实施过程，既会涉及直接学习的内容，也会涉及与学习过程息息相关相关的其他条件，因此又可以将课程资源大体上划分为素材性课程资源和条件性课程资源两个类别：

(1)素材性课程资源。素材性课程资源是课程实施内容的直接来源，也是课程实施的具体内容本身。学校课程归根结底都是基于一定经验的，只不过经验又分为直接经验和间接经验两大类，学科课程以间接经验为主体，表现为系统化的知识的传承；活动类课程则以直接经验的学习为主体，关注的是生活中各种实际经验的学习，凡生活中涉及的知识、技能、经验，某些事物的事实材料和发展过程等都可以作为开展活动的素材。故而综合实践活动课程资源开发，首先就要立足于人们的现实生活，遵循"人与自然"、"人与社会"、"人与自身发展"三条线索，选择和确定那些可以促进人的发展的各种素材，对发现的素材加以组织和运筹，形成不同的活动形式和具体的方法，所有这些都是活动的组成要素。

(2)条件性课程资源。条件性课程资源泛指使课程内容得以实施的保障性因素。任何素材性课程资源在教育过程中的实施都不会是孤立的，其实现都要借助于时间、地点、人力、物力、财力等环境条件和管理制度的制约以及人们对课程的认识水平和理解程度。课程的条件性资源虽然不是课程实施的具体内容，却对素材性资源实施效果产生重要的影响。现实中人们常常会在某些活动之后扼腕叹息："可惜了，这样好的素材却没有充分发挥作用而得到应有的效果。"其原因就常常是因为没有正确处理好条件性课程资源。其中尤与对课程的管理和对课程认识和理解这样两个主观因素关系极大。因此，课程资源开发不仅仅是对客观存在着的活动素材本身的认可，还是对这些被认可了的素材在人、财、物等"主观"条件的有效运筹，更有赖于活动的组织者从制度层面不断完善和认识水平上的不断提升。

关于课程资源的研究，除了上述功能分类外，还可以有许多其他的分类办法。例如按课程资源空间分布，可以分为校内资源和校外资源；依课程资源存在形态不同，可以分为人力资源和物力资源。人力资源又可以进一步划分为学生资源、教师资源、家长资源和社会资源等；物力资源则可以进一步分为自然资源和社会资源等。根据课程资源的呈现形式，还可以分为文本资源和非文本资源等，本书在其他章节中已经接触到这些相应的概念。

2. 什么是综合实践活动课程资源开发

课程和课程资源是两个不同的概念，二者之间有着密切的联系。课程资源是课程内容的来源，又是课程实施的重要条件。然而，现实中存在的课程资源并不能自然地成为课程的实施内容，这正如存在于地表或地下的矿产资源还不能直接为人类利用，只有经过矿工和其他相关人员，用辛勤的劳动将它们呈现出来，才能供人们利用是一样的道理。从地质找矿到矿山开采的整个过程就是矿产资源开发的过程。当然，如果仅到这一步，得到的还只是初级产品，进行的还只是对矿产品的初级开发，为使产品适用于不同的用户，发挥产品最大的潜在价值，就需要人们利用自己的科学知识，对产品进行深度开发，制作出各种各样、丰富多彩的产品，适应不同的人群需要才行。循着这样的思路分析综合实践活动课程资源的开发过程，人们便不难理解，课程资源大多会以潜在的形式存在于现实生活之中，把它们识别和遴选出来，可以看作是课程资源的初步开发，要使开发出来的课程资源充分地发挥它们的教育功能，还需要人们的教育智慧的参与。所以讲，所谓综合实践活动课程资源开发，就是以实践学习的课程理论为指导，对存在于现实中的各种课程资源进行遴选、加工，使之高效发挥教育功能的过程。

潜在的课程资源只有经过创造性的深度开发，才能充分发挥其教育功能。一个典型的案例是关于"磁铁极性的认识"。任何磁铁都有两个极，同性极相排斥，异性极相吸引。这种司空见惯的现象，学科课和活动课教师都可以用作自己的课程资源加以开发利用。学科课老师可以选择传承的方法，在教材中明确地做出结论，向学生宣讲，为加强学生的感性认识，并表明问题的真理性，还会使用两块或者多块磁铁，演示其间互相排斥或吸引的各种性质，学生根据老师的讲解和实验，很快认识并记住老师所展示的关于磁铁的真理性的知识。然而结论是得到了，却没有学到任何关于科学研究的方法，这样的学习就属于传统的继承性学习；在综合实践活动中，学习变成了另外一种情况：提供一些条形磁铁以及各种各样的磁性或非磁性的小物件给同学们，老师和同学们在一起玩的过程中，通过摆弄磁铁，用磁铁去接触提供的其他物件，或使磁铁互相作用，请同学们自己去发现磁铁的有关性质。为使活动的方向不致发生偏颇，老师们则可以根据儿童的年龄特点和认知水平，适时提出一些问题，引导学生思考并进行交流。对于低幼年段的学生而言，可以提出一些简单的问题，例如："当用磁铁接触其他物件的时候，会发现什么现象？""将与磁铁发生作用和不发生作用的物件分别收集起来，会发现什么问题？""将不同的磁铁互相接触时，有什么现象发生，又会有什么感觉？"在老师的引导下，通过"玩"，学生们自己发现了磁铁的许多性质。当然，孩子们对磁铁性质的认识还只是经验性的，是表面的现象，对于这个年龄段的孩子，这样的认识也就足够了；对于中高年级的学生来讲，则需要进行深入的研究。例如在前述发现的基础上，可以向学生们进一步发问，"怎样知道磁铁有两个不同性质的'极'？"，"怎样知道磁铁是同性极相排斥，异性极相吸引？"，希望同学们用不同的方法加以证明。在老师的点拨下，学生可以用磁铁和铁屑作用，通过铁屑的排列形象演示磁铁的两极与磁场存在，通过磁铁相互作用，分别确定出所用磁铁具有不同性质的两极，总结出磁极间吸引和排斥的规律，还可以采用"细线垂吊法"区别磁铁的两极并将之与地球的两极及地球磁场联系起来；此外，无论哪一个学段的学生都可以根据他们已经掌握的知识和经验开展小制作或小发明活动，从而将知识和技术的学习有机地联系起来。这样的学习就是综合实践活动课程所主张的实践性的学习。

课程实施依赖课程资源。课程实施的范围和水平既取决于课程资源的丰富程度，又取决于课程资源开发和运用的水平，提供丰富的课程资源，并对这些资源加以深度的开发，是推动课程持久而健康发展的物质保证。

3. 综合实践活动课程资源开发的重要意义

综合实践活动课程资源开发和利用是这一课程实施的核心问题，既制约着学生学习方式的变革，又影响着教师专业发展的水平和方向，还涉及综合实践活动课程的方方面面的问题，自然具有十分重要的意义，主要表现在如下几个方面：

（1）改变学生的学习方式、促进学生的全面发展。综合实践活动课程资源的开发和利用，其直接受益者首先是学生。课程资源的开发，改变了学生的学习内容、学习空间和学习方式，对促进学生的全面发展具有积极的作用。

首先，课程资源的开发，使学生的学习内容不再仅仅局限于教科书所规定的内容，大量丰富的、开放性的课程资源为学生提供了教科书和教学辅助资料所无法比拟的感官刺激、信息刺激和思维刺激，这些新鲜的刺激无疑会使学生的学习兴趣大大提高，在此基础上进行的学习会更加有效。

其次，课程资源的开发，扩展了学生的学习空间，使学生的学习有机会回归到生活世界的实际问题中。具体形象、生动活泼的社会资源和自然资源，为学生的学习提供了广阔的学习空间，在这样的空间中遇到的问题显然不同于课本上的问题，接触到的事物也不仅仅限于教室和学校中的事物。在这样的环境中解决问题，学生不再是只活在书本和他人的世界里，而是活生生地生活在与他人、与世界的真实的交往之中，这样的学习对于完成学生从自然人向社会人的转化无疑会具有十分积极的意义。

再次，课程资源的开发，使学生学习方式的变革有了实实在在的基础。长期以来，学生的学习方式比较单一，主要表现在重视知识获得的接受性学习，偏重知识领域的认知性学习。综合实践活动课程资源的开发和利用，为学生直接经验和间接经验相结合的学习提供了大量的新鲜内容，也由此带来了学习方式的变革，学生的探索发现、大胆质疑、调查研究、实验论证、合作交流、社会参与等发展性学习方式在综合实践活动中得到实现，对于培养学生独立的学习意识、学习能力和学习习惯具有重要的作用。

(2)提升教师的课程意识，促进教师的专业发展。综合实践活动课程资源的开发和利用的价值还在于它可以有力地促进教师的专业发展。教师以往的专业发展主要集中于教学和教育手段、方式等方面。综合实践活动课程对教师提出了新的专业要求，即教师的课程意识和进行课程开发的专业素养和能力。在课程资源的开发和利用的实践过程中，教师的课程意识可以得到有效提升，课程开发的专业素质也可以得到比较充分的发展。

首先，课程资源的开发有利于教师主导作用和学生主体地位的确定。综合实践活动课程资源的开发和利用使得这门课程的学习内容更为广泛，学习空间更为广阔。教师在学习过程中不再是权威，而是以朋友的身份与学生共同探讨和研究问题，在学习方式上，教师不能代替学生进行探究、观察、访问、操作、表演等活动，只能为学生的学习提供建议，是学习活动的组织者、引导者和参与者。然而教师毕竟是教师，在参与学生活动，引导他们开发教育资源的过程中，通过"导之以方向，辅之以方法"，会共同推动活动进程，实现教师与学生共同发展。

其次，课程资源的开发可以帮助教师确立实践的、生成的、发展的课程观。在课程资源的开发中，教师要引导学生走出课本和教室，利用校内外的各种自然资源和社会资源，在更广阔的空间中进行探索和学习。因此，教师必须具备根据具体的教学目的和内容开发与选择课程资源的能力，充分挖掘各种教育资源的潜力和深层次的利用价值。这样，通过实践的历练教师就会逐渐体会到，课程不仅仅是"知识"、"学科"和"教材"，课程更应当是教师与学生共同创造的教育活动，长此以往，就可能不断地提升教师驾驭综合实践活动课程的能力和水平。

再次，课程资源的开发可以促进教师逐步养成反思性实践能力。在综合实践活动课程资源的开发过程中，教师必然会遇到各种各样的"故事"，哪些资源可用，哪些资源还可以更进一步开发，哪些资源对学生的教育效果十分显著等等，这些都是教师在以前仅仅教"教科书"所体会不到的，也是教师现在必须面对的，这些"故事"就可以为教师提供很好的反思背景。有了这样的经历，多了这样的反思的实践，教师的课程意识逐渐确立，自然会有利于教师的专业发展。

（3）加强学校、家庭、社会之间的联系，共同关心学生发展。综合实践活动课程资源的开发，打破了学校、家庭、社会之间的壁垒，课程资源存在的广泛性和开发与利用形式的多样性，使得学校、家庭和社会之间需要相互协调，建立起更加密切的联系。

首先，综合实践活动课程的综合性和实践性要求学生要走出课堂，走出学校，面向社会开展一些活动，因此学校必须加强与社会的联系。建立校外实践基地，包括学农、学军和综合实践活动基地等；建立与社区的经常性联系，为社区的图书馆、敬老院等公共场所、设施服务，与社区共同开展活动；与校外的一些组织和机构取得联系，如科技协会、交通队、城管队、法院等，这些组织和机构在学生的活动中都能起到重要的作用；与校外的专家、学者、相关专业人员取得广泛的联系，请他们为学生举办讲座，对活动进行指导等等。总之，通过与社会各方面力量的联系，使学校处于社会的监督、帮助之下，利用社会各方面的力量为学生服务，会使学生在更广泛的社会生活中获得全面的发展。

另外，综合实践活动课程资源的开发也可以密切学校与家长的关系。综合实践活动应该让学生参与什么样的活动，为学生提供什么样的学习环境，学校与家长应该加强沟通，并可能达成一致。在此基础上学生参加活动的时间问题、安全问题、开支问题等才可能够得到顺利解决，学生在家庭中的活动可以得到家长的支持与指导，形成学校和家长共同关心课程、关心学生发展的局面，使学生在活动过程中取得更大的收获。

二、综合实践活动课程资源类型与特点

综合实践活动内容的丰富性，决定了课程资源的多元化。丰富多彩的课程资源，性质不同，呈现形式各异，作用亦不相同，更制约或决定着课程资源的开发和利用的策略。为了有效而充分地做好课程资源的开发和利用，就

要对各种课程资源的类型、特点有一个初步的认识，在此基础上再针对课程发展的需要制定相应的资源开发策略。

1. 综合实践活动课程资源的类型

为了实施上的方便，目前多数人将课程资源分为校内课程资源和校外课程资源两大类，每一类别之下又区别为素材性课程资源和条件性课程资源。实际上，课程资源的素材性和条件性永远是交织在一起的，很难明确地将它们区别开来，许多具体的课程资源都会同时具有素材性特点和条件性特点。用这样的认识分析现实的综合实践活动的课程资源，可以具体地划分为物质资源、人力资源和文化资源三个基本类型。

(1)物质资源。物质资源又包含自然资源和社会资源。自然资源涉及各种自然因素和自然条件，社会资源涉及各种社会因素、社会条件。

校内的物质资源包含学校的所有办学设施。实验室、图书馆、计算机房、操场等是课程的物质资源，花园、甬路、宿舍、食堂在某种情况下也可以成为综合实践活动的课程资源，成为学生开展学习研究的对象与场所。

校外的物质资源更为丰富。自然资源中包含地方与社区的自然因素，如水土、植被、气候和环境等，都可以成为学生研究的对象。学生可以从中发现一些与自然有关的探究性问题，比如水资源调查、沙尘暴的研究、台风预防、水土保持、植物生长、水域污染防治等，这些自然因素就成为综合实践活动的自然资源。

社会资源中除了工厂、农村、军营、交通设施，还包括地区的图书馆、博物馆、历史遗迹、政府机关、社会机构和福利单位等。考察历史遗迹，参观革命圣地，对政府机关进行访问，到敬老院、福利院开展服务、慰问等活动，都可以成为综合实践活动中很有意义的内容，由此还可以开发出多样化的社会问题探究、社会考察和社会调查等活动。

(2)人力资源。校内人力资源有学校的学生、校长、教师以及学校的其他工作人员。校外人力资源有学生家长、社区人员、课程专家和其他相关人员。课程实施的主体是学生和教师，但学校校长或其他课程管理人员对课程的态度会直接影响到课程的实施，在课程实施过程中还会有学校其他工作人员的参与；家长对课程的赞成或反对在课程的实施中也会起到一定作用，综合实践活动课程中许多活动内容是要学生在家庭中完成的，因此要取得家长的支持和理解。综合实践活动要走向社会，社区人员是必不可少的一支力量，他们有时在活动中承担重要角色，这些人群在课程的实施过程中都可能发生作用。

(3)资文化源。科学文化知识、传统文化遗产、民族文化、制度文化等都属于文化资源，现代信息资源、社会文化活动等也属于文化资源的范畴。

资源包、案例集等教学活动资料或教师参考资料是综合实践活动课程文化资源中的重要组成部分。尽管综合实践活动课程不以系统知识传授为主，有明显的地区特点和学校特色，没有必要编制全国统一的系统化教材或教学用书，但是却绝对有必要依据课程的教育目标，为学生和教师提供指导性活动资料或教学用书，以这样的资料为平台，教师可以比较方便地获取相关的教育资源，实现对活动的有效指导。

综合实践活动课程的文化知识不仅仅指有确定结论的科学知识、规定性知识，还包括丰富的地方知识或"本土知识"，在特定的生活背景下群体积累下来的有效经验、生活习俗、行为规范等也是重要的活动内容。

地方和社区的文化传统、学校校风、校纪等优良传统也是综合活动课程重要的文化资源。我国具有悠久的历史和优良的文化传统，各种民俗、民间节日、民族文化等都可以成为综合实践活动宝贵的课程资源，如很多学校师生便以中秋节、元宵节、民族服饰等题材开展了丰富多彩的活动。学校的优良传统或艺术节、科技节、文艺节等传统项目也可以成为综合实践活动的课程资源。

综合实践活动课程的文化资源还包括地方和社区的社会文化活动。社区服务活动，文化宣传活动，社区的体育节、艺术节等都是学生参与社会活动的好时机，可以通过这些活动的参与，培养学生的综合实践能力。

最便利获得的课程文化资源还有现代信息资源。随着现代信息技术的发展，人们从网络获取信息的概率也在增大，教师和学生都要注意充分利用现代化手段获取各方面的信息。

2. 综合实践活动课程资源的特点

综观上述综合实践活动课程资源主要类型，无论其属于素材性还是条件性的课程资源，大体上讲，都具有客观性、丰富性、地域性和等价性几个特点：

(1)课程资源的客观性。课程资源是课程实施中可以利用的资源的总和。可以利用的资源，其本义就是说这些资源在课程设计以前也是客观存在的，只不过是潜在的资源，没有被开发和利用而已。课程资源作为一种客观存在的事物，它具有转化为学校课程或支持课程实施的可能性。这些客观事物，要经过筛选或转化，才能够成为学校课程或有利于课程实施的基本条件。这些事物是客观存在的，但筛选和转化、开发和利用却需要发挥人们主观能动性，并依据不同的目的来进行。不同的课程实施主体在课程意识、知识水平、能力水平、实践经验等方面都存在差异，因此，当不同的主体对同一课程资源进行开发和利用时，其深度、广度及达成教育目标的效果会有很大的差异。例如，各地都有一些风景名胜，这些风景名胜可以为综合实践活动课程的实施提供有利的条件，但在利用这些条件开展活动时，却可以有很大的不同。可以选取风景名胜的优美秀丽，引导学生通过欣赏自然美景，激发起热爱大自然、保护环境的内在动力；也可以选取由于环境污染、名胜古迹遭到破坏的实例，帮助学生认识环境保护的重要性。而后一种做法，就是将非教育因素巧妙地转化为教育因素，为活动目标的达成创造良好的条件。

（2）课程资源的丰富性。综合实践活动的课程资源是十分丰富的。从前面对于课程资源的分类，我们已经看到，课程资源不仅仅是教材，也不仅仅限于学校内部，课程资源涉及学生学习与生活环境中所有有利于课程实施、有利于实现教育目标的教育内容和条件，因此，课程资源具有丰富性。由于各地区政治经济发展的不平衡，可能有些地区的条件性资源可能会相对匮乏缺乏，但素材性资源还应当是相当丰富的。

综合实践活动是循着人与自然的关系、人与社会的关系、人与自身发展的关系三条线索展开的，那些有关自然、社会和人自身的知识、经验、技能、方法、事件等都可以作为综合实践活动的素材加以开发和利用，在现实中还可以把上述每一条线索进一步具体化为几个相关领域的研究内容，如：自然领域中可以包括与人类生活相关的各种要素的内容，如水文、土壤、气象、生物、粮食、能源、环境、资源以及人类生活的整体环境和常见的各种自然现象等等；社会领域可以包括有关各地区的经济、历史、政治、文化、艺术等方方面面的问题；人的身心发展领域可以包括人的生理、心理和思维等相关的问题。

上述内容本来已经十分庞杂，加之对这些素材资源的开发和利用必将会受到时间、地点、人力、经济等条件的限制，以及人们认识水平等条件的制约，更会使开发出来的课程资源显示出千差万别的特点。

（3）课程资源的地域性。综合实践活动的课程资源在不同地区经常会反映出很大的差异，即综合实践活动的课程资源存在着地域性。这首先是因为各地的地理要素如气候、植被、土壤等的分布具有明显的地带性；地形、地质等因素虽不具地带性分布，然而在各个地区却仍然有着自己的特点，因而使人类的生活环境总体上形成了区域性特征。再加上各地区的社会、经济、文化形成的条件和历史不同，政治、经济水平发展各异，自然条件和社会条件会深刻影响当地教育的发展，从而使不同地区的综合实践活动课程资源呈现出地域性的特点。在进行综合实践活动课程资源的开发和利用时，就一定要考虑区域发展的需要，不能千篇一律，不能脱离当地的生活，要关注地方特色。

(4)课程资源的等价性。尽管不同地区综合实践活动的课程资源各具特色，千差万别，但是从课程要素的角度看，不同的教育资源在实现教育目标、体现教育价值方面却具有一定的等价性。例如：海南的学生研究热带植物和内陆干旱地区的学生研究芨芨草，同样可以帮助学生加深对自然环境和生态系统的理解，它们对学习科学研究的方法、感受研究过程和成功的欢乐，以及对自然美的感受有着同样的教育价值。这就更加说明，综合实践活动课程无须全国通用整齐划一的课程资源，要提倡坚持从各地的实际情况出发，开发适合自己地方的课程资源的必要性和可能性。无一例外，各个地区都可以开发出自己独具特色的、适用的综合实践活动课程资源。

三、综合实践活动课程资源的开发原则与呈现形式

加强课程内容与学生生活、现代社会和科技发展的联系，重视学生的学习兴趣和经验，是新一轮课程改革确定课程内容的出发点。循着这样的思路，实施和开发综合实践活动，必须为学生开发高质量的、丰富的和适切性课程资源。为此目的，则要遵循正确的指导原则，形成明确的实施策略，非如此，则无法达到既定的目标。

1. 综合实践活动课程资源开发的基本原则

所谓原则，就是必须遵循的行动准则。开发综合实践活动课程资源，会涉及方方面面的问题，处理方方面面的关系，事先不能制定明确的指导原则，面对复杂的现实情况就会犹豫彷徨，失去前进的方向和勇气。

综合实践活动课程资源开发，应遵循如下几项基本原则：

(1)政策性原则。为学生开发和研制用于综合实践活动课程的教育资源，必须以《基础教育课程改革纲要(试行)》对课程的有关要求为指导思想。

《基础教育课程改革纲要(试行)》明确指出："从小学至高中设置综合实践活动并作为必修课程，其内容包括：信息技术教育、研究性学习、社区服务与社会实践以及劳动与技术教育。强调学生通过实践，增强探究和创新意识，学习科学研究方法，发展综合运用知识的能力。增进学校与社会的密切联系，培养学生的社会责任感。在课程的实施过程中，加强信息技术教育，培养学生利用信息技术的意识和能力。了解必要的通用技术和职业分工，形成初步技术能力。"这些论述明确规定了综合实践活动课程的基本内容和对各项内容的基本要求，也为综合实践活动课程开发指明了前进的方向和明确的思路，成为课程开发的政策依据。综合实践活动作为施于全体学生的必修课，课程改革纲要虽然为其规定了四个领域的内容，但并不要求分别开设四门课程，

理想中的综合实践活动应该是以四者为主要内容，并与其他非指定领域的内容互相交融和渗透为特征的新型实践性课程，是一类具有鲜明特点和独特教育功能、教育价值的独立课程。鉴于这样的认识，对综合实践活动进行资源开发，必须坚持教育改革的方向，以国家课程改革纲要的精神为指导，实现课程各领域内容的综合渗透、整合融通。

（2）科学性原则。课程资源是教育思想和教育理念的载体，课程资源的开发必须遵循教育的基本规律，坚持科学性的原则，从教育和学科两个方面保证课程资源开发的科学性。

综合实践活动主张实践性学习，在引导学生对问题或课题的主动探究的过程中获得直接经验，发现新的事物，学习科学研究的方法，积累经验和感受，适应这一学习方式的要求，课程资源的开发自然需要符合人的认知规律，努力实现以"实践促进发展"的目标。

儿童的认知水平和心理水平是随着年龄增长而不断发展的，有明确目标的实践性学习需要按阶段分层实施，为使活动有效实施，充分发挥课程的教育功能，应依照学生心理和认知发展水平的实际情况，以最近发展区的理论为指导开发适用于分段实施的课程资源。

无论用于哪一个学段的资源，也无论哪一个类型的活动设计和开发都要实现科学性的要求：内容要科学，方法要科学，材料的选择和操作也要符合专业要求。

（3）可操作性原则。操作，是使教育理念化为教育行为的桥梁，施于中小学生的适切性的综合实践活动课程资源无疑需要有较强的可操作性。为达此目的，第一，选材要切合实际，坚持从学生实际出发，联系自然，联系实际，联系社会和学生的发展，选择既符合学生需要，又能激发学生兴趣的问题作为活动主题。第二，形式和内容要切合学生水平，从学生心理水平和认知发展的实际出发。须知只有学生能够接受的东西，才能获得预期的教育效果，用于学生的课程资源开发，切忌只从成人的视角考虑问题，只有儿童喜闻乐见的材料，才能显示教育的力量。第三，选配的材料要切合需要，课程资源开发不能仅仅提出活动的设想或建议，为使活动真正能够开展起来，常常需要为学生选择或建议使用的材料。从我国现实情况出发，首先应考虑使用容易寻找的废旧材料，多数同学需要外购的材料，也应在可以接受的经济原则的基础上保证科学和适用。为公共使用的条件性资源的建设，则要充分考虑投资成本和重复使用问题。

2. 综合实践活动课程源开发的成果呈现形式

凡课程资源开发都表现为一定的成果，凡成果自然会以一定形式呈现，可以是文本，也可以是材料、工具，或软件等。然而，从适用范围分析，所有这些不同形式的成果，大体上可以划分为：供大范围使用的具有共性特点的基本教育资源和供学校等局部使用的个性化课程资源两类。

（1）从总体目标出发开发的基本教育资源。有一种观点认为，综合实践活动无须为学生编写任何材料，如果说需要给学生开发教育资源的话，那也是教师自己的事，甚至以为综合实践活动只能是由学生和教师自行开发的。这无疑是一种失之偏颇的见解，并已经为实践证明是妨碍课程区域推进和常态实施的重要原因。诚如前述对综合实践活动课程的理解，综合实践活动要像学科那样编写全国通用的教材也许是不需要的，然而从提高综合实践活动课程的教育效能出发，从学生发展的根本利益出发，为学生精选和优化必备的教育资源满足学生活动的需要，为师生提供高质量、可操作的活动平台是完全必要的。

实践学习的初级形式是随机学习。目前以主题形式开发的，散见于各地学校中的综合实践活动案例，尽管不乏个别优秀者闪现其中形成亮点，大体上只能算作个案，属于实践学习的初级形式的产物，很难算得上能够全面反映课程要求，系统而规范的课程资源。常识表明"零散的知识形不成智慧"。施于中小学生的综合实践活动作为必修课程，理应能帮助他们适应当今科学技术和社会经济发展的需要，应能引导他们完成预定的学习目标，获得关于方法和技能系统的学习。学生对科学方法的学习和良好正确的习惯养成，也需要由浅入深，由易到难，由低层次到高层次按部就班地予以训练。既然如此，综合实践活动课程毫无疑问也应像学科学习那样，由扶到放，分层实施，也应为学生开发区域通用的系统性的教育资源。

（2）从实际出发，开发地方或校本课程资源。一般而论，上述通用的教育资源，只具有普遍的适用性，虽然可以作为基本的活动内容，提供各地学校选用，但却很难反映各个学校的特殊要求和适应各地社会生活和社会发展需求的实际变化。为解这一难题，体现综合实践活动课程的理念和教育功能，各地学校还应从当地的实际出发，着力开发当地适用的校本化的综合实践活动课程资源。

综合实践活动地方和校本资源的开发，是由地方或学校组织教师对适合当地的综合实践活动资源进行计划、设计、编创、实施和评价的过程，是学校师生自行建设独具特色的地方或学校课程的自主行动，为地方和学校实现自己办学宗旨和教育理念提供资源支持，对教师的专业成长和发展也具有十分重要的意义。

一般来讲，对基层学校来说，综合实践活动校本资源开发最有用武之地的领域，是与当地自然条件和社区发展相关联的内容。近年来，许多校本资源开发取得成绩的学校，大都在这方面做出了许多努力。认真研究当地的自然环境和社会环境，不断收集和积累相关的材料，并经常保持对问题的敏感性，才有可能从现实中提炼出可供开发的课程资源。此外，对一线教师来讲，借鉴基本课程资源，又根据当地条件和学生的实际情况对已有资源进行二次开发，使之更适合当地学生的需要，也不失为一种资源开发的思路。

综合实践活动课程实施，没有课程资源支持不行，但只有区域性基本课程资源也不行，还需要校本资源的开发，只有将区域性基本课程资源和校本资源开发有机结合起来，才不失为一条有效的措施策略。实际上，区域性资源和校本资源本来就是互相联通的，近年来的经验表明，区域资源的开发启发和指导了校本资源的开发，而校本资源完善和提高又会丰富区域性资源的内容，事物就是在二者相互作用中不断提升和逐步完善的。

第二节　综合实践活动师资队伍建设

教师是课程实施的关键。教师的素质水平和教学艺术决定着课程的实施水平和发展方向，没有广大教师的认同和积极参与，新课程的改革就不可能实现。提高教师对新课程改革和综合实践活动课程的认识，提高他们驾驭综合实践活动课程的能力和水平，无疑是实施和开发综合实践活动课程的重中之重。

然而，现实的情况怎样呢？一方面综合实践活动作为新课程改革的重点和亮点，被纳入了课程计划和课时安排；另一方面，作为课程实施者的广大教师，对课程本身却知之甚少，无所适从，这便形成了当前课程实施中不能回避的，需要人们认真对待并加以解决的一对矛盾。

面对这一情况，已经习惯了学科教育的广大教师和学校领导都应加强学习，每个人面临的都是新问题，新课程，新理念，新内容，新方法，新标准，无疑需要重新学习。但是，光学习还不行，更要行动，要力争在最短时间内，努力建设一支庞大的专兼职相结合的教师队伍适应课程发展的需要，否则，综合实践活动课程美好理想就只能是一片空中楼阁。

一、综合实践活动课程的教师角色

综合实践活动是一种与学科课程有着明显区别的新的课程领域，它从根本上改变了传统教学中教与学的方式，对教师提出了前所未有的挑战，使教师在教学活动中的角色定位发生了根本的变化，由以往教学中的传授者，主

导者，支配者甚至主宰者，转变为活动的组织者，指导者，参与者，合作者
……综合实践活动教师的多重角色，对教师的素质和能力提出了许多新的要
求。教师将对自己的全新认识，带入教育教学的实践，便有可能变以往的"师
道尊严"为真正的"教学相长"，并在实践中实现自身的专业发展。

1. 教师角色转变

综合实践活动教师的角色转变，不是简单的几个口号，而是有着深刻内
涵的教师价值观念的根本性变革，其内容至少包括如下几个方面：

（1）课程角色的转变。综合实践活动课程的实施，对教师最强烈的震撼和
引起教师角色最本质的变化，是从以往被动的课程推行者，变为课程主动的
实施者，成为课程的主人。

综合实践活动作为我国基础教育课程体系中的一个重要组成部分，具有
课程的本质属性，它有明确的课程目标，系统的课程内容，适合课程特点的
教学规范，并实施课程评价，体现了具有较强规定性和计划性的特点。尤其
值得注意的是，这一课程的实施改变了以往学科教育中单纯注重知识传授的
倾向，强调形成积极主动的学习态度，使学生在获得基础知识和基本技能过
程中，同时学会学习和形成正确的价值观念。这样的课程理念，符合当今改
变单纯注重传播知识，引导学生学会学习，学会做事，学会共同生活和学会
生存的课程理论发展新趋势，打破了传统上基于精英主义和升学取向的过于
狭窄的课程定位，有利于"一切为了学生的发展"，也为教师的角色的转变提
出了新的要求。

（2）教师作用的转变。传统上，教师地位和作用就是"传道、授业、解
惑"。在教育教学中，教师作为真理的化身，被赋予极高的地位，所谓"天地
君亲师"更成为"师道尊严"的借口，虽然新中国成立后历经多次运动的冲击，
教师地位早已江河日下，然而一旦涉及教学，教师作为知识的占有者和学生
获取知识的唯一来源，教师的权威性便自然而然地生发出来。可以讲有关教
师的地位和作用问题，在传统教育中并没有，也不可能得到正确的解决。

新课程改革的教育主张，再也不是将教师的作用定位于"传道、授业、解
惑"，不是把教师置于学生学习的"主宰"和"法官"的地位。特别是作为综合实
践活动课程的教师，其主要职责是为学生创设合适的教育情景，营造良好的
学习氛围，引导和帮助学生进行意义建构。教师不再是单纯的知识传授者，
而是学生学习活动的组织者，活动过程的参与者，探索研究的指导者和促进
者。在综合实践活动中，教师不是学生知识的主要和唯一的来源，特别是在
信息化和网络化的今天，教师的目的和任务主要应放在如何激发学生获取信
息的积极性，指导学生掌握获取信息的工具和方法，并能根据需要对获取的

信息进行分析、加工，形成有用的知识。为此，综合实践活动教师就要正确地理解本课程的基本理念，熟练地掌握本课程的教学流程，转变旧的教学观念和已往传统学科教学中不合时宜的教学行为和习惯，以适应实践性学习对教师角色的新要求。

(3)人际关系的转变。在学校教育教学过程中，涉及教师最基本的关系就是师生关系和教师之间的关系，综合实践活动课程实施，与传统课程相比，两种关系也发生了根本的转变。

综合实践活动一改以往传承式学习为探究性的实践学习，由过去的"教师讲，学生听"，变成新课程中"自主、合作、探究"的学习过程。教师必须放下架子，发挥"平等中的首席"作用。认识并充分发挥学生的主体作用，才可能会有自主活动的形成；只有平等的地位，才可能有互相间的真诚合作，也只有教学民主，才可能激发自由意志的实现，产生有意义的探究结果。坚信"教师不必贤于弟子，弟子未必不如师"，只有真正做到尊重，善待和没有任何成见地赏识每一个人，才有可能建立良好的师生关系。

在综合实践活动中，之所以还要特别转变教师之间的关系，加强教师间的合作，是因为在以往的传统学科教育中，尽管也有教师间的合作要求，但毕竟各类学科教学都有比较强的专业性，教师大多需要独立完成各自的教学任务，基本上无须与其他教师有更多的业务上的交往。综合实践活动则不然，"团体指导，协同教学"在现在和将来都有重要的指导意义，教师不但要有合作的意识，而且要有合作的能力，绝不仅仅是一个空洞的、没有任何实际意义的口号。

(4)研究角色的转变。传统教学中，教师的主要任务是教学，他们考虑的也主要是如何将课本的知识有效地教授给学生。教师作为教育行政部门各项规定的执行者和课程标准的实现者，并没有发现和研究的任务。如果说教师也可以搞研究，大部分也主要地集中在教法研究的层面上，内容和作用都有极大的局限性，教师的课程意识被绑架了，其科研能力自然不能得到充分伸张。新课程改革倡导民主、开放、科学的课程理念；确立了国家、地方和学校三级课程管理体制。尤其是综合实践活动课程当前还处于没有部颁教学指导纲要的状态，其理论和实践还有许多根本性的问题没有解决。在这样的情况下，坚信教师也是研究者，转变心态，勇于以研究者的眼光审视和分析课程理论和教学实践中的各种问题，不断地对自己的和旁人的经验进行反思和归纳，形成规律性的认识，变成研究成果和政策建议，一线教师也一定可以为这一新型课程建设做出自己应有的贡献。

当然，新课改实施以后，教师角色的转变绝非仅止上述四个方面。然而这是四个极其重要的方面，这些变化对教师，特别是对综合实践活动教师提出了许多新的挑战和要求。

2. 综合实践活动教师急需解决的几个问题

综合实践活动作为新课程体系中的新型课程，与以往课程最大的区别就是学习方式的变革。面对新的课程，作为综合实践活动课程的组织者、参与者和指导者的教师的主要任务，将是如何激发学生的学习兴趣和求知欲望，指导学生自己进行科学探索、设计制作、创造发明和社会调查，并在这一过程中巧妙地完成自己的教育任务，有效地达到课程的教育目的。由学科课教师转变为活动课教师，因为具体的任务不同，目标不同，方法不同，当然要求也就不同了。

（1）转变教育观念。教育观念的转变是根本的转变。传统教育注重的是基本知识、基本技能和基础理论，教师的备课、教学和评估都离不开这些最基本的要求；新课程不是不要这些基本的东西，而是更加着重于学生全面素质的提高，注重知识和技能，方法和过程，以及情感、态度、价值观三维目标的达成，将教育目标最终落在创新精神和实践能力的培养上。综合实践活动课程在完成这一教育目标中具有明显的优势。课程的优势并不等同于教师的优势，教师要想在这一课程中发挥自己的优势，有效达到课程的教育目标，只有在深刻反思自己的教育观念和教育行为的基础上，真正认同新的教育观念，进而用新的观念指导自己的教育行为并使之发生转变才行。教育观念的转变是一个动态发展不断内化的过程，指望"毕其功于一役"，指望靠别人灌输，都是无济于事的。唯一正确的方法，就是保持积极进取的心态，对新的事物敏感并乐于接受，勇于实践，并通过实践的检验对新的理论决定弃取。

（2）提高研究性学习能力。研究性学习是综合实践活动的核心主张，"强调学生通过实践，增强探究和创新意识，学习科学研究的方法，发展综合运用知识的能力"，是综合实践活动课程对研究性学习的基本要求。以素质育素质，以能力育能力。指导研究性学习，教师首先就需要自己具备研究性学习的能力。然而从现实情况看：职前，在师范院校培养的教师普遍没有经受过研究性学习的训练；职后，教师的执教生涯，从专业角度也没有对他们提出过进行科学研究的要求，以致研究性学习能力成为教师"天生的弱项"。为了使学生掌握研究性学习的能力，教师首先要有克服自己弱项的勇气，通过学习提高自己的研究性学习能力，掌握研究性学习的基本方法；保持对周围事物的敏感，学会从直接经验中提出问题进行探索和研究；还要熟悉进行科学研究的一般方法，能够运用调查、观察、实验等手段收集信息，了解和掌握这些技术手段的一般要求和具体的操作方法；学习通过研究和分析处理信息、提炼结论，了解和掌握一般处理问题的办法和思路；能够针对自己研究的现实问题提出创见，并以积极的态度与持同观点或不同观点的人进行交流和交往，虚心善纳，不断改进和提高自己的研究水平；学习进行成果表达的技术，提高成果表达的能力。

（3）更新和完善知识结构。综合实践活动要求从现实生活中寻找问题进行研究。问题解决式的实践性学习不同于学科教学，对教师的知识结构提出了更高的要求，需要教师有比较宽厚的知识储备。然而长期单科教学的经验，知识的单一成为多数中小学教师的软肋，为了适应新的课程发展的需要，作为综合实践活动教师自然需要自觉地拓展自己的知识领域，积极了解当前科技前沿的发展动态，以便不断更新和完善自己的知识结构。在当前信息技术高度发展、知识爆炸日益加强的背景下，适应网络时代的要求，了解并掌握信息技术的能力和方法，学会提取和鉴别信息，更应该成为综合实践活动教师不懈追求的目标。

（4）学会活动设计。活动设计是综合实践活动课程资源开发的基本形式，教师能够从学生自身条件和实际需要出发，从当地环境和现实生活中提炼问题，将问题变成学生探索和研究的课题，是教师实施综合实践运动的基本功。按照教材和教学大纲进行教学和依据指导纲要和学生的实际需要设计活动是两种不同性质的能力，以往的学科教师熟悉的是前者，对后者则比较陌生，以至在课程实施时必须从头学起。进行活动设计，并引导学生按照设计要求开展活动，较之"照纲教学，照本宣讲"有更高的要求，教师必须学会依不同的活动内容，设计和提炼恰当而准确的活动目标，学会依活动内容和特点的不同要求，将活动作适当的分解并依据学生的认知水平和认知过程的特点，形成前后相连的便于操作的过程。在综合实践活动课即将成为全体任课教师专业要求的情况下，学会进行活动设计，便成为对全体教师的一项迫在眉睫的专业要求。

（5）提高创新精神和实践能力。综合实践活动的本质特点，决定了它具有培养学生创新精神和实践能力的教育优势。然而，优势并不等于现实，将优势变为现实，关键靠教师的操作。为此，教师首先应具备实现课程优势的创新精神和实践能力，这又是传统教师的不足之处。传统教育中，教师主要担当的是知识传承任务，教学工作的特点常会陷教师于"述而不作"的境况，以致使教师创新精神低迷，实践能力薄弱成为不争的事实。这种局面，极不适应综合实践活动课程现实和发展的需要，有效地提高教师本身的创新精神和实践能力便历史地提到教师专业发展的日程上来。

二、加强综合实践活动教师队伍建设

课程实施，关键在教师。师资队伍建设是课程建设的重要内容，没有一支适应课程需要的教师队伍，课程的实施和发展是不可能的。综合实践活动是未经任何前期专业培训推出的一门新型课程，内容新，理念新，对任何任课教师来讲都是新的任务。当前，首先要走上课程前沿，解决上课的燃眉之急，进而加强教师的队伍建设，不断提高任课教师的能力和水平，不啻是一项课程建设的根本大计。

1. 发挥教师的群体优势

综合实践活动课程进入课程计划和课时安排，课程谁来教，是每一所学校都要面临的问题。

为了解决设课之初的师资问题，《综合实践活动课程指导纲要》(讨论稿)推出了"团体指导，协同教学"的主张，希望能够发挥学校教师的整体优势，解决学生开展综合实践活动的指导力量问题。据说，在日本的综合学习活动中，就是采用"教师小队"的办法解决师资这一难题的，将学校中具有不同学科背景和课程背景的教师组织起来，形成若干指导小组，以这样的教师小组面对各自班级的学生开展各类综合学习的活动。"它山之石，可以攻玉"，既然日本的学校可以这样做，当然我们也可以加以借鉴，当学校设置综合实践活动课程的时候，学校自可以鼓励和组织学校的教师、班主任，以及一切可以担负活动指导的人员，甚至聘请学生家长和校外其他有经验的人员担任兼职教师，以应对综合实践活动的指导任务。其实，组织教师间的互助和聘请校外兼职教师的办法，在我们以往的教育教学工作中早已是屡试不爽的经验了，当然在综合实践活动实施的新条件下，也可以对这些经验加以改造，继续应用。

"团结指导，协同教学"充分发挥学校教师群体的积极性，以解开课的燃眉之急是得当的，今后出于对教师专业发展的关注，对教师成长也具有导向作用，因而应是予以肯定的。但从几年来的实施情况看却不容乐观，试图用这一策略一劳永逸地解决综合实践活动课程的师资问题更是不现实的，新课程的师资建设需要有更长远的考虑。

2. 建设专、兼职相结合的教师队伍

前面谈及对"团体指导，协同教学"的教师策略实施不利的情况，这主要是因为，在对教师未予专业培训的条件下，并不是所有教师都有条件胜任综合实践活动的教学任务，也并非愿意并有能力承担这一课程指导的教师都能够如愿以偿。常识告诉我们，都承担就是都不承担，都不会用"心"去承担，

这正是近年来综合实践活动不尽如人意的重要原因之一。另外，所谓"团体指导，协同教学"也并不完全适合中国的综合实践活动课内容，中国的综合实践活动毕竟不同于日本的综合学习实践。日本的课程比较单一，内容和要求仅仅类似于我们的研究性学习。我们的综合实践活动课，不仅有四大指定领域还有非指定领域的内容，具有很强的专业性要求。目前，除信息技术的内容在城市学校中的教师还有一定的基础外，劳动与技术教育涉及的通用技术中的劳动工具的使用操作，技术领域中的设计、制作、创造性思维和创造技法，乃至于研究性学习中涉及的各种具有专业性质的研究方法和具体技能，对中小学教师都是一种严重的挑战，倘若拒绝专业教师建设，综合实践活动中这一类的活动大体上都无法充分实施，课程的深层次的教育功能开发自然就无从谈起。回顾综合实践活动实施几年来的经验教训，整体看，活动大体上都浮在表面，多是一些一般性的，由非专业性教师辅导即可完成的调查、访问、上网收集等，内容贫乏，科技含量低，此与缺乏专业教师辅导不能没有直接关系。

历史的经验值得注意。一个好教师就是一门好课程，在高度重视教师专业化的今天，过分强调全体教师的参与，却不注重教师专业化的建设，不引导教师从专业的角度钻研课程的理论和实践问题，满足于教师在综合实践活动课上只教自己会的东西，对课程的核心问题却无力关注或无暇关注，长此以往，就必将会背离设课的初衷。

当然，从综合实践活动的特点出发，不能指望可以培养"全能"的专职教师包打天下，但是从课程建设的长远前景和学生成长的根本利益出发，建立基于特长的专兼职相结合的教师队伍乃是十分必要的。专职是核心，兼职是基础，每一所具有一定规模的学校都能有一位或几位具有某些特长的热心的专职教师，担任组织协调和具体的活动指导工作，再加上全体教师的共同努力，综合实践活动生动活泼的局面才有可能形成起来。

3. 提高教师驾驭综合实践活动的能力和水平

综合实践活动教师队伍是随着课程设置形成起来的，并必将伴随课程的发展而发展。为使课程能够健康实施，并不断提升课程的教育功能，就要不断提高教师驾驭综合实践活动的能力和水平。

(1)加强任课教师培训。经验表明，任课教师是否积极投入综合实践活动的教学实践与研究，与教师的教育观念关系极大，其教育教学的质量水平则受制于教师本身所具有的综合素质条件。对教师施以专业培训，提高教师驾驭综合实践活动的能力和水平，必须将通过知识培训和技术培训结合起来，从转变教师的教育观念入手，兼及对活动指导能力和方法的训练。

转变教育观念，从综合实践活动课程的要求出发，特别应注重以下三个方面的内容：树立"以人为本"的理念，理解新课程改革设置综合实践活动课程的重要性和必要性；树立终身学习的理念，理解为什么综合实践活动要以研究性学习为重点；树立动态科学观的理念，理解实践学习重视过程和方法的重要性。有了这样的认识，才能容易从课程论、教学论和学习论等不同层面理解实施综合实践活动的一些基本要求。

为了帮助教师们有效地提高驾驭各种类型的活动内容的能力和水平，真正地将对课程的理解转化为具体的教育行为，还必须联系课程实际对综合实践活动实施涉及方方面面的问题实施培训。本书已在第八章《综合实践活动主要类型及其设计与指导》中加以详细说明。

（2）加强教研队伍的培训。各级教研室建设是中国教育的特点，也是中国教育的优势，在如此幅员广阔的国家实施基础教育，学生如此众多，条件如此复杂，没有各级教研室的设置和广大教研员的参与是不堪设想的。从新课程实施的特点和综合实践活动发展现状出发，加强对各级教研队伍的培训，并经由他们采用继续教育的模式，对一线教师进行分级分批的培训实在是一项有效的办法。

在计划经济和应试教育的影响下，教师继续教育的最大弊端就是理论和实践的严重脱离。在对各级教研队伍的培训中，要改变以往"讲师团"或"学院式"的旧模式，充分发挥教研人员有理论又接近实践的这一特点，采用研修的办法，将培训和研究结合起来。采用现场观摩、案例分析、交流互动等办法，坚持从现场的研讨中总结实践经验，鼓励教研员对自己成功和不成功的经验进行反思，对自己和他人的实际教育行为、教育实践进行分析和研讨，使经验得以升华，认识加以提高。更应鼓励教研员们在自己的工作区域内联系学校，用"种实验田"的办法深入进行理论与实践相结合的研究，从根本上提高自己的理论水平和实践能力，真正建立起一支具有较高素质水平，能够胜任综合实践活动课理论与实践研究和指导工作的培训者队伍。

第三节　综合实践活动课程制度建设

当前，综合实践活动课程发展极不平衡，其步履艰难，推动缓慢，整体情况不容乐观，之所以形成如此状况与课程制度建设不到位的关系极大。

学校课程实施和教育功能的实现，课程落实是前提，制度保证是根本。总结几年来以主题开发为基本特点的课程实施初步阶段的丰富经验，联系综合实践活动开发与实施的基本要求，研究并确立与其配套的各项制度建设，已经成为保证当前综合实践活动课程实施和健康发展的当务之急。

一、综合实践活动课程制度建设的基本要求

综合实践活动课程实施几年，基本上以校本实施和主题开发为特点，真正具有课程意义的综合实践活动只在全国部分地区和部分学校得以实施，即使在这些地区和学校里，大多也只是停留在公开课和观摩课的水平上，存在着较大的随意性成分。课程的形式化和浅层次开发，更妨碍着课程教育功能的实现。总结以往的经验，努力实现课程的常态实施、有效运行和区域推动，便成为引领综合实践活动课程健康和持续发展的美好愿景，正确处理好上述三者的关系，不仅从理论上，而且从制度层面理清三者的关系，是当前课程建设的一个主攻方向。

1. 实现课程的常态运行

所谓"常态"，即指常规状态。实现课程的常态运行，就是让综合实践活动也能够像学校里的"语文"、"数学"等课程那样正常运行进入学校正常的教学秩序。课程常态运行需要做到普遍实施，教师易导，学生爱学，效果实在。非如此，就不可能达到课程应有的教育功能。

课程普遍实施，首先要依法施教。综合实践活动既然是国家规定的必修课程，学校就没有理由不把课程纳入学生课表，并认真组织教育过程，使课程进入常态运行；教学过程一定要使教师便于操作，容易实现对学生的指导。从中国的实际情况出发，考虑教师的教学环境和要求以及教师能力和水平的实际，必须为教师创造或提供胜任课程要求的必要条件；课程内容要符合学生认知水平和特点，有利于激发学生的兴趣，使学生乐于学习；课程不能搞花架子和形式主义，要使每一项活动都具有一定的价值意义，通过一个个活动安全的学习过程，使学生得到系统的实践教育。

课程的常态运行，归根到底是把综合实践活动作为中小学教学中一门普通的课程，以平常心去对待，不要炒作，更不要弄虚作假，要踏踏实实的工作，求得课程正常发展。

2. 追求课程的有效实施

课程常态运行，需要课程实施的有效性予以支持。学校课程的有效实施既依赖于对课程的整体设计，又仰仗于对具体项目的深入开发和正确操作，任何时候也不能草率行事。

追求课程的整体效果，需要对课程予以分层实施，依照学生心理和认知发展水平进行课程研究与开发，要深入研究综合实践活动的内在规律，尤其应当警惕对课程对象的特点不作具体分析，对实践性学习的多样性置若罔闻，

将生动活泼的综合实践活动程式化或成人化的倾向。

实现课程的有效实施，还要对不同类型和内容的活动主题予以区别对待，把握各类主题活动长短大小和设计实施，明确活动目标和具体要求，处理好预设与生成、过程与结果、规范与特色、校内与校外等各种关系，切实加强活动过程中方法的指导和技能的训练。总之，要有效地营造有利于儿童的课程生态，使每一项活动都能做到使儿童确有收获。

3. 推动课程区域发展

综合实践活动不是由学校自主决定的校本课程，也不宜于简单地完全用校本的办法予以实施。综合实践活动作为国家规定的必修课程，与学科课程最大的区别在于其具有的活动课程的性质，其开发与实施应使每一所学校，使每一个学生都能从中受惠，必须推动课程的区域性发展。

实现课程的区域发展，必须坚持对课程予以准确定位。课程的管理体制和课程的实施内容是与课程相关的两个不同的概念，认为联系学生实际选择课程内容和可以由师生共同开发课程资源，综合实践活动课程本质上属于校本课程，不仅可以用校本课程开发的办法加以实施，也可以借口学校自身的所谓"实情"或"困难"决定课程设置的弃取，完全是一种错误的认识。

为有效地推进综合实践活动课程的区域发展，几年来综合实践活动在发展中积累了许多行之有效的经验，其中"埋念先行，典型引路，滚动发展，区域推进"的策略特别具有实效性。努力在实践中发现和培植教师、学校和区域性的先进经验，充分发挥它们的借鉴和辐射作用，坚持由点到面，由少到多，扎扎实实地做好各项工作，就一定可以推动综合实践活动课程的区域发展。

二、综合实践活动课程制度建设的主要内容

前述有关综合实践活动课程制度建设的基本要求，是紧密联系、互相渗透着的有关课程发展的三重愿景。实际上，把课程制度建设放到整个课程大系统中看，课程制度建设又是一个小系统，为保证课程常态运行、有效实施和区域性推进，课程制度建设又涉及方方面面的问题，从当前综合实践活动课程的发展看，至少应着重在如下几个方面建立必要的管理制度，以便形成课程运行的良好机制：

1. 课程管理制度

课程管理是指教育行政部门和学校对课程的宏观把握和指导。综合实践活动是国家规定的必修课程，地方各级教育行政部门必须引导和督促学校按要求认真执行国家课程计划依法施教，将综合实践活动应毫无例外地纳入学校课程计划，雷打不动地加以实施。

对综合实践活动课程，国家的《基础教育课程改革纲要（试行）》已经作了明确的规定，各地实施纲要时不能人为地将综合实践活动分解为不同的领域分别设课，更不能用学科课程或地方课程取而代之，或分割或挤占综合实践活动的课时，以保证国家课程计划的严肃性。

教育行政部门应加大对综合实践活动课程的指导力度，将综合实践活动课程列入教育督导的专项必查项目，运用评价手段和组织区域交流等方式推广先进经验，树立先进典型，推动课程发展。综合实践活动的内容应在对学生的素质考评中占有应有的比重，还要创造条件探索和建立综合实践活动课程与中考、初考发生关系的机制，体现对学生素质的整体评价。

2. 教学管理制度

教学管理主要是指学校根据教育与教学目的，遵循教育和教学的规律，对课程的实施和开发进行计划、组织、检查和总结的过程，对综合实践活动课程的教学管理要坚持从课程的特点出发。

综合实践活动课程的实施和开发应按计划进行。学校应制订学校和班级实施综合实践活动的计划，包括活动内容和主题的选择，目标确定，时间安排，教师和其他教育资源的配备等均应列入计划要求，以保证活动的有序进行。

过程管理是实施综合实践活动课程管理的核心环节。合理使用和分配课程资源，适时而恰当的方法指导，统筹和协调与活动相关的各部门之间的关系，实行全程和全面的激励措施，都是过程管理应予关注的内容。

督促和检查是实施教学管理的重要手段。学校领导应从教师的"教"和学生的"学"两个方面具体制订相应措施，明确检查的项目和具体的要求，通过随班活动、个别交谈、研讨交流等多种形式，帮助教师搞好自己的教学工作。

总结提高是教学管理的重要环节和最终目标。帮助教师成功地总结活动开发和实施过程中正反两方面的经验，正确而合理地进行成败得失的归因分析，一般在一项或一系列的活动之后，应要求教师做出书面总结。

3. 教师管理制度

教师专业发展是一个长期的过程。担任综合实践活动课程的教师，适应课程实施和自身专业发展的要求，不仅要学习和掌握课程需要的专业知识，还要具备终身学习和发展的能力，实现教育教学能力的发展和情感、态度、价值观的全面提升。教育行政部门要不断创造条件，在短期内力争建立本课程教师的职称系列和专业发展标准。

从当前的实际情况出发，首先要在各级教研机构，设立综合实践活动教研室或教研员，确定区内综合实践活动课程管理和评价制度，指导区内学校课程实施与开发；学校要设立综合实践活动教研组，建立专兼职相结合的教师队伍，具有一定规模的学校至少要有一名以上的综合实践活动课程的专职教师，专职教师在学校领导的支持下，负责制订全校综合实践活动课程计划和实施方案，并具体指导和协调年级和班级综合实践活动的开展。学校要依据实际情况妥善处理专兼职教师职称评定、业绩考核、工作量认定等事宜。国家应建立综合实践活动教师职称系列，逐步实施专业教师持证上岗制度，岗位责任制和业务考核制度，积极稳定教师队伍，确保课程的持续发展。

4. 课程资源开发管理制度

适切性的课程资源是课程实施的核心问题。综合实践活动课程资源的开发和有效管理，是保证课程健康和持续发展的重要条件，要努力创造条件给予制度上的保证。

根据课程发展的需要，各地都应该分年段开发学生适用的课程资源，当前此工作应由省（市、区）级教育行政部门按照国家关于中小学教材开发的有关规定，严格进行立项、评审。加强对综合实践活动课程资源开发管理工作，将来还可视发展情况，组织专群结合的创作集体，研发适用于较大区域通用的系统性综合实践活动课程资源，供学校选用。倡导学校师生努力开发学校适用的校本课程资源，鼓励学校将通用系统教材和校本开发结合起来，建立具有学校特色的，与学科课程相辅相成的综合实践活动资源库，全面推动学生的实践性学习。

上述有关课程制度建设的几点建议，只是就近些年课程发展中凸显出来的一些问题进行的思考，这些问题倘若能从制度层面加以解决，对综合实践活动课程的发展必将会起到积极的促进作用。

第十章　综合实践活动课程的评价

本章学习要点

　　综合实践活动课程评价是在新的课程理念指导下形成的，对课程实施具有导向和监控作用，是有效实施综合实践活动课程的保证。综合实践活动课程评价理念、要求和实施原则是什么？对各个不同课程主体的评价内容和方法又是怎样的？尤其是与学科课程相比，综合实践活动课程对学生的评价又应该注意些什么问题？这是本章重点论述的内容。

　　课程评价对课程实施具有导向和监控的作用，对某一课程在基础教育中的价值做出正确判断，需要遵循基础教育课程体系的评价宗旨和原则。综合实践活动课程属于基础教育课程体系中一门独立的实践性课程，其课程评价是在新的课程理念指导下形成的。从课程特点出发建立"注重参与、重视过程、促进学生全面发展"的评价机制，对综合实践活动课程有效实施、常态运行和区域发展具有十分重要的意义。本章将从分析教育评价的发展趋势入手，结合综合实践活动课程的特点，就综合实践活动课程评价的基本理念和原则、评价的主要内容和方法等作系统性的阐述，可供教师开发和实施综合实践活动课程的参考。

第一节　综合实践活动评价的理念

　　课程评价从属于人们课程理念，是一定的时代背景下人们的课程理念的产物。时代不同，人们对学校课程设置的内容和要求不同，对课程的评价的内容、要求，连同方式方法都会不同。自从有了教育以来，学校的课程设置和内容是不断变化的，对教育评价自然也是在不断地发展变化的，为了更好地做好综合实践活动课程的评价，有必要对教育评价的发展趋势有一个清楚的认识。

一、有关评价问题的几个基本概念

　　实施教育评价涉及方方面面的问题，具体到对新课程中的综合实践活动课程的评价，更涉及许多有关新课程评价的理论问题，对一些经常使用的概念及其含义必须有一个准确的理解。如此，在实施评价，进行交流和讨论的时候，才会有共同的语言。

1. 评价与价值

人的认识活动有两种：一种认识活动是揭示事物的属性和规律，去寻求世界是什么。这种认识活动中人们力求摆脱主观因素对认识过程的影响，努力使人们对世界的认识尽可能地接近真实。我们可以把这样的认识活动称之为"认知"，是通过感觉、知觉、记忆、思维等心理活动完成的。

人的另一种认识活动就是揭示世界的意义和价值，寻求世界对人意味着什么，有什么样的价值。这种认识活动是建立在前述寻求"世界是什么"的认识基础上，去发现事物价值的认识活动。"人类的一切活动，都是为了发现价值、创造价值、实现价值和享用价值，而评价，就是人类发现价值、揭示价值的一种根本的方法。"①也可以说："评价是一种认识活动，是人把握客体对人的意义、价值的一种观念性活动。"②因此，评价是揭示世界的意义和价值，寻求世界对人意味着什么的认识活动。简而言之，评价就是对价值予以判断的活动，其目的即是揭示主体与客体之间的价值关系，是对客体满足主体需要程度的价值进行判断。我们不难理解："评价不能创造价值，但评价可以揭示价值的存在，使人们意识到价值的存在，是价值实现的重要途径。"③

马克思认为："价值这个普遍的概念是从人们对待满足他们需要的外界事物的关系中产生的"④，价值"是人们所利用的并表现了对人的需要的关系的物的属性"。⑤由此可见，价值这一概念与人的"需要"有密不可分的关系。一般来讲，"需要"这一概念有三层含义：其一，"是一种摄取状态，是主体有目的的活动动力。"其二，"总是与不足和缺乏联系在一起的。"其三，"是在主体生存发展过程中产生的，具有动态性。"⑥由此可见，价值为人"需要"而存在。评价主体在特定的观念中，会构建一个价值世界，通过评价，去追求其构建的价值。某一客体价值如何，不取决于客体的本身，而取决于不同的评价主体对客体的价值不同的判断，而这种判断，是基于评价主体的价值取向和价值观念。

---

① 冯平. 评价论[M]. 上海：东方出版社，1995：2.
② 冯平. 评价论[M]. 上海：东方出版社，1995：1.
③ 冯平. 评价论[M]. 上海：东方出版社，1995：23.
④ 马克思，恩格斯. 马克思恩格斯全集[M]. 19卷. 北京：北京人民出版社，1965：406.
⑤ 马克思，恩格斯. 马克思恩格斯全集[M]. 19卷. 北京：北京人民出版社，1965：139.
⑥ 陈玉琨. 教育评价学[M]. 北京：人民教育出版社，1999：2.

2. 价值取向与价值观

价值取向：对于客体的价值，不同主体有不同看法，表现出不同的倾向性，这种倾向性一般称为价值取向。所谓价值取向即是在主体一系列价值原则下所表现出的价值倾向。

价值观念是"关于客观对象的作用、意义，以及客观对象价值的总观点、总看法"①，"价值观念是评价主体关于客体世界（人生、社会、自我）价值的根本观点。它是评价主体的心理背景系统的核心。"②所谓心理背景系统，"是评价者在一定的文化背景和社会关系中通过一系列特定的社会活动所形成的需要社会系统。"③因此，主体价值观念受着其生活生长经历、所处社会环境的文化背景及其在其间的社会关系等的深刻影响。

在主体价值观念的作用下，形成价值取向，以多种形式作用于评价，其中主要是以评价标准的形式作用于评价。

可以认为，只要人类活动存在着，每一天都会伴随着活动对活动之于的客体进行着评价。当与人交往时，会对他人进行评价，当要去郊游时，就会对郊游的目的地进行评价。总之，评价充斥于人们生活的每个角落，在不同的价值观念驱使下，形成了人们的价值取向，使人们对价值为我"需要"进行判断、预测、选择。评价最本质的作用就是对人们的行为起着导向作用。

3. 教育评价及其发展趋势

社会在其发展过程中，对各个职业领域的不同层次的人才有着不同的"需要"，每个人为了生存，也要具备一定的职业技能或谋生的能力，成为社会"需要"的人才。凡此，都表现为社会或社会生活中的个体对教育的"需要"，实现这种"需要"就体现了教育的价值。由此，我们不难理解教育评价的本质，即"教育评价是对教育活动满足社会与个体需要的程度做出判断的活动，是对教育活动实现的（已经取得的）或潜在的（还未取得的，但有可能取得的）价值做出判断，以期达到教育价值增值的过程。"④

教育评价伴随着学校教育的出现便已经产生了，教育评价的发展则是在社会发展过程中随着社会以及个体对教育"需要"的变化而改变的。现代教育评价发展有几方面的特点：从简单的纸笔测验到观察学生表现；从单一的考

---

① 袁贵仁. 价值学引论[M]. 北京：北京师范大学出版社，1991：379.
　冯平. 评价论[M]. 上海：东方出版社，1995：61.
　冯平. 评价论[M]. 上海：东方出版社，1995：66.
　袁贵仁. 价值学引论[M]. 北京：北京师范大学出版社，1991：379.
② 冯平. 评价论[M]. 上海：东方出版社，1995：61.
③ 冯平. 评价论[M]. 上海：东方出版社，1995：66.
④ 陈玉琨. 教育评价学[M]. 北京：人民教育出版社，1999：7.

查学生记忆知识的情况转向侧重考查学生问题意识、解决问题的能力以及创新能力发展情况；从重视传统的语言智能和数理逻辑智能的评价到关注学生不同智能发展的评价；从单纯知识与能力考查到包括认知、能力、情感、态度、价值观等方面的综合评价；评价的主体从一元到多元。现代教育评价的发展对综合实践活动课程的评价理念有着重要的影响。

二、综合实践活动课程的评价理念

随着我国基础教育课程改革的不断深入，学校课程设置、教师的教学方式和学生学习方式已经或正在发生着深刻的变化，在新的教育理念下进行的课程改革，需要与其相符合的课程的评价相适应。综合实践活动课程的评价理念对课程评价的实施起着指导和规范的作用，充分体现对这一课程教育价值的追求。综合实践活动课程的评价理念，具体表现在如下几方面：

1. 融合评价与课程、教学和学习活动为统一的有机整体

综合实践活动课程的实施过程，要将课程、教学、学习和评价予以统整，使它们融合为一个有机的整体。综合实践活动的学生评价需要融合到学习活动的整个过程中，成为学习活动过程的一个有机组成部分。换句话说，就是将这一项内容渗透到活动的各个环节，使学生在综合实践活动学习的各个不同阶段，都能够通过评价，实施自我监控，认识自己的优势与不足，不断地通过调整，确定自己的发展方向，从而使学生评价与学习活动形成一个有机整体。评价的过程，也即是学习的过程。

综合实践活动的教师评价要从教师在资源开发、活动实施与指导等方面进行，伴随着课程的开展与实施，学生学习活动会不断地深入，教师也要不断地进行自评和阶段性的他评，通过反思与交流，提高课程的实施与活动指导能力，教师评价的过程，即是课程有效实施与教师成长的过程。总之，综合实践活动课程评价要作为师生共同学习的机会，为课程发展提供反馈信息，使教师、学生以及课程本身，获得整体发展。

2. 体现价值取向和评价标准、内容、方法和主体的多元化

评价多元化，即是在评价的价值取向、标准、内容、方法和评价主体等诸方面的多元化。综合实践活动的评价强调多元价值取向和多元标准，如前所述，对同一个被评价对象，评价主体不同，对价值的认识不同，标准亦会不同；对不同的被评价对象，评价中对价值的认识、标准更会不尽相同。

在综合实践活动评价中要充分肯定学生与世界交往的多元方式，每个人都具有自己的认知风格和学习策略，不仅在学生群体之中反映有多元的认知风格和学习策略，就是同一学生个体在不同的发展领域和发展阶段也具有多

元的认知风格和学习策略。在综合实践活动的过程中，他们不仅对问题的解决可以有不同的方案，而且表现的形式也可以丰富多样。应该特别注意评价他们在解决问题和创造产品的过程中所表现出来的多样化的、独特的认知风格和学习策略，要认识到学生的成长和发展是多方面的，注意从不同的视角对学生的发展予以评价，真实地满腔热情地反映学生发展的全貌。

要积极提倡评价主体的多元化，评价主体可以有学校管理者、教师、学生、家长以及参与课程实践的社区人员乃至有关的专家、学者。评价主体的背景不同、他们观察问题角度和思维的层面不同，提供的评价信息自然就会是丰富多样的，每种评价信息都会对被评价的对象发生作用。有利于被评价者更加全面地看待自己。评价主体的多元化，会有利于加强学校、教师、家长、学生乃至社区等社会人员之间的沟通，使综合实践活动教育教学活动不仅局限在学校、局限在师生，将有利于吸纳社会一切可以利用的教育资源参与到学生的学习和学校的发展中来，这样的评价恰恰满足学生成长以及社会对人才培养的需要。

3. 追求重视过程关注结果的统一性评价

传统的课程评价关注结果甚于过程，往往只要求学生提供问题的答案，而对如何获得这些答案却常常会漠不关心。这样，学生获得答案时的思考与推理、假设与猜想、方案设计与实验论证、体验与感受等，都被摈弃在评价的视野之外。久而久之，这种评价就会导致学生或教师，乃至学校等教育行政部门都只重结果，不看过程。长此以往，就不可能促使学生注重科学探究的过程、培养科学探究的学风和严谨的科学态度，不利于他们培养深入实践、深刻体验的科学精神以及良好的世界观、价值观的形成，甚至会抑制其解决问题的灵活性和创造性的发挥。综合实践活动课程是一门实践动性课程，问题探究和主题设计是课程的主要内容和基本形式，如果继续把终结性评价作为课程评价的唯一要求，势必会削弱课程的教育功能，必将为那些把课程改革形式化、擅长做表面文章的思想和行为培植滋生与蔓延的土壤。

要真真实实地实施综合实践活动课程，课程评价就必须注重学生学习过程，把终结性评价与形成性评价结合起来，实现课程评价重心向过程与方法、态度与情感价值观的转移。重视学生在活动过程中的表现，将学生在学习过程中反映出来的动机和情感态度、所采用的学习策略，特别是他们在解决问题过程中付出的努力，对待失败的态度和补救失败时的应对措施，以及活动过程中获得的各种体验与感受等都应列入评价的内容。即使学生在活动中由于某些原因没有取得预期的结果，人们也应关注其在活动过程中产生的困惑、痛苦、无奈和挫折感等生命体验与感悟，也应视这些为学生在活动过程中的正常收获。

综合实践活动评价重视过程，并非就不重视结果，视结果为无足轻重，而追求过程与结果的统一。须知，任何教育，任何学习，都是为着一定的目的，希望达成预期结果的，而且任何教育的结果又都是经由一定方法和相应的过程取得的，没有方法的使用和过程的演绎，就不会凭空出现任何结果，科学的方法和严谨的过程导致了正确的结果；结果出了问题，常常是方法和过程不当造成的。故而，任何把过程和结果割裂甚至对立起来的所谓课程评价都是错误的。

4. 树立评价是为了促进发展的观点

评价是为了促进发展，是综合实践活动评价的价值取向。这一理念体现在学生、教师、课程评价等各个方面。《基础教育课程改革指导纲要（试行）》针对学生评价指出："建立促进学生全面发展的评价体系。评价不仅要关注学生的学业成绩，而且要发现和发展学生多方面的潜能，了解学生发展中的需求，帮助学生认识自我，建立自信。发挥评价的教育功能，促进学生在原有水平上的发展。"综合实践活动的学生评价要建立在促进和实现发展的基础之上，努力实现促进的由"选择适合教育的儿童"转向"创造适合儿童的教育"，倡导评价全面化，由侧重甄别和选拔转向侧重学生全面发展。换句话说，就是课程评价不仅要关注过去、现在，而且更要关注其未来，关注个体面向社会的需求和未来发展的需要。每个学生都是一个独立自主的人，有独特的精神世界和人生追求，综合实践活动的评价关注学生情感、态度、价值观在活动中的形成，关注学生的成长过程中心灵深处的兴趣、态度、意志、毅力等非智力因素和精神领域的价值观的形成和发展。

《基础教育课程改革指导纲要（试行）》针对教师评价指出："建立促进教师不断提高的评价体系。强调教师对自己教学行为的分析与反思，建立以教师自评为主，校长、教师、学生、家长共同参与的评价制度，使教师从多种渠道获得信息，不断提高教学水平。"综合实践活动的教师评价同样需要着眼于教师的发展，通过评价过程，促进教师不断提高把握综合实践活动课程的能力和水平，在课程实践的过程中实现教师的专业成长。

课程评价还要能够促进综合实践活动课程的不断完善和发展。《基础教育课程改革指导纲要（试行）》指出："建立促进课程不断发展的评价体系。周期性地对学校课程执行的情况、课程实施中的问题进行分析评估，调整课程内容、改进教学管理，形成课程不断革新的机制。"十几年来，综合实践活动课程开发与实施的经验表明，课程评价的有效实施对综合实践活动课程在各地学校的落实，对各地学校综合实践活动课程以资源开发为核心的课程建设，对综合实践活动课程在各地的推进都起到重要的作用。

第二节　综合实践活动课程评价要求和实施原则

秉承现代教育评价的理念，为实现综合实践活动的评价促进学生教师和学生发展的初衷。遵循《基础教育课程改革纲要(试行)》关于"改变课程评价过分强调甄别与选拔的功能，发挥评价促进学生发展、教师提高和改进教学实践的功能"的精神，建立评价方式多样、评价项目和评价主体多元的评价体系，实现课程评价激励和发展功能。首先需要研究并确定综合实践活动课程评价的基本要求和实施原则。

一、综合实践活动课程评价的基本要求

课程评价的目的、评价的指标体系和评价的方式方法等都直接影响着课程目标的实现和课程教育功能的落实。综合实践活动课程实施十几年来，尽管课程评价的指标体系至今还没有形成，通过课程专家和广大一线教师的共同努力，对综合实践活动课程评价做了许多研究与试验，逐步明确了综合实践活动课程评价的一些基本要求：

1. 以促进人的可持续发展为目的，注重主体价值取向

课程评价所依据的价值观支配或决定着评价的具体方法和手段。课程评价评什么？反映了它的价值取向，体现了评价的导向作用，对课程的实施和教育功能的充分发挥都有着至关重要的作用。一般来讲，课程评价的价值取向大致可分为三种情况：目标取向、过程取向和主体取向。综合实践活动课程评价的价值取向侧重于主体取向评价，主张以促进人的可持续发展作为评价的根本目的。它强调把教师与学生从课程开发实施、教学运行的全过程都纳入评价的范围；强调评价者与具体评价情境的交互作用，把人在课程开发、实施及教学运行过程中的具体表现都作为评价的主要内容，视课程评价为评价者与被评价者共同建构意义学习的过程。评价的目的，不是刻意地为了批判什么，揭露什么或否定什么。相反的是为了促进活动主体在情感交流、态度反思和方法总结中，认识自身和他人哪些做得好，哪些情感和态度是积极可取的，哪些方法是适宜有效的，哪些方面需要怎样改进才能更加有利于发展等等。一句话，评价就是为了促进参与课程的各个主体价值的质性升华与和持续发展。

2. 强化质性评价，质性评价与量性评价结合运用

量化评价方法在以往学科课程评价中曾经被广泛地应用，它将评价对象

做数量化的分析，从而判断出它的价值，适用于评价学生认知的发展，对知识的记忆和理解的评价具有较强客观性和科学性。量化评价方法具有精确性的特点，可以减少人的主观推论，而且能够用现代科学技术所提供的统计工具加以处理。然而，随着评价内容的多元化，以量化的方式描述人的发展状况时，则常常会表现出某种僵化、简单化和表面化的倾向，人的发展的生动活泼和丰富多彩，特别是作为受评价的人，他们的努力和进步，他们的情感、态度和价值观常常会被淹没在一组组抽象的数据之中，以致忽略了评价中最有意义、最本质的东西。依据课程理念和课程特点，综合实践活动的过程和结果都很难进行量化，故而要强化质性评价。所谓质性评价是指在特定背景下，通过现场观察甚至亲自参与，或者是与有关人员进行深入交谈，以及查阅有关书面材料等方式，对评价对象的属性在概念或程度上做质的规定，然后做分析评定，以说明评价对象的性质和程度。[①]质性评价是在一定"背景"下进行，在综合实践活动中应用的质性评价，其背景就是课程的实施过程、学生的活动过程、教师的指导过程。在质性评价过程中，评价结果都是评价者的主观感受，这种主观感受要符合客观现实，真实地反映被评价者的实际情况，就要求评价者在这一评价背景中，不仅观察被评价对象的行为或成果，注意被对评价对象个体在活动过程中所表现出来的独特性进行分析，还要理解评价对象的行为及成果背后的丰富多彩的经历和体验、愿望和感受等等，以便佐证和强化对他们现实表现的认识。

综合实践活动课程强调质性评价，并不排斥量化评价，不是一定要取消分数。分数和等级一样，本身并无什么问题，问题出在人们以分数论分数、以分取人的思维模式。在综合实践活动课程评价中，我们要注意根据评价的对象、内容，选择适合的评价方法，恰当使用质性评价与量性评价，使评价发挥反馈、改进、激励、导向以及促进发展的功能。

3. 尊重差异和个性发展，注重综合评价

我国传统的教育评价过分地注重甄别与选拔的功能，使教育评价成了筛选出少数优秀学生的工具，以致扼制人们的创造性的发挥，致使大部分的接受评价者，无论学生、教师，还是学校单位，都沦为失败者，催化了两极分化的不断扩大。这种评价模式，是与当前课程改革的目标格格不入的。

以激励和发展为基本诉求的综合实践活动评价，目的不是对被评价对象进行优劣排队，而是通过评价发现他们的差异性和发展的可能性，进而促成优化管理机制和活动策略的生成，更有效地激励和实现被评价对象个性化的

---

① 肖远军. 教育评价原理与应用[M]. 杭州：浙江大学出版社，2004：14.

发展。

综合实践活动评价要十分关注被评价对象的差异，这些差异表现在学生身上的，有学业成绩、生理的发育和心理的发展、兴趣爱好及行为方式等各个方面；表现在教师方面的，有专业背景、教学和活动的经历与指导经验、思维特点和行为方式，以及兴趣和爱好等等。如果集体和单位作为被评价对象时，情况更会千差万别。在实施综合实践活动评价的时候，要十分关注被评价对象的个体差异，尊重评价对象的个性发展及其积极的个性化的价值取向，评价既要有统一要求，又要注意从不同的视角，全面和综合地看问题，努力发现被评价者业已存在的长处或优势，更要帮助不同的被评价对象寻找和发掘自己潜在的优势和发展的方向。总之，综合实践活动课程评价讲究的是，让每一个学生，每一个教师，每一个学校或其他相关群体，都能通过评价深刻体验"我能行，我也不差；没有最好，只有更好；我也会成功！"的喜悦。尊重差异，关注个性的发展，本质上就是要为学生、教师以及学校提供能够实现个性化发展的更加广阔的空间。

4. 注重自我评价，营造各评价主体间主动交流的机会

注重甄别与选拔的功能的传统的教育评价，多置被评价者于被动地位，被评价者成了被审查和挑选的对象，丧失了评价的主动性，自然也就很容易挫伤其参与评价的积极性，从而评价失去了促进发展的根本意义。在评价主体多元化和评价促进发展的理念下，被评价者不仅是评价的重要主体，更是实现发展的主体。如何调动被评价者的积极性，实现通过评价促进发展的目的，是综合实践活动课程评价面对的一个重要问题。注重自我评价，营造各评价主体间主动交流的机会，即是解决问题的方有效法之一。

通过自评，被评价者可以系统全面地剖析自己，建立对自己的完整认识，既看到自己已经取得的成绩和经验，又可以发现自己的问题和不足之处，从而进一步明确修正自我，调节自我的方向和思路。自我评价还能提高被评价者的自我效能感，实现自我激励，激发前进动机，实现真正的意义建构。

在综合实践活动评价过程中营造各评价主体间主动交流的机会，本质上是一个集思广益、互相学习的过程，包括评价者和被评价者在内的众多评价主体，能够在宽松、民主的氛围下，本着诚恳、诚实、虚心和互助的态度，实现思想的交流和碰撞，会使被评价者更加深入地认识问题、了解自我，当然也就能更好地实现自我发展。

实现各评价主体间主动交流，在对学生实施评价时显得尤其重要，其呈现形式就是学生的自评和互评。学生的自我评价是指学生针对自己的课业学习和身心发展状况，按照自我认同的评价标准，进行观察、诊断、分析和判断，从中找出优点和缺点，以便明确今后努力方向的自我教育过程。①互评则是活动伙伴间平等的意见交流。这种交流之所以重要，是因为：其一，同学之间可以相互倾听同伴的评价，使评价过程成为学习交流的机会，促进学生之间的互帮互学；其二，自我评价对学生个性发展及创造能力的培养、自我教育品质的形成起着积极作用；其三，学生作为主体直接参与评价标准的制订，可以进一步加深学生对活动内容和过程的理解，对学生活动的实施有重要的指导作用；其四，学生对活动的实施过程中的问题评价，可以给教师提供重要的反馈信息，促进教师教学的改进。

二、综合实践活动课程评价的基本原则

综合实践活动的有效开发和实施，有赖于建立符合素质教育要求的课程评价制度，形成评价主体多元，评价项目多种，评价方式多样的发展性评价体系。然而要实现这一切，不仅需要确定课程评价的基本要求，还要制定符合课程特点，又能确保这些评价要求得以实现的评价原则。

1. 激励导向原则

评价促进被评价者的发展是综合实践活动评价的根本要求。怎样通过课程评价及其信息的反馈，促进被评价者找到今后的努力方向，实现其有效发展，需要方方面面的努力。其中，运用激励导向性原则，在实施课程评价时，想方设法激发全体课程参与者的热情和勇气，积极投入到综合实践活动课程的开发和实施中来，充分实现课程的教育功能显得尤其重要。

综合实践活动课程是一门全新的课程，对于中国基础教育来说，可以算是"前无古人"，当前有的仅仅是课程的基本理念、课程的总目标和尚不成熟的课程的指导纲要讨论稿作为指导课程实施的依据。因此，如何规划综合实践活动课程，如何开展综合实践活动，什么样的活动才算得上是综合实践活动，什么样的综合实践活动才是成功的综合实践活动？判定的依据除了上述"理念"、"目标"和"指导纲要"三者之外，主要依靠的就是各地对课程的实践经验及其在实践基础上的理论思考，牵引着综合实践活动课程的实施朝着"促进学生全面发展"的方向发展。综合实践活动课程评价就像一根"指挥棒"，对课程的开发和实施起着导向的作用。一方面，要对课程实施进行好坏优劣区分评定，使学校、教师和学生认识自身的优点与长处、意识到自身存在的问题与不足，时刻左右学校、教师和学生努力的方向。另一方面，每一次评价又是一个加油站，要进一步激发起学校、教师和学生继续前进的动力，在明

---

① 蔡敏. 当代学生课业评价[M]. 上海：上海教育出版社，2006：212.

确今后综合实践活动中具体的奋斗目标和方向的基础上，扬起新的希望之帆，力争在新的征程中夺取新的胜利。

2. 客观公正性原则

客观公正是任何一种严肃的课程评价都要遵循的基本原则之一，综合实践活动课程评价当然不能例外。由于综合实践活动课程是一门活动性、实践性、生成性的课程，课程的实施需要师生共同参与、共同开发、共同发展。如何在评价当中体现客观公正性原则是课程评价的一个难点。多年的经验告诉我们，要保证评价的客观与公正，需要做好以下几个方面的工作：第一，兼顾结果，注重过程。不仅要关注学校、教师和学生在活动过程取得的效果与影响如何，而且要看学校、教师和学生开发和实施课程活动的效果与影响是怎样取得的。第二，破除评价过程的一言堂。发挥综合实践活动课程多主体民主协商的综合评价功能。在以往的课程评价中，行政评价、学校评价和教师评价常常处于绝对的主导地位，行政部门说了算，学校说了算，教师说了算，被评价的对象只有绝对地服从和无条件地接受，其评价的客观性和公正性自然为社会所诟病。如今，在综合实践活动课程评价中，行政领导、学校、教师、学生和家长，乃至社会都是课程评价多元主体的一分子，被评价的对象在评价过程中都享有充分的发言权，在为被评价者个性化发展提供空间的同时，也为自身的客观公正和诚信奠定了基础。第三，多种方法、多种手段，多角度、多层次地进行综合评价。任何一种评价都有各自不同的指标和权重，因而也有着各自不同的优点和缺点，简单地使用某一种评价都是不可取的。综合实践活动课程评价，必须依据不同的对象、不同的问题、不同的阶段和不同的目标，选取与之相适应的评价方法和手段进行综合评价。第四，及时收集评价证据。课程评价的客观公正是建立在真实可靠的依据基础之上的。由于综合实践活动是一个不断生成与发展的过程，课程活动的实施者和参与者的行为表现、体验和感受、态度和情感也在不断地发展和变化，有的甚至可能是稍纵即逝的，如果不及时收集、记录并予以分析，到头来，失掉了可以说明问题的真凭实据，评价就有可能丧失其真实可靠的性质。

3. 差异开放性原则

多元智能理论表明，不同的人的智能发展特点以及各种智能水平的高低有很大的差异，加之人们的生活环境和社会经验又各不相同，他们在综合实践活动课程学习和发展中表现也会各不一样。综合实践活动课程评价应充分考虑这种个体差异，要适应不同的区域、不同的环境、不同的学校、不同的教师、不同的学生以及活动发展的不同阶段，采用不同的评价标准和不同的评价措施。如对课程实施处于起步阶段的学校和教师，以及对课程学习比较困难的学生，评价标准可适当地降低，选用的评价方式应当以正面评价为主，敏锐地挖掘其在活动中的闪光点和点滴进步并加以充分的肯定和鼓励；对于已经有初步的发展经验的学校、教师和课程学习能力较好的学生，评价的标准可适当地提高，激励他们自觉地寻找差距，总结经验，进一步做好自己的工作。与此同时，由于综合实践活动的开放性和生成性，活动的主体、活动的内容、活动的表现形式存在诸多不同，活动评价的选项和权重也应随之变化。总之，综合实践活动课程评价的标准、活动评价的方式和举措，应充分体现差异性，要因活动中的诸多差异采取开放性原则，实现有效的评价。

4. 生成发展性原则

传统课程评价的通病是只重结果不重过程。重视过程与方法、重视学生实际体验历程、关注学生人文发展是新课程改革的核心理念。说"综合实践活动课程的价值就在活动的过程中"一点也不为过。因此，以过程性评价为基本特征的综合实践活动评价应当以活动过程为出发点和归宿点。活动中知识与技能、过程与方法和情感、态度、价值观具有显著的生成性特点，活动评价也应顺应这一特点，伴随着活动主体发展的不同阶段而变化，注重形成阶段性评价结果。各活动主体都能透过这种评价，反思自身的发展历程和发展轨迹，通过活动历程前后的对照，发现自身的潜在问题和发展趋势，将课程评价化为活动主体持续发展的内在动力，推动综合实践活动课程的发展和评价主体综合素养的不断提高。

发展是一个过程，主动的发展则是由人们从现实生活中获得的切身感受激发和推动起来的，感受越深，动力越足。综合实践活动课程以学生的现实生活和实践探究为基础，通过一系列亲身实历的活动，引导学生主动地发现和解决现实问题，体验和感受生活和探究的乐趣，不断地形成和发展学生生存与生活能力，思维与研究能力，培养学生创新的精神和以表达和交流为主要特征的社会实践能力。体验是综合实践活动课程的主要特征，综合实践活动课程评价必须十分关注和注重活动主体在活动过程中的诸多表现和多方面体验，鼓励他们积极地通过活动的实践过程，获得活动相关的各种体验，并从中汲取成长和发展的营养。

第三节　综合实践活动课程评价对象、内容与方法

综合实践活动课程是国家规定的施于中小学生的一门必修课程，学校、教师和学生都是这一课程的开发、组织、实施和管理的活动主体和课程教育效能的实现者。作为教育效果及价值判断的重要手段，综合实践活动课程评

价的对象就自然需要包括学校、教师和学生三个方面。

一、对学校评价的内容和实施方法

此处所谓对学校的评价，一般是指由教育行政或教研部门组织的对辖区内部分或全体学校就综合实践活动课程的开发和实施现状和发展水平进行的正规的、系统的检查和评价活动。目的多在于摸清现状，总结经验，发现问题，明确方向。此类评价组织规模通常较大，方法选择多倾向实证化，以收集真实可靠的信息（数据）为重点，最终需为当地教育发展提供有效的咨询建议。

1. 学校评价的内容

学校是课程实施的基本单位，实现课程教育功能与价值取向的基层组织。学校的办学思想与办学条件、领导班子的课程是素养与工作态度、职能部门的管理制度与课程服务意识、校园文化建设，以及校本课程资源建设和课程执行情况等内容，一般都应列入对学校实施综合实践活动评价的主要内容。

（1）学校办学思想对综合实践活动课程理念的体现程度。学校办学思想是学校办学方针、办学目标、学校工作重点的集中体现，是学校职能部门和教师教育教学工作的指导思想和努力方向，对学校和教师的综合实践活动课程开发与实施具有导向和规范作用。学校的办学思想是否与以促进人的全面发展为本的学校教育教学的实施过程是否关注并充分发挥以实践性学习方式在学生情感、态度、价值观形成中的重要作用，直接影响着学校综合实践活动课程开发实施的力度和深度。因此，对学校办学思想中综合实践活动课程理念的体现程度进行评价和判，是对综合实践活动课程学校评价首先需要考虑的问题。

（2）学校日常管理制度与综合实践活动课程开发实施的适应程度。俗话说"没有规矩，不成方圆"。虽然综合实践活动课程具有自主性、开放性和生成性等特点，但学校对教师和学生的综合实践活动课程开发和实施倘若放任自流，疏于管理，最终只能导致"实现综合实践活动课程目标"成为一句空话。对学校综合实践活动课程日常管理制度的考核，既要看学校有无配套的课程管理制度（如：教师的岗前培训与继续学习制度、学校教学科研管理制度、教师课题指导规范与要求、教师工作量考核、师生奖惩制度等），还要看这些制度是否科学有效、是否可操作和是否持续连贯，同时还要看对这些制度的实际执行程度及其对教师和学生的激励作用。一句话，学校是否建立、健全并执行与综合实践活动课程开发与实施状况相适应的管理制度，应该是对学校课程评价的主要内容之一。

（3）学校师资队伍、校园文化环境和校内外课程资源建设的力度。学校师资队伍的建设，文化环境营造，以及综合实践活动课程资源的开发和利用的质量和水平，与学校政策支持、管理到位和经费扶持的力度分不开，应作为对学校评价的重要内容。拥有一支政治思想觉悟高、课程理念新、专业素质过硬、教育科研能力较强的教师队伍，是有效实施和开发综合实践活动课程的需要。要想高效地实现课程的价值，学校自身首先要责无旁贷地挑起本校师资队伍建设的责任。要完成这个任务，不能简单地等、靠、要。相反，学校需要自上而下地制定符合学校实际情况的一系列制度和措施，建立起顺应课程发展需要的人才激励机制，依靠请进来、走出去，集中培训和分散自学等形式，促成教师从课程单一的执行者与实施者向课程开发者和建设者的转化，使之早日完成从"教书匠"到科研型教师的角色转变。

环境造就人才。一个和谐、民主、积极、健康向上的校园文化氛围能最大限度地激发人们的思想；一个充满团结友爱、人尽其才、良性竞争的校园环境是知识创新的发祥地。综合实践活动课程改革需要的和所追求的就是这样的校园文化环境。实现这种环境，必须依赖于学校实施人性化建设与管理。

新课程改革有关三级课程管理机制，赋予了学校课程开发与建设以极大空间。对学校既是发展的机遇，也是一种挑战。因地制宜、因校制宜、因人而异地开发和充分利用校内外综合实践活动课程资源，是学校综合实践活动课程建设的有机组成部分。

（4）学校领导的重视、职能部门与同事间协作、经费的保障和社会的支持程度。综合实践活动课程是一门新兴的课程，目前多数地区既没有确定的教材也没有固定的教学管理组织模式。加上综合实践活动课程是一门以活动为特点的实践性课程，学习与研究的是从活生生的生活世界中选择和确定的主题内容，这就决定了综合实践活动课程的开发与实施必须改变以往的"三中心"状态，深入到社会，深入到自然，深入到家庭，深入到学生生活的方方面面。没有学校领导的重视和学校各职能部门与同事间的通力协作，没有适当的经费保障和社会的积极支持，综合实践活动课程有效开发和实施是不可能的。因此，学校领导是否重视、学校各职能部门与同事之间是否通力协作，是否有活动经费保障，以及学校、教师是否积极寻求家长与社会的广泛支持，也就成了对学校综合实践活动课程评价的一个重要内容。

（5）课程开发实施成果及其展示与交流情况。虽然综合实践活动课程评价关注过程，但并不排斥对活动结果的评价。相反的，对静态的活动结果的合理分析与判断，对活动成果展示与交流的观摩和论证，也能从某些侧面反映和再现活动的真实过程。实施这种评价的关键在于要透过结果认识过程，从中发掘教师和学生在活动中的真实表现。

2. 学校评价的实施方法

教育行政或教研部门组织的对辖区内学校的课程评价，通常规模都比较大，任务也比较明确，采用多种办法，以收集必要的信息（数据），最终需形成适合当地课程实施的情况的调研报告或推动课程发展的指导性文件，为搞好此类课程评价工作，一般可循如下思路实施课程评价任务。

（1）建立机构培训人员。为做好评价事宜，需建立综合实践活动课程评价领导机构，由当地教育行政部门领衔，建立具有权威性的"综合实践活动课程评价指导小组"，履行对当地各学校的综合实践活动课程评价的组织、指导和监督的责任。小组成员由领导干部、校长代表和综合实践活动骨干教师"三结合"，有条件的地方还可以聘请专家指导，邀请学生家长和相关社会人士参与，评价指导小组要责成专人研制评价工作计划，确定日程安排，编制评价细则，经评价指导小组讨论后执行，并通报各参评学校。各参评学校须建立由主管校长负责的"学校综合实践活动评价领导小组"，负责本校综合实践活动课程评价的组织、指导和监督的责任，并负有向上级单位总结反馈的职责。学校的评价领导小组要按上级要求做好各项工作，并制订本校的参评计划，经学校领导班子讨论后执行。

两级领导机构，事先均应做好所属人员的相关理论和实操培训，内容包括课程通识，综合实践活动的基本理念和教育功能，综合实践活动评价理论、方法以及评价各环节的操作要领等。培训目的在于使所有评价者统一认识、明确方法和熟悉操作技能，保证评价工作的顺利进行。

（2）组织形式和实施流程。内容决定形式。依据综合实践活动课程学校评价的特点，对学校综合实践活动课程的评价通常会采用以下组织形式，并以一定流程组织实施：

第一，学校自我评价。在综合实践活动课程的评价时，作为被评价者的学校也是评价的主体。学校领导需就近年学校开发和实施综合实践活动课程的实际情况，通过总结和反思做出真实和有实际内容的自我评价，撰写书面总结并负责向上级评价指导小组人员作口头报告，参考本章前述"对学校评价内容"的要求，真实反映学校开发和实施综合实践活动课程的情况，重点是学校课程开发实施的主要内容，取得的基本经验，以及存在的主要问题和今后的努力方向，请求上级评价指导小组和专家帮助诊断。

为了全面反映学校综合实践活动的实施现状和取得的教育成果，有条件的学校可以组织小型展览，展出学校实施综合实践活动的文字材料（如计划、总结）和实物成果，供评价指导小组的领导和专家审查。

第二，问卷调查。受工作特点的制约，综合实践活动课程评价指导小组，往往不能实际介入学校日常的综合实践活动课程实施的每一个环节和全部内容，对各个学校开展综合实践活动的具体情况了解不够，评价的信息资料掌控不足，这很大程度上会制约评价的信度。为了便于从整体上把握学校实施综合实践活动的真实情况，在实际评价之前，评价指导小组应依据评价的目的和要求编制不同内容的调查问卷。在评价过程中，通过问卷调查的方式，多层面收集和了解被评价学校的教师、学生和家长的意见和看法。问卷调查的对象包括教师、学生和家长，调查方式可以采用抽样调查。

第三，座谈交流和个别访谈。所谓座谈交流，就是由综合实践活动课程评价指导中心成员主持，随机抽选被评价学校部分教师和学生（必要时也可以请学生家长参加），就本校领导的办学理念和教育思想，以及学校综合实践活动课程设计与课程实施效果等有关具体问题进行集体访谈、调查的一种评价方法。这种评价，有利于评价者通过相互启发、共同探讨、相互质疑等手段开阔视野，有利于评价者听取来自各方的不同意见，开拓民主评价的空间。需要指出的是，为了让参加座谈交流的每一个人都能自由地畅所欲言，教师、学生应当分别进行，并且无须有学校领导参加或在场。

除座谈交流外，还可以组织个别访谈。所谓个别访谈，是指评价指导小组人员，通过学校领导小组约谈学校综合实践活动中涌现出的典型人物，进行专题性交流，以深入了解需要进一步印证或研究的问题。

第四，现场审议。综合实践活动评价指导小组听取学校领导自评，审阅相关的文字材料，通过问卷调查和座谈交流与访谈，获得了大量的第一手材料，对学校实施和开发综合实践活动课程的整体情况已经有了比较清晰的了解，届时就可以将学校的评价进入现场审议阶段了。

现场审议目的在于：通过指导小组和学校领导者就综合实践活动的评价问题进一步沟通和交流，其过程既可以澄清问题，也可以交换意见和看法，通过讨论和研究，凝聚共识，并最终得出对学校的评价。

现场评议取得成效的关键，是全体参与审议的人员都能抱着积极坦诚和负责任的态度，既能坚持真理，知无不言，充分发表自己的意见，特别是与别人不同的意见；又能虚怀若谷，从善如流，诚恳地听取别人的观点，尤其是与自己不同的观点。

现场审议的形式最有可能对评价真实性造成损害的，是有可能受到权威人物观点的左右或由人际关系交往互动可能造成的影响，对此必须有足够的警惕，以求评价取得最佳效果。

通过现场审议，一般都要对评价做出结论性意见。由于综合实践活动课程评价目的不在于对学校进行排名，追求的是学校课程进一步发展，所以，评价结果的表述既要对学校课程的实施和开发给予充分的肯定，又要对学校存在的相应的问题明确地予以指出，并中肯地提出改进的意见和努力的方向。

二、教师评价的内容和实施方法

对教师的评价是综合实践活动课程评价的重要内容之一，教育行政领导和教研部门在对学校综合实践活动实施评价时，可以对教师的评价列为评价的子项目，还可以定期或不定期地组织对综合实践活动任课教师的专项或综合评价。学校更应将对综合实践活动课教师的管理和评价纳入自己的工作范畴，作为办学工作的内容严格实施，以利于早日形成一支具有较高水平的，能够胜任综合实践活动课程教育教学任务的骨干教师队伍。

1. 教师评价的内容

综合实践活动课程中的教师的角色发生了根本性的转变。与此相适应，对综合实践活动课程教师评价，也不再以学生的学业成绩作为主要的甚至唯一的标准，而是需要从活动规划、组织、指导、监控对教师自身素养水平及其发展的需要出发，进行全方位、多元化的综合评价。评价的目的不在于简单判定教师是否优秀、是否合格，而是在于与教师一起分析自己工作中的得失成败，总结经验，提出改进建议与努力方向，以便促进教师的专业成长与发展。教师评价内容主要包括以下几个方面：

(1)教师对综合实践活动课程的理解与把握程度。教师对综合实践活动课程的理解与把握程度如何，是教师综合实践活动课程意识水平高低的一种反映。它直接决定着教师是否能够从课程目标、活动设计、课程评价等维度整体规划自身的教育教学行为，成为课程教育功能的实现者。可以说，综合实践活动课程的设计与实施，比任何一门课程都强调教师的课程意识。评价教师对综合实践活动课程的理解与把握程度，着重从以下几个方面予以判定：其一，是否改变了原有的"学科本位"意识，能够以课程的动态构建者和生成者身份，与学生一起共同参与课程活动的开发与实施；其二，是否尊重学生的主体地位，把活动建立在学生经验、发展需要、兴趣与爱好基础之上，积极组织、引导学生主动探究、自主活动，并与学生一起在活动中得到发展；其三，是否具有敏锐的资源开发和活动生成意识，关注活动动态变化，注意从过程中生成方法和体验。不断将活动引向深入；其四，是否能够恰当地运用多种评价方法和手段，适时地对学生及其活动做出正确评价，有效地激发学生深入探究的欲望。

(2)教师对学生活动的组织、管理、协调和应变能力。综合实践活动的设计与实施，是一个多种因素交相作用的过程。涉及的问题很多，有些是教师预设的，也有伴随活动不断产生的；有人与人之间的分工合作问题，也有课程资源的有效利用问题；有知识与方法性的问题，也有情感、价值观碰撞产生的问题，还有活动过程不能回避的安全问题等等。它要求指导教师具有较强的组织、管理、协调和处理各种突发事件的应变能力。活动过程中指导教师要组织和管理好学生，常常需要引导学生组成活动小组，还要在活动中协调校内外各方面的关系，通过与相关部门或人员的沟通，合理配置各种课程资源，为学生开展综合实践活动创设民主宽松、团结协作、安全高效的活动时空。此外，指导教师还要善于协调教师指导小组内、外教师之间的关系，对学生活动给予有效的指导。可见，指导教师在学生综合实践活动过程中，组织是否得力，管理是否到位，协调是否及时，应变是否有效，都直接影响着活动的效能。

（3）教师对学生综合实践活动的指导情况。综合实践活动强调学生是活动的主体，强调通过学生的自主学习在活动实践中获得直接经验，但这绝不意味着不需要教师的指导。对于中小学生来说，没有教师的指导，再好的课程也是很难达到预期效果的。综合实践活动中，活动的组织、内容的选择，方法的运用，甚至有些活动的实际操作，都离不开教师的指导。教师在综合实践活动中仍然处于主导地位，这便对教师的作用提出了更高的要求。对教师在综合实践活动中的指导情况的评价，要重点关注以下三个方面：其一，有无依据学生的活动需要实施相关的指导；其二，是使用传统上的"教"的方式，简单传授和直接给予，还是启发和引导学生通过自主探究的方法，在发现中实现教师的指导；其三，是一味地等到学生遇到问题时才被动指导，还是活动前即施以必要的训练，活动中又能适时的点拨，主动指导。

（4）教师自身再学习的态度和教育科研的能力与水平。当今世界，知识的更新速度之迅猛，是人们难以预计的。综合实践活动的内容涵盖了多种科学交叉、多种理论渗透、多个领域交融、多种技术并行的生活世界的方方面面，这对素以"言传身教"为立身之本的教师来说，其静态的知识结构和固有的理论水平，已经远远不能适应课程发展的要求。教师必须具备良好的再学习的心态和必要的再学习能力。这是对教师终身学习顺应时代发展，实现教师专业成长的基本要求。试想，一个再学习意识淡薄、不知如何进行再学习的教师，又怎能要求和指导学生的研究性学习，综合实践活动课程的教育功能又如何得以实现呢？教师的再学习能力强与否，主要表现在：有无再学习的意识；是否养成再学习的良好习惯；是否主动积极参加各级的专业培训；是否愿意并努力实现对学生活动涉及的知识有总体概括性的认知；是否善于从自身与学生的活动反思中改进和完善活动指导策略等。

教育教学科研是新时代教育对教师的一项基本诉求。对以研究性学习为主导的综合实践活动课程来说，教师的教育教学科研水平的高低，会直接影响和制约学生综合实践活动的质量和水平。综合实践活动教师的教育教学科研能力主要反映在如下几个方面：其一，能够从理论和实践的结合上，发现综合实践活动需要研究和解决的问题，并能独立地规划、设计、实施与管理自身的教育研究课题的能力；其二，科学指导学生规划、设计、实施与管理各自的综合实践课题的能力；其三，善于学习，善于分析，善于反思，善于总结，能够从实际情况出发，不断提升自己的教育教学科研能力与水平。

(5)以新型的人才观、价值观为基础的课程评价激励机制的掌控情况。综合实践活动课程的开发与实施要充分调动学校、教师、学生与社会的积极性共同参与，单独依靠某一个学生、某一个教师、某一个部门，是很难实现的。作为综合实践活动教师，必须能以体现新型人才观、价值观的课程理论为先导，在考察了解本校及其周边区域课程资源的基础上，引导并凝聚一切相关人群，服务于相应的课程活动，为促进学生全面发展，充分发挥力所能及的作用。这一切，无疑对综合实践活动的教师，以新型人才观和价值观基础上的课程评价激励机制的掌控能力和水平，提出了新的要求。对指导教师这一判断，可以从以下六个方面予以考虑：其一，教师在活动过程中所表现出来的情感、态度、价值观，是否有利于促进参加活动的各个主体民主和谐地融于一体，共同参与。教师在活动中绝不能独断专行；其二，是否能调动不同程度的学生积极参与，使参与活动的每一个学生都能各尽其才，各司其职，有最大的参与度。绝不能让活动成为少数学生的专利；其三，是否能依据需要适度引导学生把活动扩展到室外和校外，并积极寻求社会各界人士的合作与指导，实现学校与社会的有机融合。不能总是把活动约束在狭小的校园和教室里；其四，是否善于听取别人的意见，特别是不同观点的意见，借鉴他人的经验，尊重他人的劳动。不能只看到自己的优点，忽视了别人的长处；其五，是否能立足于促进学生发展，自觉地运用多种评价手段和方法，对学生在活动中的各种表现施以及时、科学、有效的评价，评价后学生的反应是否积极、良好。绝不能有打压、讽刺、鄙视、冷落学生的任何举止和表现；其六，是否能以积极的态度关注学生个体差异，满足不同需要，及时、多方面地与学生沟通与交流，了解学生的发展现状和要求，并施以有效指导。绝不能自我封闭，脱离学生实际需要，盲目指挥。

2. 教师评价的方法

对综合实践活动教师的评价，一般可以分为常规评价、专项能力评价和综合评价等几种不同的情况，评价的目的不同、内容各异，实施办法也各有特点，现分述如下：

(1)教师常规评价的实施方法。所谓综合实践活动课程教师常规评价，即是指对教师日常教育教学工作的评价，属于学校对任课教师经常性的考核和管理范畴，是学校职能部门行使学校课程管理，规范教师教育教学行为的日常性工作。考核的内容可参照本章前述"对教师评价的内容"，重点应着重如下三个方面：其一，考核教师的工作态度，是否认真对待综合实践活动课程实施和研究；其二，评价教师的工作能力，侧重于教师对综合实践活动规划，组织，管理和指导等方面的能力；其三，评价教师课程开发和实施的实际效果，重点用学生的收获反映教师的教育教学成绩。

对教师的常规评价，可以审阅相关的文字材料，如教师于学期初制订的课程活动指导计划(或规划)、具体的活动设计、学生活动情况记录、教学指导反思、活动案例分析、学生个案指导记录、期中或期末的教学总结，以及为教科研准备的教育文献摘要，参加校内外专业培训和教研活动的记录以及撰写的研究论文或草稿等，必要时也可以采用学生座谈，家长问卷等方式，进一步了解教师工作的实效性和影响力。

(2)教师专项能力评价。教师专项能力评价指对综合实践活动教师某方面专业技术能力的评价和考核，如活动设计能力，技术操作能力，教学实践能力，以及具有一定综合性特点的教学基本功的考评都属于此类评价范畴。

对教师专项能力的评价，经常是由教育行政联合教研部门在所属区域范围内定期或不定期的组织，并以竞赛的形成展开的。目前各地常见的具有一定级别的活动案例设计竞赛，教学观摩和说课大赛，以及教学基本功竞赛等都属于此类评价活动的常见形式，能够参加此类竞赛的选手，多是通过基层选拔出来的当地综合实践活动教师中的佼佼者，参评结果对教师本人又有较大的利害关系，评价的导向作用对推动当地综合实践活动课程的发展关系极大，受到学校领导和教师本人的高度重视，故而对活动的组织便提出了更高的要求。

搞好教师专项能力评价的关键是做好评价的组织工作和相关的评价任务，对于前者，评价的主办单位事前应建立强有力的领导班子，履行评价的组织、指导和协调任务，编制活动计划和操作细则，并组织和指导参评学校，按一定条件选派选手，按规定时间上缴参评材料或参加竞评，保证活动的有序进行；对于后者，则需建立权威性的专业评审小组，制订明确的评审标准并负责审读参评材料和现场评审，确保评价过程和结果的公平、公正和公开，实现评价的预想结果，推动综合实践活动课程健康发展。

（3）教师综合评价的实施方法。对综合实践活动的教师综合评价，一般适用于教师职称晋升、市（区）以上级别学科带头人或骨干教师确认等。由教育行政领导和教研部门会同学校共同进行。评价具有较为明确的甄选目的，必须审慎组织。此项评价多有上级主管部门的红头文件做指导，相应的标准也比较明确，各级领导和学校都要遵照执行，据近年的实施经验看，此类评价可以集中也可以分散实施，其基本内容和流程大体如下：

第一，教师自评。多由教师填写统一印制的相关的申请表，简要说明本人近年来参与综合实践活动课程教学工作取得的成果（包括学生成绩、收获、教师的研究论文、创新实物成果等）、主要经验、存在问题和努力方向，并向评委作简要的陈述报告，接受评委的质询。

第二，作课与说课。参加教师作现场观摩课，并就作课结果进行现场说课，说明活动设计的目标和要求，教学理念及达成情况，反思活动存在的问题，明确改进的方向，并回答评委的质询（此项内容也可用原有的视频录像代替）。

第三，理论与教学基本功测试。该项测试对于较大区域多用笔试，学校里也可以用口试办法进行。其内容包括课程通识和心理学基础知识，重点是综合实践活动课程基本理念、教育功能、常用指导策略和研究性学习基本方法等，在有条件的地方还可以根据课程内容，加试动手操作的项目和计算机操作技能的测试。

对综合实践活动教师的评价无论采用哪一种办法，均应对评价对象做出具体陈述，对教师的评价过程中，常会和教师作面对面的交流，评价的结果更会直接作用于教师的教育教学工作。人文化的评价更能发挥评价的作用，对评价结果的评述也应反映对评价对象的人文关怀，既要充分反映对教师努力工作的肯定，又要恰如其分地指出他们当前仍然存在的不足之处，明确改进的方向，并鼓励他们迎难而上，争取新的成绩。

三、学生评价的内容和实施方法

学生评价是综合实践活动评价最重要的内容，也是课程实施过程发生频率最高的教学行为之一，它直接作用于学生，影响活动进程。对实现学生发展的关系极大，教师需在充分把握综合实践活动课程基本理念的基础上，严格按照综合实践活动课程评价的要求原则予以实施。

1. 学生评价的基本内容

对学生参与综合实践活动课程学习的态度和发展水平的评价，是综合实践活动课程评价的重中之重，也是综合实践活动课程价值判断的最重要依据。

其评价的基本内容由以下几个部分组成：

(1)学生参与综合实践活动探究的主动性和积极性。综合实践活动是基于学生的生活经验、兴趣和爱好，通过学生主动参与自主探究而完成的一种实践性学习。学生对活动是否有兴趣，对活动内容是否有强烈的好奇心和求知欲，在活动中是否主动承担并努力完成分配给自己的任务，是否能认真负责地做好资料积累和分析处理工作，是否能积极主动地提出个人的意见或建议等等，都是学生参与综合实践活动探究的主动性和积极性的外显表现，也是对学生活动态度进行评价的具体内容。

(2)学生在活动过程中的体验和感受。在实践活动中，学生通过自主认知、构建和生成富有个性化的"为人之道"、"为事之道"的体验和感受，是学生在主动经历各种实践探究活动的认知感悟和情感触动的心理反应，是表征综合实践活动课程的主要价值取向之一。其主要表现在两个方面：解决问题的方法体验和情感、态度、价值观方面的体验。

解决问题方法的体验，是指学生对如何在现实生活中选择和确定活动主题，如何收集和检索资料信息，如何与小组同伴及小组以外其他人进行交往，如何设计活动方案实施探索，如何运用各种方法和手段进行探究，如何提炼结论和如何展示与交流等，诸如此类的在解决问题过程中获得的关于方法、意识方面的经验和感受。而情感、态度、价值观的体验则是指：学生在围绕自己感兴趣的自然问题、社会问题、自我问题等展开的基于实践的综合性学习的过程中，自觉生成的对自然、对社会、对他人、对自我等存在和价值的认识和感悟。

对学生在活动过程中的体验和感受的评价，是对学生评价的重点内容。一般来讲，这种评价不能刻意求全、求深，主要应当关注学生有无自觉在活动中去生成体验、体验和感受多与少、是点到为止的浅层经验还是经过深刻思考后的认知感悟。

(3)学生在活动过程中的合作学习情况。小组合作学习是综合实践活动常用形式，也是完成一定的主题探究活动目标的组织保障。团队精神良好，合作意识强烈，任务分工明确，交流广泛深入，交往民主和谐是活动小组学习良性实施的重要条件，也是对学生合作学习进行评定的依据。小组是由个人组成的，每个成员在活动过程中表现出来的主动性、积极性和独立性，诚实守信、实事求是的科学态度，吃苦耐劳、不畏困难、寻求合作的负责精神，以及小组活动中反映出来的问题意识、安全意识、服务意识、环保意识等也都应作为评定的内容。

(4)学生活动技能的运用状况与创新表现。综合实践活动追求的是学生实实在在地参与，通过多种知识与技能的综合运用，确实提升学生的综合素养。综合实践活动既是学生综合运用知识与技能解决问题，展现自我的舞台，也是锻炼、学习、提高各种综合技能，特别是获得科学探究和创新能力的基石。学生对活动过程的设计与控制，科学探究方法与手段的学习和运用，劳动技能与技术能力的运用与培养，以及熟练地利用相关知识和技能解决现实问题的能力发展状况的评价，是综合实践活动课程学生评价不可或缺的部分。对于中小学生来说，虽然要求不能过高，但对不同学段的学生仍然需要明确的和程度不同的要求。至于学生在活动中敢于质疑权威、挑战时尚，善于运用非常规的方法和手段研究和解决问题，并自觉生成富有个性化的见解或成果，常常是良好创新素养的表现，尤其值得关注。对学生的创新素养的评价，不能刻意要求学术含量和技术含量，更要看有没有创新意识和创新的欲望、懂不懂创新的思维方法和基本技法，是否对新生事物有敏锐的洞察力，有无实际做出创新尝试以及与活动前期相比是否有发展和变化等内容。

(5)学生世界观、人生观和价值观发展的表现。对学生世界观、人生观和价值观发展的评价，主要是观察学生在活动中是否能够用科学的方法，理性地分析出现的各种问题，而不是崇拜神话、相信迷信、沉迷经验；是否愿意并主动地尝试运用唯物辩证法的观点和方法分析和解决问题；是否能够通过活动的过程，主动学习并学会与自然、社会以及他人和谐相处，共同发展；是否注意培养自己形成积极进取、健康向上的思想道德情操和良好的个性品质，以及在活动过程中表现出来的社会责任感和事业心等等。

2. 学生评价的实施方法

综合实践活动课程对学生的评价，基本上可以分为平时评价和阶段评价两种情况，其内容和要求各异，方法也不尽相同，现分述如下：

(1)平时性评价的方法。所谓平时性评价，指由教师在活动过程中依具体情况进行的随堂评价，是综合实践活动中最经常发生的评价行为，属于教师教学基本功范畴，其中又可以分为纯粹随机评价和小结性评价两种情况。

纯粹随机评价，即指综合实践活动过程中，教师针对学生的行为方式、作品优劣、情绪态度变化等，有针对性地做出的回应。此种评价看似随意，然而教师的态度、语言，乃至肢体动作或眼神都可能对学生产生某种影响，直接关系课堂气氛和活动的氛围，对此类评价绝不能疏忽大意，草率从事。须知，作为评价主体的教师热情、中肯、客观、公正、积极的态度和处事风格，连同使用恰切、明确简短的语言，也会学生产生积极的影响。

小结性评价，是指活动到达某一阶段或整个活动结束前，教师针对活动实际情况，为总结经验、发现问题、巩固收获、促进学生发展而组织的有明确目标的评价。通常可以用学生自评、小组互评、教师点评的方式综合实施，视情况也可以采用师生研讨式的评价方法。搞好评价的关键是教师的指导要有效，导向要正确。指导有效是指评价过程中要注意激发学生学习和反思的积极性，充分实现交流与分享，并能针对不同层次的学生给予适切性的指导，使全体学生都能感到有收获；导向正确，是教师能够从综合实践活动课程三维目标的要求出发，不但要重视活动过程涉及的技能、方法的总结，更要重视学生情感、态度、价值观的提升，通过评价促进学生学习方式的转变以及主体性、创造性和人文素养的提高。

（2）阶段性评价的方法。综合实践活动阶段性的评价，是指学期末或学年末，以至全部课程结束时对学生总结性或结论性的评价，相当于学科课程的总评成绩的确定。由于综合实践活动的课程特点，一般不采用学科考试的办法，用分数解决问题，但又需要对学生的学习做出必要的结论。设课几年来，各地的教师做过许多有益的尝试，目前仍难有统一的模式，为反映本门课程过程性学习的特点，比较适宜的办法有档案袋评价法和综合评价法，可以用做参考。

档案袋评价。本办法是近年来由国外传入我国的用于中长期评价学生的方法。在综合实践过程中使用这种方法，要求在课程实施期内尽可能地收集表明学生努力和成绩的各种成果。

档案袋形成的过程是师生共同完成的。一方面，教师要对档案袋的内容提出某些规定性要求，作为最后评价时的基本内容；另一方面，学生也可以充分发挥自己的积极性和主动性，在教师规定之外，在档案中放入自认为得意的，反映自己个性化特点的资料供评价使用。一般来讲，档案袋中放入的资料，包括学生的活动计划、实施过程记录、收获体会、研究成果及实物作品等。

采用档案袋评价可以有展示法和研讨法两种形式。展示法要求于学习后期，将全体学生的档案集中展示，用成果本身说明活动取得的成效；研讨法则是由师生共同根据档案反映的内容，讨论学生在活动期间成长和变化的情况。具体实施时，还可以将两种方法结合起来，最终由教师集体写出激励性的评价稿，作为评价的结果。

此种评价，关键是取得完整而有效的档案材料，教师要指导学生经常做好档案的整理，否则档案袋变成了"垃圾袋"，便失去了评价的依据。经验表明，档案由教师统一管理较之由学生自行管理（起码对小学生讲）效果会更好一些。

综合性评价。这是近年来教师经常尝试和研究的评价办法，其程序包括学生自评、小组评议和教师团队终评等几个环节。

　　学生自评是学生对综合实践活动的反思，是学生评价的重要形式。评价时要求学生陈述自己在综合实践活动中的收获，包括取得了哪些成绩，对这些成绩自己又是怎样认识的，在活动中有些什么经历，从中得到了哪些体验或经验。如遇到过什么挫折，当时的所思所想，以及是否进行过有效的自我调整；当成功时又有什么感受，从中又有什么感悟和思考等。自我评价的目的在于通过自我反思、实现自我提高。要求一定要实事求是，一切从实际出发，说自己的故事，避免人云亦云，敷衍塞责。

　　小组评议是在个人评议基础上小组内民主评议的过程，要求学生共同参与，在自由和民主的气氛下发表意见，互相评议，也可以就小组取得的经验或存在的问题提出来互相讨论，还可以根据自己的切身体会，通过反思，对活动的设计、组织和实施与管理中存在的问题提出意见或建议，供今后改进。小组评议的目的在于集思广益，共同提高，人人都要抱着与人为善的态度，充分肯定各自的成功和进步，不要过分追求个人的责任，又能够明辨是非，本着有则改之、无则加勉的精神，从善如流，为自己寻找和确定前进的方向。

　　教师团体终评是在学生自评和小组评议的基础上，由教师团体对学生综合实践活动课程的学业成绩以书面形式呈现的终结性评价。

　　限于综合实践活动课程的特点，评价淡化分数和等第，但仍要求能够如实反映学生的真实情况，评价的表述应使用激励性语言，对学生在综合实践活动过程中取得的成绩和进步，依课程各学段对学生的基本要求以及学生的年龄特点和认知水平，要给予充分的肯定，同时又要对学生在活动中反映出来的问题和不足之处提出中肯的意见，且须有针对性地为学生指出今后的努力方向和具体的改进意见和建议。

　　作为一门新的课程，其评价正如课程本身所处的发展阶段那样，还很不成熟，一切都还在探索之中。从理论和实践相结合的水平上，建设能够有效地促进学生全面发展，实现教师不断提高，推动课程持续运行的科学的综合实践活动评价体系的任务还远未完成，期盼有志于综合实践活动的课程开发与实施的教师们，用实践和研究，为这一任务的完成贡献自己的力量。

参考文献

[1]陈树杰. 小学综合实践活动[M]. 北京：首都师范大学出版社，2003.

[2]朱慕菊. 走进新课程[M]. 北京：北京师范大学出版社，2002.

[3]劳凯声. 教育学[M]. 天津：南开大学出版社，2002.

[4]钟启泉等. 为了中华民族的复兴 为了每位学生的发展[M]. 上海：华东师范大学出版社，2001.

[5]陈树杰. 开拓——"综合实践活动及其师资建设"探索历程[M]. 北京：首都师范大学出版社，2006.

[6]郭元祥. 综合实践活动课程设计与实施[M]. 北京：首都师范大学出版社，2003.

[7]邹开煌. 求索综合实践活动常态化之路[M]. 厦门：厦门大学出版社，2007.

[8]吴式颖. 外国现代教育史[M]. 北京：人民教育出版社，1997.

[9]赵祥麟，王承绪. 杜威教育论著选[M]. 上海：华东师范大学出版社，1981.

[10]夸美纽斯. 大教学论[M]. 傅任敢，译. 北京：教育科学出版社，1999.

[11]施良方. 课程理论[M]. 北京：教育科学出版社，1999.

[12]袁贵仁. 马克思的人学思想[M]. 北京：北京师范大学出版社，1996.

[13]郭下谊，郭治. 青少年科技活动概论[M]. 北京：中国科学技术出版社，1992.

[14]顾志跃. 科学教育概论[M]. 北京：科学出版社，1999.

[15]成有信. 现代教育引论[M]. 郑州：河南教育出版社，1992.

[16]陶行知. 陶行知教育论文选辑[M]. 重庆：重庆民联书局，1946.

[17]中央教育科学研究所. 陶行知教育文选[M]. 北京：教育科学出版社，1981.

[18]郑登云. 中国近代教育史[M]. 上海：华东师范大学出版社，1994.

[19]R L 斯腾伯格. 超越 IQ——人类智力的三元理论[M]. 北京：华东师范大学出版社，2000.

[20]R L 斯腾伯格. 思维教学[M]. 北京：中国轻工业出版社，2001.

[21]坎贝尔·L. 多元智能教与学的策略[M]. 北京：中国轻工业出版社，2001.

[22]祝智庭．现代教育技术——走进信息化教育[M]．北京：高等教育出版社，2001．

[23]钟启泉．现代教学论发展[M]．北京：教育科学出版社，1988．

[24]叶澜．教育研究及其方法[M]．北京：中国科学技术出版社，1990．

[25]冯平．评价论[M]．上海：东方出版社，1995．